子ども論エッセンス

── 教育の原点を求めて ──

～すべての子どもに権利・人権を保障するとは～

Essentials of Child Rights Issues

── In Search of the Fundamentals of Education ──

～ Promoting and Protecting the Rights of Children ～

はじめに ～ 「子ども」という扉から教育学の世界へ

　皆さんは「子ども」に対してどのようなイメージをもっているでしょうか。
「かわいい」、「純粋無垢」、「生意気」、「無限の可能性」、...
こうしたイメージはいったいどこから作られたのでしょう。

　18世紀になるまで「子ども」は「発見」されていませんでした。
「発見されてなかったっていったって赤ちゃんも5歳児だっていたはず」
と思われるかもしれません。

　でもアメリカ大陸だってコロンブスが「発見」する前から存在はしていたのです（この点、別の考え方もあります。第1部参照）。無垢（未熟）で無限の可能性をもつ（発達可能態）という「子ども」が「発見」（発明）されなければ、当然、教育の必要性さえ語られません。

　もちろん生活の知恵や職業の技術を伝えるなど教育的な営みはそれ以前からありました。しかし公教育制度が成立するにはその前提として「子ども」が発見される必要がありました。成人に対する教育もありますが、義務教育の対象はいつの時代もどこの国でも発達可能性を秘めた「子ども」です。子どもの発見ぬきにはやはり教育学は語りえません。

　では、「子どもの発見」は果たして子ども自身にとって朗報だったのでしょうか。「小さな大人」としての労働から子どもたちが解放され、学ぶ機会が公的に与えられるようになったのは大いなるプラス面でしょう。

　ただ、よい面ばかりとはいえません。子どもの発見により大人との線引きが行われました。大人と子どもの関係性も変わりました。いわば「育てる人」と「育てられる人」。
「生意気だ」、「子供のくせに...」、「子どもだからまだ早い」... こうした言説やまなざしは子どもが発見されてしまった負の側面といえましょう。

　児童虐待をする親の理由（言い訳）は「躾のためだった」です。体罰をする教師も「口で言ってもわからないから身体でわからせる」です。「子供に人権などない！」、「権利を主張するなら、まず義務（学業など本分）を果たしてからにしろ」...。
　こうして子どもたちに対する人権侵害が行われてきました。また、子どもの固有の権利と一般人権の区別さえついていない世間の現状があります。

　子どもの権利条約は子どもにいっさいの義務を課していません。締約国のおとなたちに子どもの権利・人権を守るための多くの義務を課しています。

　「この理想の実現は、根本において教育の力にまつべきものである」（旧・教育基本法前文）

　今年度は件の「子どもの権利条約」を日本政府が批准して20年の節目の年にあたります。1994年の批准までにも多くの時間がかかりましたが、批准後20年間の子どもを取り巻く環境の変化（劣悪化）を見るに「理想」の実現には程遠いといわざるをえません。

　なぜ日本で定着しないのか、政府や関係者の努力が足りないからなのか、そもそもここで提示されている価値が受け入れられないのはもっと別の問題があるからではないか。このように条約そのものを自明視せずに吟味していく視点もまた必要です。宗教や民族により自由や平等や正義の捉え方も随分異なることは皆さんもニュースを見てご存知でしょう。

本書はそのサブタイトルに掲げましたように、「すべての子どもに権利・人権を保障するとは」いったいどういうことなのかを皆さんと一緒に模索したいと思います。権利条約は初等・中等教育の現場でも子どもたちに積極的に教えられていません。もはや「子ども」ではない、それでいて成人年齢にも達していない18・19歳の皆さんに対する大学初年次教育において、教師として子どもたちと向き合うことを夢見て教職課程を受けている皆さんに対する教育原理科目において、さらには親となりまたは地域の住民として子どもたちに関わる皆さんに対する専門教育において、権利条約を金科玉条とはせずにこれを手がかりとして教育の原点を探究したいと思います。

　すべては「教育の力」に期待してその一助となればと願い刊行されるものです。

　なお、最後にエッセンス・シリーズについて紹介します。九州大学大学院教育法制研究室では、2012年に教員採用試験（教育法規）の過去問を分析・類型化しそれが解けるために必要な教育法規の知識体系はどのようなものかと言う問いを出発点にして帰納法的な整理作業をゼミで行い、オリジナルに図表を作成し、大学で教育法規や教育制度を学び始めた初学者にわかりやすいテキストを『教育法規エッセンス』（花書院）として編集し、発刊しました。管理職試験向けの図解シリーズはこれまで数種類ありましたが、教員選考試験に焦点を当てた学部学生向け、教採試験受験者向けの図解・教育法規テキストは希少です。お陰さまで好評につき版を重ねることができました。その姉妹編として特別活動領域をテーマとする『特別活動エッセンス』を2013年に刊行しこれも関係者より高い評価を得ています。

　本書はこのエッセンス・シリーズ第3弾として、教育社会史の野々村研究室、教育哲学の藤田研究室の全面的なご協力を得てコラボレーションする形で刊行しました。これまでも教育法制研のみならず教育経営や教育方法学の院生さんたちとともに教職課程を担当する大学教員の養成を意識した「Ed.D（教育実践系の博士号）プログラム」の一環として大学院ゼミを中心に作成して参りましたが、今回は両先生自らもご執筆いただき、お陰で格調高い本格的なテキストとなりました。敬意を表して編者に今回は＋哲史研究室を加えております。

　ただ、もちろん、これまでのエッセンス・シリーズ同様、初学者のための教科書としての位置づけは変わっておりません。したがって、先に申し上げました通り、初年次教育・全学教育の「教育学」（文系ディシプリン）、教職科目の「教育原論」（教育の理念並びに教育に関する歴史及び思想）などにおいての活用をイメージしています。子どもの権利条約について多く扱っていますので「教育法学」等にも活用可能です。また、通覧いただければ「子どもの貧困」など現代の子どもを取り巻く問題状況を把握できるように設計しています。

　また、第2部の子どもの権利条約については主に以下の文献を参照しました。この基本文献については各章末に掲載せず一括してご報告いたします。門外漢の初学の研究者ばかりですので、この参考図書には随分とたすけられました。記して御礼申し上げます。

喜多明人／森田明美／広沢明／荒牧重人編『逐条解説　子どもの権利条約』日本評論社、2009年
波多野里望『逐条解説　児童の権利条約』（改訂版）有斐閣、2005年
永井憲一／喜多明人／寺脇隆夫／荒牧重人編『新解説　子どもの権利条約』日本評論社、2000年
下村哲夫編『逐条解説　児童の権利条約』教育出版、1995年

　総勢22名×丸一年がかりの難産（著作権処理など）となりましたが、ここに新たな出版物を世に送り出すことができ幸甚の限りです。若い執筆者、出版関係者とともに完成を祝いたいと思います。

2015年3月3日　批准後20年　桃の節句に
春の匂いがする箱崎キャンパスにて

九州大学教育法制研究室　教授　元兼　正浩

もくじ

第1部
子ども論入門

子ども論入門

I　教育って何だろう

1. 教育の定義をめぐって

　教育について、一切の先入観なくして考えるということは、実は非常に難しいことです。なぜなら、みなさんの誰もがすでに広い意味での教育を受けて来ているからです。例えば、あいさつをすること、目配せをすること、言葉を理解すること、歩くこと。それらはいずれも、意図的であったり、非－意図的であったりする教育というものの広がりの中で、みなさんがするようになったり、出来るようになったりした物ごとだと言えます。

　この意味では、教育というものを「先生に指導されること」とか「おとなに教えられること」という狭いフレームで捉えるのではなく、私たちの傍らにあって常にすでに作動しているような「人間を形成する営み」として広く捉え直していくことは、教育について考えを巡らすためにも極めて有効だと考えられます。以下では、私たち誰にとっても近くて遠い、この教育というものについて素朴な視点から思考をはじめていくことにしたいと思います。

〈教育〉と〈人間形成〉

　そもそも教育と言うとき、私たちは「教える―学ぶ」関係を想定しています。それは学校という場が典型的であるように、教える教師がいて、学ぶ生徒がいるという図式です。教師は、生徒を成長させるという明確な意図をもって教えるということを行っていますし、その働きかけによって生徒の成長は支えられていくと言えます。これこそが、私たちが通常使う意味での〈教育〉のイメージです。

　しかしながら、学校という場に絞ったとしても、そこで私たちが学んできたものは、教師の意図によって思い描かれたものを大きく越え出ていたはずです。あるいは、そうした場を家や地域や都市あるいは自然という空間にまで拡げていけば、教育を意図的なものに限定することはおよそ不可能だと言えるでしょう。それは言いかえれば、人間の成長をめぐる営みというものが、おとなや教師による意図的な関わりに限定できるものではなく、私たちが関わる人々との間で交わされる何気ない振る舞いや彼らからの無意識的な働きかけ、あるいはそれらを含み込んだ様々な場の経験を通して、そこここに生成してくるものであるということです。それは端的に、生きるということを通して、ある人に学びが引き出されるということを指しています。こうした、非―意図的でありながらも決して見落とすことの出来ないような「学びの契機」ともいえるものをここでは広く捉え、〈人間形成〉という言葉を使いたいと思います。

徒弟修行から学校へ

　ところで、こうした〈人間形成〉に対して、意図的な行為としての〈教育〉が、歴史を貫いて普遍的に存在してきたのではなく、近代という時代のなかで作られてきたものであるという点には注意が必要です。国民国家が成立してきたこの近代という時代は、子どもたちを教育に特化された空間としての学校へと集め、教育専門職としての教師が彼らに意図をもって〈教育〉を行うという一大事業が始まった時代でした。そこには不可避的にさまざまな知や科学が投入されることになります。発達や衛生という観念や教室の空間設定、印刷技術による教科書の出現などはその典型だと言えるでしょう。そうした知や科学に囲まれて、子どもたちは学校という場で、年齢階梯を同じくする者たちとともに、同一の内容を教えられていくようになるのです。それは、社会の中で自立／自律して生きてゆく個人を形成するということを目指して、社会とは区切られた場所で施される、意図的かつ計画的な〈教育〉が始まったという意味で、まさしく「近代の事件」（中内敏夫 2001）だったと言えます。

　そこで生じた変化については、近代以前の社会における状況と対比させるとより一層明らかです。近代以前においては、徒弟修行に見られるように、生活をともにしながら、子どもや若者たちが見よう見まねで親方(あるいは端的におとな)の技術を習得していくような非―意図的な〈人間形成〉が中心でした。仕事の場であり、かつ生活の場でもある空間において生きるということを通して、子どもはおとな達が示す身振りや言葉や技術や規範などを学んでいくことになるのです。それは、まさしく直接的かつ具体的に「提示」されたものを通して学ぶということに他なりません(モレンハウアー 1987)。

　それに対して、近代以降の学校における〈教育〉を規定しているのは、生きていく世界において必要とされることを「知識」として教えるという図式です。そのためには、世界の全体の中から学ぶべきものが取捨選択され、子ども達に理解が出来るものへと変形されるとともに、世界を代表するものとして提示(「代表的提示」)されることになります。それは、近代以前の徒弟修行に見られる「提示」の教育に対して、特定の職業や技術や振る舞いに結びつくことがないという意味で、間接的で抽象的な教育が理念上はすべての人を対象にしながら始まったことを告げるものです。この意味では、学校とは、特定の仕事や生活に限定されない広い「知識」を伝達するということを理論的に想定することで成立した制度であるとさえ言えるでしょう。

「知識」の恣意性と正統化

　ただし、教育制度としての学校が確立していく過程で生じたのは、この社会を生きていく人びとの不平等をまさにこの学校が再生産していくという皮肉な図式でした。「知識」そのものを中心に据えた学校の構造の中に、その原理の一端を見ることが出来ます。

　すなわち、「学ぶべきものの全体」として示される「知識」は、それ自体ニュートラルなものであるのでは決してなく、特定の社会においてすでに優位を占めている階層や集団にとって重要だとされる「知識」に過ぎないものであり、そうした「知識」になじみ深い者(とその子ども達)がそれを獲得することで優位に社会生活を送ることになるような選別装置に他なりません。このように、学校のために世界のうちから取捨選択された「知識」は、まさしくその選択を誰がしているのかという点において、政治的―文化的権力のただ中に置かれているのです(アップル 1979-1986)。

　加えて、「知識」の恣意性に対して、学校が果たしている役割を見逃すことも出来ません。学校は、「知識」を伝達すると単純に言えるのではなく、「知識」の恣意性を隠蔽することで、特定の「知識」を〈われわれ皆が持つべき知識〉として演出するのであり、それによって「正統的知識」を作り出す変換機能を担っている機関だと言えます。それは、近代の「代表的提示」の教育が抱え込んだ原理的な困難だったと言えるのかもしれません。

(藤田雄飛)

参考文献
K. モレンハウアー『忘れられた連関』今井康雄訳、みすず書房、1987 年
M. アップル『学校幻想とカリキュラム』門倉正美・宮崎充保・植村高久訳、日本エディタースクール、1986 年
中内敏夫『中内敏夫著作集』第VIII巻、藤原書店、2001 年

2．教育学って何だろう

　「教育学」という言葉から皆さんは何を想像するでしょうか？多くの人は即座に次のように答えるのではないでしょうか。「教育学とは文字通り、教育について考える学問である」と。しかし、この答えには少々偏ったニュアンスが知らないうちに含まれているように思われます。すなわち、「教育学とは、教育を上手く行うための技術について考える学問である」というようなニュアンスです。そうした素朴な認識は、事の本質を一方で突いていながらも、他方ではそうした認識それ自体の偏りも含んでいると考えられます。以下では、教育学をめぐる素朴な認識について考えるために、その語源から追っていくことにしましょう。

ペダゴジーの語源

　現在の私たちが使っている「教育学」という言葉は西洋語に由来しています。教育学はそれぞれ、pedagogy（英語）、Pädagogik（ドイツ語）、pédagogie（フランス語）という言葉で示されますが、これらの語の語源は古代ギリシャに遡ることが出来ます。では、古代ギリシャにおいて、今日「教育学」と訳されている語の語源は、どのような意味を持っていたのでしょうか？

　そもそも、教育学すなわちペダゴジーという言葉は、古代ギリシャの「パイダゴーゴス」という言葉を語源としています（土戸 1999）。この言葉は「子ども pais」という語と「導くもの agogos」という語を含む合成語であり、「市民の子弟のための家庭教師を務める奴隷」を示す言葉でした。つまり、ペダゴジーはその語源に、子どもを導く実践的な技術という意味を含んでいたのであり、このパイダゴーゴスという語が徐々に意味的な広がりを獲得していき、教師や家庭教師を意味するようになっていくその先で、ペダゴジーという語が成立していきました。それゆえに、この語には、その語源から引き継いでいる「子どもを導く技術」というニュアンスが当初から色濃く含まれてきたのです。

　このように、ペダゴジーという語に「子どもを導く技術」のニュアンスを含む傾向は、特に Pädagogik（ドイツ語）、pédagogie（フランス語）では強いものです。これらの言語では、「教育学」という意味だけでなく、実践的な「教育技術」や「教育法」という意味が強く感じられますし、例えばフランス語では pédagogue は教育学者というよりは教育者を指す言葉であることからも、ペダゴジーという言葉が「実践的な技術」という意味合いを含むものであることが伺えます。おそらく、こうした西洋語のペダゴジーの語源が持つ意味の影響下に、日本語の教育学も置かれていると言えるでしょう。

教育学の成立

　ところで、教育学という学問それ自体は、それほど古い歴史を持っているわけではありません。17 世紀から 18 世紀に活躍したコメニウス（Jan Amos Komensky, 1592-1670）や J. ロック（John locke, 1632-1704）、J.-J. ルソー（Jean=Jacques Rousseau, 1712-1778）らの教育思想のもとで子どもへのまなざしが形作られていく時代を経て（→Ⅱ「子どもってなんだろう」参照）、19 世紀初頭の J.F. ヘルバルト（Johann Friedrich Herbart, 1776-1841）によって教育学はひとつの体系として確立されることになりました。ヘルバルトは、教育の目的については倫理学を基礎に、その方法については心理学を基礎においた学問の体系として教育学を構想することで、近代社会における文化伝達を「科学」的に研究する学問領域として定式化していったのです。

　さらに、ヘルバルトが教育の目的と方法に関する学問として体系化した教育学は、19 世紀後半の近代国家の成立期という時代の要請に深くシンクロするものでもありました。近代国家にとって何よりも大きな関心事は、国家を支えるべく国民に自覚と知識を与えることにありましたが、こうした国民の〈教育〉を可能にしたものこそ、学校制度に他なりません。ヘルバルトの理論を継承するヘルバルト派の教育学者たちは、近代に始

まるこの学校制度という実践の場へとその理論を拡張していきました。この意味では、教育学という学問領域は学校制度とその初期から密接なつながりを持つとともに、現実の教育実践に理論的に資することを目指すという側面を常に有してきたと言えます。

今日の教育学

　以上のように、学問として成立した教育学のルーツには実際的な教育活動があり、実践的な教育技術の探求があったということこそが、今日の私たちが教育学という言葉に対して抱く「教育のための技術学」という素朴な認識を生み出して来たと言えます。しかしながら、以上のような教育学の出自（語源と体系化）を理由に、教育学を技術レベルで捉えて終わりにしてしまうなら、今日に至る社会状況の変化や複雑化のなかで教育学が果たしてきた役割、そして今後果たすべき役割を見逃してしまうことになります。最後に、こうした教育技術に関する学とは異なる「教育学」について検討することにしましょう。

　そもそも教育行為は、一定の「知識」や規範を教える営為として日々実践されていると言えます。それらに含まれる教育技術や実践のあり方を理論的な側面から支える学問として、ヘルバルト以降、教育学は長らく重要な役割を担ってきましたし、現在でもそれは同様です。しかし、そうした教育学は、教育実践に資するということを目指すものであるがゆえに、教育的営為を「よりよく」するという論理のもとで、どこまでも教育を盲目的に肯定していく傾向を有していると考えられます。そうした中では、例えば、学校における〈教育〉が持つネガティブな側面は、ただ技術的に消去すれば良いものとなり、それを生み出した社会構造へと向かうはずの原理的な視線を欠落させてしまうかもしれません。あるいはより根本的に、この教育学は「よりよく」ということの延長上に「理想の教育」を構想することで、そうした教育そのものが子ども達を囲い込んでしまうということを決定的に見落としてしまう可能性さえあります。

　そうした、実践から生まれ、実践のためを目指す教育学に対して、今日の教育学はさまざまな研究領域へと発展をするなかで、技術に関する学とは異なる側面をうちに有してきました。それはすなわち、教育と教育学の双方に向けて、批判的な吟味のまなざしを向ける側面です。

　この「教育学」は、素朴に「教育とは何か？」というところから問いをはじめることで、実践のための教育学や教育が当然のこととして疑うことのない規範や「知識」のあり方（→Ⅰ-1「教育の定義をめぐって」参照）や社会構造との関係などを問うとともに、教育学や教育そのものをも批判的に検討するものです。もちろんそれは、教育や規範を否定するという意味ではなく、自明だとされるものから少しだけ距離を取り、それを真摯に見つめるということを指しています。教育社会学、教育史学、教育哲学などは、こうした学問的志向を持つ研究分野だと言えます。このように、ヘルバルトの体系化以降、教育学は学際的な研究の広がりを徐々に持つようになり、今日に至るのです。

（藤田雄飛）

参考文献
土戸敏彦『冒険する教育哲学』勁草書房、1999年
今井康雄編『教育思想史』有斐閣アルマ、2009年
コメニウス『世界図絵』井ノ口淳三訳、平凡社、1995年
ヘルバルト『一般教育学』三枝孝弘訳、明治図書、1960年

Ⅱ 子どもってなんだろう

1. 子どもの発見？発明？

子どもの歴史へ

　子どもは大人とは異なる存在であり、特別な配慮を必要とする―こうした見方は私たちにとっては当然のように思われますが、実はずっと昔からあったものではありません。

　上のような子ども観（子どもについての見方）が最初に現れた書物は、フランスの思想家ルソー（Jean=Jacques Rousseau, 1712 ~ 1778）の『エミール』です。ルソーは、子どもには大人とは違う特有のものの見方、考え方、感じ方があるととらえ、子どもの各段階にふさわしい教育をすることが必要だと唱えたことから、「子どもの発見者」と称されています。

　しかしながら、「発見」という言葉は、ともすれば、もともと存在していたものが見つけられたというイメージを喚起します。つまり、子どもはもともと大人と異なっていたのに、そのことは長らく気付かれず、近代に至ってようやくルソーがその違いを見つけ、以来子どもは本来受けるべきだった配慮を受けるようになったというイメージです。

　これに対して、そのような子どもはかつては存在していなかったと論じたのがフランスの歴史家アリエス（Philippe Ariès, 1914 ~ 1984）です。正確に言えば、アリエスは、子ども期（子どもである期間）を大人になった後の期間と区別する態度が、西洋で17・18世紀頃に成立したものであり、それ以前にはなかったことを明らかにしています。もちろん、私たちが子どもと呼ぶ年齢の人々はずっと存在していましたが、彼／彼女らを子どもとして、特別に大人と区別するまなざしがなかったということです。この意味で、子どもは「発見」されたと言うよりもむしろ、近代に初めて「発明」された、あるいは「誕生」したのです。これから、アリエスに即して、子どもが「誕生」するまでの歴史をたどってみましょう。

子どもが「小さな大人」だった中世

　中世社会では、人々は、およそ7歳（言葉を話すことができるようになり、身の回りのことを自分でできるようになる頃）から、より年長の人々（大人）の中に混じって仕事を始めました。教育は、学校という生活から隔離された場で行われたのではなく、仕事場を含めた生活の場全体での徒弟修業という形で行われていました（→I－1「教育の定義をめぐって」参照）。年少の人々は、実際に仕事をしながら技術や知恵を学んでおり、そこには、教育を受ける期間を特別に区別する発想はありませんでした。現代では20歳前後に子どもと大人の境界線を引くことが一般的ですが、例えば（「子どもの権利条約」における「子ども」は基本的には18歳未満）、中世では7 ~ 20歳頃の人々と、より年長の人々は特に区別されていなかったのです。年少の人々は、貴族であろうと農民であろうと、大人と区別される存在ではなく、「小さな大人」として、年長の人々と共に働き遊んでいました。様々な年齢の人々が入り混じる場では、性に関する話題や賭け事など、今日であれば子どもに触れさせるまいとされる事柄も隠されていませんでした。

　中世と現代では、家族のあり方にも大きな違いがあります。中世の親たちは、現代と比べると、自分の子どもに対する関心が薄かったと言われています。徒弟修業は多くが生まれた家を離れて別の家に住み込んで行われており、親子の関わりは濃密ではありませんでした。徒弟修業に出る前の幼い子どもについても、当時は幼いうちに亡くなる子どもが非常に多く、我が子が亡くなって一時悲しんだとしても、別の子が生まれることによって埋め合わされるという状況でした。

教育・家族の変化と子どもの「誕生」

　子どもを大人と区別しない状況は13世紀頃から少しずつ変わり、17・18世紀には子ども期という観念が現れます。子どもの「誕生」あるいは「発明」です。

　この過程において重要であったのは、教育のあり方が変化し、学校に行くことが一般化したことです。中世にも学校は存在しましたが、それは聖職者を目指すごく限られた人々のための場所でした。また、中世の学校では、難易度の違う学問を同時に、時には老人を含めた様々な年齢の生徒に教えていました。学校の中にも子どもと大人の区別はなかったのです。

　13世紀頃から、主に中産階級の人々の中で、学校に行った後に様々な仕事に就くことが少しずつ一般的になり、学校が徒弟修業にとって代わり始めました。すると、約7歳以上の年少の人々は徒弟として年長の人々と生活を共にするのではなく、生活から切り離された学校に集められるようになりました。このことが、17・18世紀の子どもの「誕生」に大きく関わっています。つまり、学校に通う者として、子どもは大人と区別され始めたのです。ただし、19世紀になるまで学校と徒弟修業がしばしば併存していたことが示すように、子どもの「誕生」は数世紀にまたがるゆっくりとした過程でした。いずれにしても、ひとたび区別ができると、子どもには純粋無垢というような独自のイメージが与えられ、ルソーがしたように、子どもはもともと大人とは異なる存在だと考えられるようになります。

　さらに、子どもが大人と区別されるようになると、大人とは異なる子どもに配慮し、保護と教育を与える責任者として、親という存在がかつてないほど注目を集めることになりました。家族は、子どもを中心として濃密な関わりを持ち始めます。近代家族の成立です。

　西洋の中産階級の中で「発明」された子ども期と、それと結びついた教育や家族のあり方は、西洋の他の階級へ、そして世界中へと広がりました。アリエスは西洋についてしか論じていませんが、日本も西洋の影響を大いに受けています。江戸時代までは徒弟修業が一般的だった日本に、明治時代以降、西洋から学校制度や家族のイメージが持ち込まれ、子ども期という観念や西洋的な子ども観が定着したのです。

（宮川幸奈）

参考文献

J=J. ルソー『エミール』今野一雄訳、岩波文庫、1962〜64年（原書1762年）

Ph. アリエス『〈子供〉の誕生　アンシァン・レジーム期の子供と家族生活』杉山光信・杉山恵美子訳、みすず書房、1980年（原著1960年）

2．現代社会の子どもたち

子どもはもういない？

　子ども観や子どもとされる人々の実態は、子どもの「誕生」以来一様であったわけではなく、時と共に変化を続けてきました。そうした変化について論じたものとして、アメリカの作家ポストマン（Neil Postman, 1931 〜 2003）の『子どもはもういない』を参照してみましょう。

　ポストマンが着目しているのは、コミュニケーションのメディア（媒体、手段）の変化です。彼はまず、子どもの「誕生」をメディアの観点からとらえ直し、印刷という新たなメディアの登場こそが、大人とは異なる子どもという存在を作り出したのだと論じています。印刷術が登場する前は、書物は写本によって増やすしかなく、非常に数が少ない貴重なものでした。そのため、読み書きはごく限られた人々のみが習得する特殊な技術であり、大部分の人々の情報伝達は、もっぱら口頭で行われていました。それゆえ、人々は言葉を話せるようになる 7 歳頃には、より年長の人々と同じ情報を共有することができ、共に働き、遊ぶことができました。この状況を劇的に変えたのが印刷術です。15 世紀半ばにドイツ人グーテンベルクが発明した印刷機は、西洋に印刷物を急速に広め、同時に読み書き能力を広めました。以前は口頭のコミュニケーションで成り立っていた西洋社会は、印刷物が普及したことによって、読み書き能力を獲得して印刷物に記された抽象的な知識を得なければ一人前になることができない社会へと変貌を遂げました。人々は、もはや言葉を話せるだけでは十分ではなくなり、仕事を始める前に、読み書き能力を得るために学校に行かなければならなくなります。年少者が学校に囲い込まれることによって、大人とは異なる子どもというカテゴリーが誕生したというアリエスの論を踏まえて、ポストマンはその大きなきっかけが印刷術であったと考えているのです。印刷というメディアは、読み書き能力の有無による情報格差によって子どもと大人の区別を作り出しただけでなく、子どもが触れる情報を大人がコントロールすることも可能にしました。口頭のコミュニケーションでは、情報は年少者にも年長者にもすぐに行き渡りますが、印刷物は、一部の情報を未だ読み書きができない子どもから隠すことを可能にします。子どもが大人と区別されるようになると、例えば性や暴力に関する事柄を、むしろ秘密として隠すべきだという新しい配慮が大人たちの中で生まれました。こうした秘密が、子どもと大人の区別をさらに強固にしたと言えるでしょう。

　メディアの変化によって子どもが「誕生」したと考えたポストマンは、さらなるメディアの変化によって今度は子どもが「消滅」しつつあると考えました。ポストマンが注目したのはテレビという新しいメディアです。映像中心のこのメディアにとって、読み書き能力は重要ではありません。子どもたちは、性や暴力に関するものも含めて、大人と同じ情報をテレビから受け取ります。ここにはもはや大人だけが知る秘密はありません。そして、同じコマーシャルを見る子どもたちと大人たちは、同じような欲望を抱きます。こうして、子どもと大人の区別は消滅しつつあるとポストマンは主張したのです。

子ども・教育・家族の現在とこれから

　ポストマンが「子どもはもういない」と述べてから 30 年以上を経た現在、子どもたちと大人たちを取り巻くメディアの状況はさらに変化し、新しいメディアの登場が人間関係のあり方自体を確実に変えています。携帯電話が普及し、個人と個人がどこにいても簡単に情報をやりとりできるようになったこと。インターネットによって、誰もが簡単に不特定多数に対して情報を発信できるようになったこと。こうした変化の中で、子ども観や子どもの実態はどうなっているでしょうか。多くの子どもたちもこうした新しいメディアを使いこなしていることからすると、ポストマンが言う「子どもの消滅」がさらに進んでいるようにも見えます。しかし他

方で、子どもたちとメディアのかかわりをコントロールしようとする動きも強く（→「子どもの権利条約」第17条）、「子どもは特別な配慮をするべき存在である」という子ども観の根強さもうかがえます。メディア以外の面における社会の変化も踏まえて、子どもの現在のあり方をとらえる必要があります。

　子ども観や子どもの実態（裏を返せば、大人観や大人の実態）は、これからも変化を続けていくでしょう。その時々の子どものあり方を見極めていくために注目したいのが、教育と家族のあり方です。アリエスやポストマンは、子どもに関する変化が、教育や家族の変化と密接に関連していることを示していました。子ども・教育・家族に関する「こうあるべき」というイメージや、それぞれの実態が、互いに関連しながらどのように変化していくのか。それを見極めていく作業は、「子どもの権利条約」を読み解く上でも欠かせません。なぜなら、「子どもの権利条約」は教育や家族に関する条文を多く含んでいますが、これはある時点の子ども観・教育観・家族観を反映したものだからです（→Ⅳ「子どもの権利条約の歴史とこれから」参照）。一つの子ども観・教育観・家族観にこだわることは、それを共有しない人々（未来の人々を含めて）にとってもよいことであるとは限りません。「子どもの権利条約」の理念を引き受けつつ、変化する子ども・教育・家族としっかりと向き合うことが、これからを生きる私たちに委ねられています。

（宮川幸奈）

参考文献
N. ポストマン『子どもはもういない』小柴一訳、新樹社、2001 年（原著 1982 年）

Ⅲ　人権ってなんだろう

1. 人権思想の誕生と展開

人権を歴史に問うこと

　なぜ人を殺してはいけないのでしょうか。そんなことは当たり前だと思うかもしれません。しかし、それは当然だから、あるいは基本的な人権だから、では、十分に根拠のある答えであるとは言えないでしょう。しかも、戦争での殺戮や虐殺、死刑、中絶など、法の内外で「生きる権利」が否定され続けているという現実をどのように考えるのでしょうか。「生きる権利」をはじめとする人としての権利、つまり人権とは何か、何をもって成立しているといえるのか、といった問いに答えることは容易ではないのです。

　全ての人間が「生まれながらにして」、すなわち本来的に有するとされる、人としての権利は、そのような表現に反して、実は昔からずっと存在していたわけではありません。歴史の中で誕生した（誤解を恐れずにいえば、ひとつの）価値観です。それゆえに、上の問いに答えるには、いつ、だれが、何のために、どのような人を殺してはいけないと考えられたのか、についてその歴史を丁寧に辿っていく必要があるようです。驚くかもしれませんが、そもそも、人権思想の根幹であるともいえる人間の生命というものを、世界や国家よりも価値あるものとする考え方もまた、古代の人々にとっては当然のものではなく、西欧においてはキリスト教の体系において確立したものとされています。人権の思想は、以下でみるように、このキリスト教的な世界観を基盤に、近代西欧において発明されました。

近代市民社会成立の根本理念

　人権思想は、中世の封建社会が否定され、近代市民社会が成立する過程で発明されます。身分制に基づく不平等を打破し、自由で平等な社会を樹立していこうとする思想的、社会的運動のなかで徐々に醸成されていきます。代表的にはホッブス（Hobbes, Thomas, 1588-1779）、グロティウス（Grotius, Hugo, 1583-1645）、ロック（Locke, John, 1632-1704）、ルソー（Rousseau, Jean-Jacques, 1712-1778）等々、近代黎明期に活躍した数々の思想家によって体系化されますが、その意味するところはもちろん同じではありません。

　すでに身分制を脱した自立した個人が平等に「生きる権利」について論じられている（ホッブス）ことや、「一般意思」のもとでの「生きる権利」が論じられている（ルソー）ことなどからも、それら市民社会理論が、全ての人間の全ての人権を保障したとはいえないのです。2にみるように、労働者や、貧民、奴隷、植民地等の被支配民と共に、女性は、これらの思想家においても、人権を有する普遍的人間の範疇にあるものとされませんでした。市民革命を基礎づけた輝かしい近代市民社会理論と、その現実化である法体系が、彼／彼女らを法の規範外においたことは、大きな矛盾を抱えることとなります。

　人権が、憲法の上で成立をみたのは、まずはイギリスの「権利請願」（1628年）、「権利章典」（1689年）、アメリカの「ヴァージニア州権利章典」（1776年）、「独立宣言」（1776年）、フランスの「人権宣言」（1789年）の一連の流れに始まるとされます。近代市民社会思想を基礎に、市民革命、独立革命を成功させた人々によって法に書きこまれました。形式的には、人間一般の権利という普遍性を纏うことにより、旧体制を打破し、新体制国家にその保障を承認させたということができるでしょう。

　ここにおける人権とは、身分から解放された人々が平等な人格にもとづいて、自由に結ぶ契約を土台にしたものとされます。そして、法の下の平等、自由権の基礎がここに築かれました。しかしながら、先にみたように、その自由と平等が承認される人間は、普遍的な人間として表現されたにもかかわらず、様々な範疇の人々

を除外したものでした。

社会権と国際人権の成立

　19世紀末から20世紀初頭、西欧諸国をはじめ、多くの地域において貧困や労働問題が社会問題化され、国家が積極的に経済過程に介入し、個人の生存を確保する措置を講ずる動きが高まります。この時代、人々のいのち、とりわけて未来の国民となるべき子ども、乳幼児の生命の保護への、国家としての関心とその制度化が進められたのです。これが、子どもの権利という本書のテーマである概念が世界に誕生した最初の契機となります。

　そのような動きのなかで、生存権や、労働権、労働基本権などの新しい社会権と呼ばれる人権の総体が、基本的人権の体系に加わることとなりました。社会権を実定憲法の上に登場させた最初の例が、第一次世界大戦後ドイツの「ワイマール憲法」（1919年）でした。その後、「チェコスロバキア憲法」（1920年）、「ポーランド憲法」（1921年）等に継受され、ファシズムと第二次世界大戦を経た後の各国憲法のなかで大きな比重を占める傾向となったとされます。そして、国際連合（1945年設立）のもとで採択された「世界人権宣言」（1948年）等により、社会権の国際的保障が志向されてきました。日本では、「日本国憲法」（1947年）が制定され、社会権も含めた基本的人権を保障する体制が整えられました。

　人権の国際化、グローバルな人権保障は、実は大戦間期、つまり社会権の成立時期にその萌芽がありました。1919年、国際連盟が設立され、国際労働機関、国際連盟保健機関などの専門機関によって、人権の保護、人道的な労働や生活、条件を国際的に保障することが目指されたのです。「児童の権利に関するジュネーブ宣言」（1924年）も、ここに位置づきます。これら国際人権思想とその保障体系の樹立は、戦争と全体主義への批判的契機によるとされています。しかし、第二次世界大戦も、また湾岸戦争や9.11以降の国際紛争においても、人権擁護を大義のひとつとされていることをどのように考えるべきでしょうか。

　戦後、特に1980年代以降、環境権、プライバシーの権利、知る権利などの「新しい人権」が着目されています。ここで、人権という「終わりなき旅」を見つめなおしてみませんか。

（野々村淑子）

参考文献
浜林正夫『人権の思想史』吉川弘文館、1999年
H. アーレント『人間の条件』ちくま書房、1994年、原著1958年
小林武『憲法と国際人権を学ぶ』晃洋書房、2003年

2．近代女性の権利希求とそのジレンマ

ジェンダーという概念とその再考

　社会的・文化的性差を意味するジェンダーという語は、身体的・生物学的性差を意味するセックスという語の対語として、1970年以降のフェミニズム理論のなかで使用され始めました。その際の論理は明快です。身体的、生物学的な性差があることは事実である、しかし、その性差の上に、社会的、文化的に後から付与されてきた「女らしさ」によって、どれだけの抑圧や差別を受けてきたことか、その呪縛から解放されるために、ジェンダーを解明し払拭していこう。これが初期のジェンダー論のフェミニズム運動的戦略でした。1990年代からは、メンズ・リブなどの運動と連動し、男性学を含め、ジェンダー研究が進められてきました。しかし、まさにそのころから、それまでの図式、すなわち、運命的不変のものとしてのセックスの上に、文化や社会によってジェンダーが上塗りされた、という歴史認識自体が問われ始めたのです。

　近代以前においては、洋の東西を問わず、女性は男性に比べて劣る、弱い、不完全である、男性に従属すべきものである、学問修得はおろか、人（特に男性）を育てる、教える、等という行為には全く相応しくない、という考え方が、広く共有されていました。近代化は、このような男女観を180度転換します。つまり、男女は平等である、しかし自然はその本性と役割を全く異なるものと定めている、という考え方です。その典型が、ルソー『エミール』（1762年）に描かれたエミールとソフィーの対比、近代市民社会を市民として担う男性と、母性によって彼らを支える女性のイメージです。自然、本性としての性差、つまりセックスはここで発明されました。近代以前に存在していたのが、むしろ男女をヒエラルキカルにまなざす文化的、社会的性差の概念、ジェンダーだったといえるでしょう。

　性を男女に二分し、それを自然なものとする近代的性差概念（ラカーのいうところの「ツー・セックス・モデル」）の成立は、その二分法に添って正常、ノーマルの基準線を出現させることとなりました。それまでの階梯的かつ連続的な性概念の否定と共に、優劣ではなく、正常／異常の区分が生まれたのです。こうした、自然や本質論による二分法自体の再考、脱構築を通して、トランス・ジェンダー、トランス・セクシュアルなどの人々へのまなざしを問う動きが、バトラー等による理論化を契機として進んでいます。

女性にとっての近代〜権利をめぐる差異と平等のジレンマ

　Ⅲ−1「人権思想の誕生と展開」において、近代市民社会理論とその法体系が、女性を法の規範外においたことを指摘しました。自由で平等たる近代の普遍的人間から女性は排除されたのです。換言すれば、新たに発明された本性による二分法的性差観によって、公的、政治的領域に責任を有する男性（実際には一部の男性）に対し、女性は私的、家庭的領域に配置された、とも言えます。

　女性にとって固有の権利とは、家庭的領域において発揮されるべきという思想は、近代におけるフェミニズムの一方の極でもありました。母性主義、良妻賢母主義思想は、後にみるように、近代女子教育振興の論拠となり、女性の学びと人生を決定づけました。欧米において18世紀末から19世紀初頭にかけて主張された女性の権利論は、概ね女性の領域を前提としています。19世紀中葉以降、女性参政権運動の進展と共に、男性と同等を希求する女性主義（個人主義）の主張に振れていきます。以後、母性主義か女性主義（個人主義）か、という二極の振り子の往復運動、すなわち、自然が指定した私的領域に留まるか、それとも男性の領域として社会規範として普遍化、標準化された公的領域への参入を認めてもらうか、というジレンマが、女性の権利というテーマには纏わり続けてきたのです。

女性の教育を受ける権利～良妻賢母から男女共学へ

　それでは、近代日本において、女性の教育を受ける権利はどのように成立し展開してきたのでしょうか。そもそも江戸時代に刊行された教訓書『女大学』には、女性は「知恵浅き」など「五疾」（五つの病）を持つと書かれています。また、「子を育つれども愛に溺れて習はせ悪し」と記され、子どもの養育や教育を行う役割を期待されていなかったことが分かります。ところが明治大正時代以降、女性は、子どもを産むことを女性特有の本質とされ、翻訳語としての母性という言葉の発明、定着とともに、子どもを愛し、育て、教育するという役割を果たすことが自然であると見なされるようになります。こうして「男は仕事（公的、政治的領域）、女は家庭（家庭的領域）」という性別役割分業や、親子や夫婦が情緒的関係を重視するといった特徴を持つ、「近代家族」と呼ばれる新しい家族形態が、近代以降徐々に西欧諸国から流入したのです。

　明治維新後、日本は西欧を模した新しい「近代国民国家」を建設することに邁進しました。そこで国家の礎になると考えられたのが子どもでした。家や村の子どもとしてではなく、国を担う「国民」「臣民」を育成することが国家の課題として浮上したのです。欧米からの影響を受けた啓蒙知識人たちは、母親による子どもの養育や教育が、国家の繁栄にとって重要な意味を持つと唱えました。東京女子師範学校の校長となった中村正直（1832～1891）は、1875年に発表した「善良ナル母ヲ造ル説」（『明六雑誌』第33号）の中で、「絶好ノ母ヲ得レバ絶好ノ子を得 … 略 … 絶好ノ国トナル」と書かれています。「科学的」知識を用いた子どもの養育を行うための知育だけでなく、「絶好ノ子」を産むための身体を鍛える体操、そして徳育も近代女子教育の中で重視されました。18世紀以降、欧米社会ではすでにこうした国家的観点から公的な女子教育が始まっていました。すなわち母性主義です。明治維新後日本で女子教育の振興が初めて主張されたとき、最初にその論拠として挙げられたのが「賢母」養成の必要性でした。

　1872（明治5）年に日本で初めての近代教育法制である「学制」が定められました。この時には女子に小学校への入学は認められましたが、女子中等教育に関する規程はありませんでした。しかし、日清戦争後に高揚した国家意識の中で、女子教育の進展は国家の強弱や貧富を測るメルクマール（指標）だと主張されるようになります。こうして先の「賢母」に加えて夫の「内助」を担う「良妻」を養成するための女子教育も求められるようになったのです。いわゆる「良妻賢母」思想の登場です。そしてついに、1895（明治28）年「高等女学校規程」の公布により、女子中等教育が日本で初めて制度化されました。この頃は、学校教育を補完する役割を担う家庭教育概念も成立した時期でもあります。このように、「良妻賢母」思想の確立は、公教育体制と大きく関わっていたのです。

　「良妻賢母」の女性観は第一次世界大戦を境に大きな変化を見せます。「女の特性」を強調しつつ、職業従事が奨励されたことです。例えば、「母性的職業」といわれる保母や看護師、小学校教員など、新たな道が開かれました。しかし、これは女性を就労という男の領域への進出を認めながら、新たな性的役割分業をもたらすものでした。

　そして第二次世界大戦後、民主化を旗印とする米軍政改革の下で、1945（昭和20）年に「女子教育刷新要綱」が閣議決定されました。これは男子と同程度の女子中等学校の教育内容や大学の男女共学などを認めるものであり、この方針はさらに1947（昭和22）年「教育基本法」及び「学校教育法」により確立されました。この「平等」化は、民主化政策のもとで、「男子教育」を基準として「女子教育」が意味づけられる構造への変容を意味していました。その後、家庭科の女子必修化（中学校は1958（昭和33）年、高校は1973（昭和48）年）、「女子に関する差別撤廃宣言」（後述）を受けた共修化（中学校は1993（平成5）年、高校は1994（平成6）年）などが物語るように、戦後の学校教育では女性ゆえの異質性と、男性への同等化が、常に議論の対象となってきたといえます。

女性の権利希求のゆくえ

　1960年代に、ウーマン・リブと呼ばれるフェミニズム運動が欧米や日本で沸き起こったことは、冒頭で述べた通りです。日本においては、女性の主婦化は、戦後の高度経済成長期の中流層拡大のなかで定着しました。妻が専業主婦であるということは、夫の収入が一家を支えるだけの余裕があることを意味します。男女の領域分離主義に基づく近代家族イメージが、階層意識と背中合わせで成立したことは、女性の権利論が抱えたもうひとつのジレンマといってもいいでしょう。ウーマン・リブを含んだ女性解放運動は、近代女性が抱えたこうしたジレンマを、社会的、文化的抑圧ととらえ、そこからの解放を訴えました。

　男女同権に言及した最初の国際章典である「国連憲章」（1945年）を出発点に、「女性の参政権に関する条約」（1952年）、「女性に関する差別撤廃条約」（1979年）の採択などの女性の人権の国際化のなかで、1985年、日本はこの条約を批准し、その後「男女雇用機会均等法」（1986年）、「男女共同参画社会基本法」（1999年）が制定されました。これらの動きを女性解放運動とその成果が推進したことは、言うまでもありません。しかし、条約乃至法律がその実現を意味しないことは現実が物語っています。重要なのは、法律上女性にも人権を保障するという、その論理です。近代市民社会成立の重要な前提である人権が、そもそも普遍性を纏いながら、同時に女性を始め様々な存在を除外したことは、それらの人々については普遍への加入が限定的に都度言明されるという事態をもたらしました。女性にとって、普遍的人権への参入とは一部の男性並みになることであり、それを絶えず特別に言及されるばかりか、かつその他の女性たちからの分断を意味します。こうした多重の排除と差別化のもとで、非西欧社会に生きる女性は、「犠牲者となることで初めて認識される」ような、構造的被抑圧者として存在せしめられているといえるでしょう。

マララ・ユスフザイ（Malala Yousafzai, 1997-）

　女性の教育を受ける権利を訴える象徴として世界に注目され、2014年17歳という最年少でノーベル平和賞を受賞しました。パキスタンではイスラム武装勢力タリバンが、イスラム原理主義の女性観により、女子教育を否定し攻撃していました。パキスタン北部スワート県にて学校を経営する父のもとに生まれたマララは、その下で学校に通いつつ女子教育振興のための活動を行っていました。女子校爆破など、次第に激化するタリバンの攻撃に対する批判をブログで綴り、2012年10月15歳のときタリバンに銃撃されたのです。一時意識不明重体となるも、英国の病院で治療を受け奇跡的に回復しました。その後は英国バーミンガムに家族で暮らし、学校に通いながら、教育支援等を行うマララ基金などの活動を行っています。その勇気ある行動と発言を世界が称賛しました。2013年7月、16歳の誕生日に国連本部で教育の重要性を訴え演説、ノーベル平和賞受賞に至りました。

　キリスト教的世界観を基盤に近代西欧に成立した普遍的人権思想が、女性や、多くの人々の排除を前提としたことは、イスラムの女性たちに多重に苦悩を与えました。沈黙を強いられてきたパキスタンのイスラム教徒の女性たち、またマララの故郷スワートに生きる女性たちのおかれた立場や意識はどのようなものなのか、彼女たちにとって女性の教育の振興が導く道は何か、それを私たちはどこまで「理解」し「語る」ことができるのか、さらにパキスタン政府、あるいは「国際社会」のマララへの注目の意味は何か。こうした問いなしに彼女への称賛に同調することもまた、新たな構造的暴力的行為となり得るのです。

（参考）
マララ・ユスフザイ＋クリスティーナ・ラム『私はマララ─教育のために立ち上がり、タリバンに撃たれた少女』学研パブリッシング、2013年（原著2013年）、他

（「女性の教育を受ける権利」は董秋艶、その他は野々村淑子）

参考文献

T. ラカー『セックスの発明』工作舎、1998 年（原著 1990 年）

J. バトラー『ジェンダー・トラブル』青土社、1999 年（原著 1990 年）

落合恵美子『21 世紀家族へ―家族の戦後体制の見かた・超えかた―』有斐閣、2004 年

小山静子『良妻賢母という規範』勁草書房、1993 年

同『戦後教育のジェンダー秩序』勁草書房、2009 年

文部省『学制百年史』1976 年

G.C. スピヴァク『サバルタンは語ることはできるか』みすず書房、1998 年（原著 1988 年）

岡真理『彼女の「正しい」名前とは何か―第三世界フェミニズムの思想』青土社、2000 年

── MEMO ──

Ⅳ　子どもの権利条約の歴史とこれから

1. 子どもの権利思想の歩み

子ども≠普遍的人間？

　人権とは「全ての人間が生まれながらにして有する権利」です。生来有する権利なのだから、子どももそれを有していることは当然ではないか？子どもの人権をわざわざ主張する必要は無いのでは？と疑問に思う人もいるでしょう。子どもの人権がなぜ、どのようにして主張され、展開してきたのか、本節ではその謎に迫ってみましょう。

　18世紀以降、イギリス、アメリカ、フランス等で近代国家が成立するに伴い、人権の概念が生まれました。その内容は、信仰や言論の自由、財産の不可侵といった、国家における個人の自由を内容とするものでした。Ⅲ−1「人権の誕生と展開」で書かれているように、近代国家における人権は成人男性に限定されており、子ども、女性、奴隷、植民地等の被支配民、先住民、労働者や貧民は、こうした権利を持たないと考えられていたのです。例えばフランス語では、「人間」を示す言葉 homme は、「男性」という意味も持っています。homme は女性を表す femme、そして子どもを意味する enfant とも対を成す言葉です。子どもや女性、そして障がい者などの「アウトサイダー」は、権利主体である成人男性の庇護のもとに置かれるとされたのです。

　こうした人権概念の出現とともに、子どもに対する新たなまなざしも主張され始めます。その代表的な人物が、フランス革命の思想的な父とも呼ばれるルソー（Jean=Jacques Rousseau, 1712-1778）です。ルソーは、教育小説『エミール』の中で、「われわれは弱いものとして生まれる」と述べています。この言葉は、子どもを大人の未熟な形である「小さな大人」として見る、中世の子ども観を批判するものです。ルソーは、子どもが大人とは異なる時空間を必要とし、「保護」と「教育」を必要とする特別な存在であると唱えました。こうした子どもを大人と切り離す新しい眼差しは、19世紀末の「子どもの権利」発見の足掛かりとなります。

「子どもの権利」の発見

　19世紀末から20世紀初頭にかけて、国家が積極的に家族に介入すべきだという議論が欧米諸国を中心に高まります。産業革命のひずみによって生み出された労働者階級や貧困層の社会問題化とともに、子どもの保護も社会の問題と捉えられるようになりました。例えばイギリスでは、20世紀転換期に南アフリカで勃発したボーア戦争の長期化と敗北を契機として、兵士の体格が問題化されました。特に将来兵士となる労働者階級の子どもの体位と、その子どもを産む女性の保護が問題視されたのです。貧困層を対象とした社会調査が行われ、新たに「科学的」な眼差しが子どもや女性に向けられるようになりました。家長（多くは父親）に代わって「国親」（＝ parens patriae, 公的権力、国家）が子どもを保護すべきという考えのもとで、国による児童保護事業が開始されたのもこの時期です。

　こうした流れのもとで現れたのが、スウェーデンの教育思想家であり女性運動家のエレン・ケイ（Ellen Karolina Sofia Key, 1849-1926）です。1900年に出版された『児童の世紀』（原題 Barnets århundrad, 英訳 The Century of the Child）は多くの国で翻訳され、日本にも多大な影響を与えました。ケイは「子どもの第一の権利とみなさなければならないのは、不調和な結婚からは生まれてはならないことだ」と主張しました。ケイは、ダーウィン（Charles Robert Darwin, 1809-1882）の進化論やその「適者生存」の原理を社会に適用したスペンサー（Herbert Spencer, 1820-1903）の社会進化論、そしてゴルトン（Francis Galton, 1822-1911）の優生学を信奉していました。ケイの唱えた児童中心主義は、「劣性」な形質を持つ者を生み出さないことで社会を「改良」す

べきとする優生思想を基盤としていたのです。また、乳幼児が母親によって家庭で育てられていないことや、幼稚園や学校がまるで工場のように子どもを型にはめる空間になっていることを批判しました。そして、子どもを産み育てる女性の「母性保護」と子どもの解放を訴えたのです。

　ケイの児童中心主義は近代日本の啓蒙知識人にも大きな影響を与えました。1911 年にはキリスト教牧師の田村直臣（1858-1934）によって日本で初めて『子どもの権利』を題した本が出版されました。また、帝国小学校や赤ん坊展覧会などで知られる教育者の西山哲治（1883-1939）は、「善良に産んでもらう権利」「善良に養育される権利」「よく教育される権利」を唱えています。このように、20 世紀初頭、ケイを始めとする児童中心主義が世界各国で流行するとともに、「子どもの権利」思想も芽吹きの春を迎えたのです。

　ケイは「20 世紀は児童の世紀」と高らかに唱えました。しかし、現実の 20 世紀は「戦争の世紀」でした。多くの子どもが戦争の犠牲になり、飢えや貧困、身体的、精神的な傷を負ったのです。第 1 次世界大戦後、平和な国際社会の持続と発展を目的として発足した国際連盟は、1924 年 9 月 26 日、第 5 回総会で「児童の権利に関するジュネーブ宣言」（以下、ジュネーブ宣言）を採択しました。前文で「すべての国の男女が児童に対して最善のものを与えるべき義務を負う」と基本理念を示していますが、これは 1959 年「子どもの権利に関する宣言」や 1989 年採択「子どもの権利条約」にも継承されました。

保護対象から権利主体へ

　「ジュネーブ宣言」は、不利な状態にある子どもに対して大人が特別な保護を行うことを主眼としていました（→Ⅳ－2「世界児童憲章から日本の条約批准まで」参照）。こうした「ジュネーブ宣言」の内容を批判し、新しい子どもの権利のあり方を主張した人物がいます。ユダヤ系ポーランド人の医師・教育家で孤児院の院長でもあったヤヌシュ・コルチャック（Janusz Korczak, 本名 Henryk Goldszmit, 1878-1942）です。コルチャックは、「ジュネーブ宣言」が大人の義務を定めたものに過ぎず、子どもは保護対象としか考えられていないと批判しました。大人が子どもを死なないように保護するあまり、子どもを自由に生きることから遠ざけたり、「明日の人間」としての負担を負わせ、今日を生きる人間としての権利を与えなかったり、大人が子どもを当たり外れのある宝くじのように考えることに疑問を投げかけたのです。そして、「子どもの死に対する権利」「今日という日に対する権利」「子どものあるがままに存在する権利」を唱えました。つまり、子ども期を大人への準備期間として考え、大人のものさしで子どもの存在を価値付けたり行動を狭めたり変えたりすべきでないと主張したのです。そして子どもを権利主体として認め、「望み、願い、要求する権利」を持つと説きました。このようにコルチャックは、保護対象から権利主体へと、新しい子どもの捉え方を提案しました。しかし、コルチャックの理想は、彼の生きている間には実現しませんでした。ポーランドがヒトラー率いるナチス・ドイツによって占領され、1942 年 8 月、コルチャックはトレブリンカ強制収容所に孤児院の子どもたちとともに送られ、そこで非業の最期を遂げたのです。

　第二次世界大戦後発足した国際連合は、戦争を将来の世代が再び経験することの無いよう、基本的人権と人間の尊厳を改めて認め、確立することを掲げました。1948 年「世界人権宣言」が採択され、1959 年「子どもの権利に関する宣言」において、子どもを権利主体とすることが明記されました。「子どもが、幸福な生活を送り、かつ自己と社会の福利のためにこの宣言に掲げる権利と自由を享有できるようにする」ことを目的としたのです。

　ところで、「世界人権宣言」では、第 26 条で「教育への権利」（the right to education）が初めて規定されました。時代を遡ると、19 世紀以降、公教育制度や義務教育制度が拡大していく中で、「教育を受ける権利」の思想はすでに存在していました。教育は国家による大衆操作や社会的秩序のための手段として大きな意味を持っています。例えば戦前日本では「修身」が筆頭科目に置かれ、子どもたちに天皇中心主義的思想が注入されました。また、「教育を受ける権利」では、経済的に困っている人に対して奨学の措置を講ずるといった経済的保障の

面が強調されてきました。

　これに対し、「世界人権宣言」や「子どもの権利宣言」以降、子どもを「教育を受ける存在」ではなく、「教育への権利や学習権を行使する存在」として捉え直そうとする動きが、教育学や教育実践の側から現れます。「教育への権利」「学習権」は子ども自身の持つ能力を発達させ、人間的に成長するための生来的な権利であり、これを保障する教育を求める権利を子どもは有すると主張しました。子ども期固有の発達と学習の権利の保障こそが、やがて大人になるための基底を培うということになる―子どもの人権は大人の人権に付随したものではなく、子どもの権利こそが大人の人権の基底という考え方も現れたのです。

子どもの権利思想の光と影

　1989年「子どもの権利条約」では、様々な権利条項が具体的に示されました。子どもの権利思想は、「ジュネーブ宣言」の救済保護型子ども観から脱皮し、子どもを「権利主体」として見る子どもの権利思想の下で新たな展開を見せています。しかし同時に心に留めて置くべきなのは、「子どもの権利」はやはり親や家族の責任と義務を前提として成り立つと考えられていることです。例えば「子どもの権利条約」には、「父母及び法廷保護者」の責任と権利、義務が多くの条項で定められています。前文には、「家族が社会の基礎的な集団」であり、「家庭環境の下で幸福、愛情及び理解ある雰囲気の中で成長するべき」とあります。子どもが「家庭」の中で育つことを第一とし、親がその義務と責任を負うとされているのです。ここで前提にされているのは、近代西欧諸国で成立し、日本では高度経済成長期に定着したといわれる、「近代家族」と呼ばれる家族の形です（→Ⅱ−1「子どもの発見？発明？」、Ⅲ−2「近代女性の権利希求とそのジレンマ」参照）。「近代家族」は普遍的な家族の形ではなく、家族のあり方は国や地域、共同体、民族等によって様々です。たとえ同じ文化圏であっても個々の家族によって家族のあり方は異なります。しかし、子どもの権利思想は、特定の価値観による「あるべき家族像」を生みだし、これに当てはまらない家族には「欠損家族」という烙印を押すツールになりえます。さらに、家族のあり方や個人の生き方を国家や社会がコントロールする根拠にもなりかねないのです。

　また、子どもが権利主体であるということは、「自己責任」という考え方と隣り合わせでもあります。例えば、「Aさんが低賃金の不安定な仕事にしか就けないのは、子どもの頃に高校進学を選ばず、学歴が低いからだ…これはAさんとその親が自らの意志で選択したことなのだからAさんの責任である」といった主張です。これではAさんの現在の状態をAさん個人と親の責任に帰し、学歴社会という社会構造や国や周囲の適切な支援の有無を問わないことになります。「子どもの権利」は、こうした自己責任論を助長する危険を常にはらんでいます。子どもの権利思想が抱え込んでいる影も見過ごしてはならないのです。

映画「コルチャック先生」（原題：Korczak）にみる子どもの権利

アンジェイ・ワイダ監督、主演ヴォイチェフ・プショニャク、1990年

　コルチャックは子ども向けのラジオ番組で人気を集めていたが、突然番組の打ち切りを告げられる。程無くして第二次世界大戦が勃発し、ワルシャワはドイツ軍の占領下となり、コルチャックの孤児院はワルシャワ・ゲットー内に移設された。孤児院の周囲では、毎日子どもを含む多くのユダヤ人が餓死し、あるいは殺害され、通りには彼らの死体が放置されていた。絶望の中でコルチャックは何を考え、行動したのか―。第43回カンヌ国際映画祭特別表彰受賞など高い評価を得た本作だが、最後の幻想的なシーンは、その解釈をめぐって賛否両論が巻き起こった。

（田中友佳子）

参考文献
塚本智宏『コルチャック−子どもの権利の尊重』子どもの未来社、2004年
堀尾輝久「いま、なぜ子どもの人権か」『チルドレンズ・ライツ／いま世界の子どもたちは』日本評論社、1989年
本田和子『子ども100年のエポック−「児童の世紀」から「子どもの権利条約」まで』フレーベル館、2000年

2．世界児童憲章から日本の条約批准まで

特定の子どもたちの保護

「子どもの権利条約」は、1989年11月20日に成立し、翌年9月2日に発効しました。日本が条約を批准したのは、1994年になってからのことであり、世界で158番目と決して早くはありませんでした。本節では、「子どもの権利条約」が世界で受け入れられ、成立するまでの歴史を見ていきましょう。

「子どもの権利条約」は、1924年の国際連盟による「児童の権利に関する宣言」（以下、「ジュネーブ宣言」）がもととなっています。この「ジュネーブ宣言」が出される契機となったのは、エグランティン・ジェブ（Eglantyne Jebb, 1876-1928）を中心にまとめられた「世界児童憲章」でした。第一次世界大戦に対する反省を踏まえて、子どもを人類の存続のために不可欠な将来の社会の担い手としてとらえ、国境を越えて子どもの生存と発達を確保しなければならないという考えから、「世界児童憲章」は生まれました。「世界児童憲章」に見られる子どもの成長と発達権を保障するという課題は「ジュネーブ宣言」に受け継がれました。

このように、子どもの権利保障が求められたのは、戦災下の子どもたちを救済し、そして平和な社会での生存を確保するため、保護の必要性が認識されたからでした。「ジュネーブ宣言」は国際連盟の総会決議「児童保護1924」の一部として採択され、保護の対象は飢えた子ども、病気の子ども、発達の遅れた子ども、非行を犯した子ども、孤児・浮浪児とされており、特別な状況にある子どもを保護することを目指した宣言でした。こうした子どもたちの保護は、それまで民間団体が中心となって行ってきましたが、「ジュネーブ宣言」では「すべての国の男女」がそれを担うとされました。誰が保護の責任を担うかは議論の争点となり、国の積極的役割を強調し、義務として宣言に書き込むべきだとする意見と、それに反対して国ではなく、家庭、とりわけ両親が責任を負うべきとする意見が対立しました。結局、責任の所在を明確にせず、「すべての国の男女」と明記されたのです。

全ての子どもに特別な配慮を

第二次世界大戦後、1946年5月に国連内で「ジュネーブ宣言」の改正作業が始められ、社会委員会がその作業を担いました。当初予定していた部分的な改正に留まらず、全面的な改正作業が行われました。「ジュネーブ宣言」では、保護の対象とされたのは特別な状況に置かれた子どもに限定されていましたが、改正作業では子どもを人権主体として捉え、1948年に出された「世界人権宣言」の人権条項を子どもにも適用することが目指されました。家庭環境権、生活保障、健康権、教育権、障害者の権利などは、宣言の草案作成過程で子どもの人権として内容に盛り込まれました。しかし、財産権、参政権、思想・良心・宗教の自由、表現の自由、集会結社の自由など、子どもの権利として含まれなかった人権条項もあり、子どもと大人の持つべき権利は異なるという考え方がやはりベースにある点は留意すべきです。社会委員会は1950年4月に原案を採択し、人権委員会に送りましたが、その後7年間実質的な審議はなされませんでした。1957年に入ってようやく審議が再開され、総会採択にいたったのは1959年のことです。なぜ、7年間もの空白期間が生まれ、宣言の採択に時間がかかってしまったのでしょうか？その答えの一つは、「世界人権宣言」との兼ね合いでした。子ども固有の権利を宣言することで、当時出されたばかりの「世界人権宣言」の普遍的利益を損なうのではないかと憂慮されたからです。「世界人権宣言」が「子どもの権利宣言」の成立を遅らせたというのは意外なことですが、全ての人に平等な人権を認める「世界人権宣言」は子どもという特定の集団に利益を与える取り決めとは、異なるコンセプトを持っているとされたのです。しかしながら、そうした批判は必ずしも当らず、例えば「世界人権宣言」の第25条2項には、「母と子とは、特別の保護及び援助を受ける権利を有する。すべての児童は、

嫡出であると否とを問わず、同じ社会的保護を受ける」とあるように子どもの保護について言及するなど、子どもに対する配慮は「世界人権宣言」にも込められていました。「子どもの権利宣言」、そして「子どもの権利条約」へと、子どもに対して特別な配慮をすることの必要性の認識は、脈々と継承されていきました。

親の責任、国の役割

　こうして1959年11月、国連総会において「子どもの権利宣言」が採択されたのですが、宣言の限界は、国連加盟国の児童立法や政策に関して、指針を提示することしかできなかったことでした。そこで宣言を条約化することで、締約国を法的に拘束する効力を待たせ、締約国に条約を履行させる義務を負わせる動きが現れ始めたのです。このような子どもの権利宣言の条約化の動きが高まったのは、1976年に国連で「国際児童年に関する決議」が採決されたことが契機となりました。当初は、1979年の国際児童年に採択することを目指していましたが、結局、児童年10周年に当たる1989年に「子どもの権利条約」は採択されることとなります。条約化を、先導を切って進めたのは、ヤヌシュ・コルチャックの祖国でもあるポーランドでした（→Ⅳ－1「子どもの権利思想の歩み」参照）。1978年の国連人権委員会において、ポーランドは「子どもの権利に関する条約草案」の決議案を提出しました。このポーランド決議案は修正を加えて再提出され、同年3月8日に無投票で採択されました。

　1979年から人権委員会が条約草案の作成にあたりますが、作成過程で力を発揮したのもポーランドです。ポーランド代表のアダム・ロパトカ（Adam Lopatka）が作業部会の議長に選任されました。条約草案の作成のために作業部会は毎年設置され、第一読会（1979-1988年）、第二読会（1988-1989年）へと引き継がれ、草案を完成させました。草案の作成過程で特徴的だったのは、家族関係条項の審議に初期から重点が置かれたことです。第一読会の最初の5年間に、国家が家庭への援助を通して子どもの権利を保障することなどが話し合われました。「ジュネーブ宣言」では養育責任を持つのは「すべての国の男女」とされ名宛人が不明確であったのに比べ、「子どもの権利条約」では、親または保護者の養育責任を第一次的なものとして規定した上で、国の具体的な役割も明示されています。「ジュネーブ宣言」から「子どもの権利条約」への流れは、親が養育責任を負うものとされながらも、国が子どもの保護やケアを確保するという、親と国の双方の役割が同時に強められていく過程とも言えるのです。

　第一読会の後半では、権利行使主体としての子ども観が明確に現れてきました。例えば、条約第17条のマスメディアへのアクセスについて、ポーランドの草案では、有害なマスメディアから子どもを保護することを規定した条文となっていましたが、作業部会では子どもが情報にアクセスすることを保障すべきであるとの考えが優勢でした。このように、子どもの捉え方が「保護対象」から「権利主体」へ変化する流れの中で、アメリカはさらに子どもが市民的権利を行使することを後押ししました。アメリカの原案に基づいて表現・情報の自由、結社・集会の自由など、宣言では認められなかった権利が条約では盛り込まれました。前年の国連総会では条約完成促進の決議がなされていたこともあって、作業部会は第一読会の審議をひとまず終了し、1988年に草案を完成させました。

　その後、1988年の11月から12月にかけて第二読会の集中審議が開かれ、全体の調整や修正を行いました。第二読会の目的は、これまで作業部会に参加できなかった国々、第三世界や発展途上国の状況を考慮し、子どもの権利をめぐる最新の国際動向を踏まえて、条約を修正することでした。また、家庭環境を奪われた子どもは代替的養護が確保されるなど里親託置について言及された他、養子縁組関係、少年司法関係の国連の取り組みにも留意されています。

　ところで、「子どもの権利条約」が指す「子ども」は何歳までを想定しているのでしょうか？ 条約化の審議中の1980年人権委員会で、子どもの定義を未成年者とする提案がされ、子どもの範囲が明確にされました。未成年者が対象とされたことは、つまり、大人（成年）に対する子ども（18歳未満の未成年）を権利条約の

対象として想定しているということです。「子どもの権利条約」では18歳という年齢によって大人と子どもの新たな線引きがなされたのでした。権利主体としての子どもの権利が拡大されたと評価がある一方で、その権利の行使を大人である親が指示、指導することが規定されていることも見逃せません。

日本の子ども観、教育観

　こうした「子どもの権利宣言」の条約化や国際児童年に対する当時の日本政府の関心は高かったとは言えません。取り組みの遅れている日本に対し、国連から広報部長が派遣されるなどの働きかけがありましたが、子どもの問題は各省庁にまたがっていて主管がはっきりしておらず、また宣言に法的拘束力がなかったことが、行政の対応の遅れの原因ではないかと言われていました。こうした政府の対応の遅れを批判した日本子どもを守る会（羽仁説子会長）を始め、日本婦人団体連合会（櫛田ふき会長）など、民間団体によって子どもの権利保障のための運動が始められたのです。

　遅ればせながら1994年5月22日、日本で「子どもの権利条約」が発効し、国内法規範とされました。これによって、条約は日本国憲法に準ずる法的効力をもつようになりました。日本政府は、新たに国内立法措置をとる必要性はないとしていますが、子どもの人権専門委員や児童福祉アドボケイターといった制度が創設されています。

　また、日本の教育の場面でも「子どもの権利条約」の批准を受けて変化が起きつつあります。「子どもの権利条約」に基づいて設置された「子どもの権利に関する委員会」は、日本の教育についていくつかの問題点を指摘しています。例えば、日本の学校教育制度が過度な競争を強いており、子どもの発達を阻害していることや、経済的格差によって教育の質が決まることは、条約に反するとされています。それ以外にも、障害児、外国人学校の卒業者、アイヌと琉球沖縄の子どもたちに対する差別の禁止や体罰の禁止、子どもに意見表明の機会をより多くの場面で与えることなどが提案されています。

　このように、日本の子どもの権利保障についての制度や環境は改められつつあり、日本国内でも「子どもの権利条約」は家族の役割や子ども観、延いては教育観を変化させる影響力を発揮したと言ってよいでしょう。

年表

	関連事項	解　説
1922	世界児童憲章	イギリス児童救済基金団体による憲章
1924	児童の権利に関する人権宣言（ジュネーブ宣言）の採択	国際連盟において採択された
1947	教育基本法・学校教育法・児童福祉法の制定	戦後日本の教育と福祉に関する原則を定めた法律
1948	世界人権宣言の採択	第3回国連総会で採択された
1950	子どもの権利宣言の原案を社会委員会から人権委員会に提出	
1957	人権委員会で子どもの権利条約についての審議を再開	
1959	児童の権利宣言の成立	第14回国連総会で採択された
1976	「国際児童年に関する決議」の採択	第31回国連総会で1979年を「国際児童年」とすることを決定した
1978	「子どもの権利に関する条約草案」の修正決議案の採択	人権委員会にポーランドが決議案を提出する
1979	国際児童年	子どもの権利条約を採択する計画はこの時点では実現されなかった
1989	子どもの権利条約の採択	第44回国連総会で採択された
1990	子どもの権利条約の発効	批准国が所定の数（20カ国以上）に達した
1994	日本が子どもの権利条約を批准	

（大森万理子）

参考文献
赤羽忠之「『家庭的環境のもとで育つ権利』に関する研究序説 ― 国連・子どもの権利条約案をモデルとして」『浜松短期大学研究論集』第 35 号、1987 年、pp.31-77
金田茂郎「国際児童年と子どもの権利をめぐる課題」『季刊教育法』第 30 巻、1978 年、pp.169-175
喜多明人『新時代の子どもの権利 ― 子どもの権利条約と日本の教育』エイデル研究所、1990 年
教育法研究会「児童の権利宣言条約化の動向」『季刊教育法』第 30 巻、1978 年、pp.175-184
広沢明「教育分野における条約の実施」喜多明人他編『[逐条解説] 子どもの権利条約』日本評論社、2009 年、pp.31-37

MEMO

──第2部──
子どもの権利条約

児童の権利に関する条約

英文

Convention on the Rights of the Child
Adopted and opened for signature, ratification and accession by General Assembly resolution 44/25 of 20 November 1989
entry into force 2 September 1990, in accordance with article 49

Preamble

The States Parties to the present Convention,

Considering that, in accordance with the principles proclaimed in the Charter of the United Nations, recognition of the inherent dignity and of the equal and inalienable rights of all members of the human family is the foundation of freedom, justice and peace in the world,

Bearing in mind that the peoples of the United Nations have, in the Charter, reaffirmed their faith in fundamental human rights and in the dignity and worth of the human person, and have determined to promote social progress and better standards of life in larger freedom,

Recognizing that the United Nations has, in the Universal Declaration of Human Rights and in the International Covenants on Human Rights, proclaimed and agreed that everyone is entitled to all the rights and freedoms set forth therein, without distinction of any kind, such as race, colour, sex, language, religion, political or other opinion, national or social origin, property, birth or other status,

Recalling that, in the Universal Declaration of Human Rights, the United Nations has proclaimed that childhood is entitled to special care and assistance,

Convinced that the family, as the fundamental group of society and the natural environment for the growth and well-being of all its members and particularly children, should be afforded the necessary protection and assistance so that it can fully assume its responsibilities within the community,

Recognizing that the child, for the full and harmonious development of his or her personality, should grow up in a family environment, in an atmosphere of happiness, love and understanding,

Considering that the child should be fully prepared to live an individual life in society, and brought up in the spirit of the ideals proclaimed in the Charter of the United Nations, and in particular in the spirit of peace, dignity, tolerance, freedom, equality and solidarity,

Bearing in mind that the need to extend particular care to the child has been stated in the Geneva Declaration of the Rights of the Child of 1924 and in the Declaration of the Rights of the Child adopted by the General Assembly on 20 November 1959 and recognized in the Universal Declaration of Human Rights, in the International Covenant on Civil and Political Rights (in particular in articles 23 and 24), in the International Covenant on Economic, Social and Cultural Rights (in particular in article 10) and in the statutes and relevant instruments of specialized agencies and international organizations concerned with the welfare of children,

Bearing in mind that, as indicated in the Declaration of the Rights of the Child, "the child, by reason of his physical and mental immaturity, needs special safeguards and care, including appropriate legal protection, before as well as after birth",

Recalling the provisions of the Declaration on Social and Legal Principles relating to the Protection and Welfare of Children, with Special Reference to Foster Placement and Adoption Nationally and Internationally; the United Nations Standard Minimum Rules for the Administration of Juvenile Justice (The Beijing Rules); and the Declaration on the Protection of Women and Children in Emergency and Armed Conflict, Recognizing that, in all countries in the world, there are children living in exceptionally difficult conditions, and that such children need special consideration,

Taking due account of the importance of the traditions and cultural values of each people for the protection and harmonious development of the child, Recognizing the importance of international co-operation for improving the living conditions of children in every country, in particular in the developing countries,

Have agreed as follows:

政府訳

　この条約の締約国は、

　国際連合憲章において宣明された原則によれば、人類社会の
すべての構成員の固有の尊厳及び平等のかつ奪い得ない権利を認めることが世界における自由、正義及び平和
の基礎を成すものであることを考慮し、

　国際連合加盟国の国民が、国際連合憲章において、基本的人権並びに人間の尊厳及び価値に関する信念を改め
て確認し、かつ、一層大きな自由の中で社会的進歩及び生活水準の向上を促進することを決意したことに留意し、

　国際連合が、世界人権宣言及び人権に関する国際規約において、すべての人は人種、皮膚の色、性、言語、宗教、
政治的意見その他の意見、国民的若しくは社会的出身、財産、出生又は他の地位等によるいかなる差別もなし
に同宣言及び同規約に掲げるすべての権利及び自由を享有することができることを宣明し及び合意したことを
認め、

　国際連合が、世界人権宣言において、児童は特別な保護及び援助についての権利を享有することができるこ
とを宣明したことを想起し、

　家族が、社会の基礎的な集団として、並びに家族のすべての構成員、特に、児童の成長及び福祉のための自
然な環境として、社会においてその責任を十分に引き受けることができるよう必要な保護及び援助を与えられ
るべきであることを確信し、

　児童が、その人格の完全なかつ調和のとれた発達のため、家庭環境の下で幸福、愛情及び理解のある雰囲気
の中で成長すべきであることを認め、

　児童が、社会において個人として生活するため十分な準備が整えられるべきであり、かつ、国際連合憲章に
おいて宣明された理想の精神並びに特に平和、尊厳、寛容、自由、平等及び連帯の精神に従って育てられるべ
きであることを考慮し、

　児童に対して特別な保護を与えることの必要性が、1924 年の児童の権利に関するジュネーヴ宣言及び 1959
年 11 月 20 日に国際連合総会で採択された児童の権利に関する宣言において述べられており、また、世界人権
宣言、市民的及び政治的権利に関する国際規約（特に第 23 条及び第 24 条）、経済的、社会的及び文化的権利に
関する国際規約（特に第 10 条）並びに児童の福祉に関係する専門機関及び国際機関の規程及び関係文書におい
て認められていることに留意し、

　児童の権利に関する宣言において示されているとおり「児童は、身体的及び精神的に未熟であるため、<u>その
出生の前後において、適当な法的保護を含む</u>特別な保護及び世話を必要とする。」ことに留意し、
国内の又は国際的な里親委託及び養子縁組を特に考慮した児童の保護及び福祉についての社会的及び法的な原
則に関する宣言、少年司法の運用のための国際連合最低基準規則（北京規則）及び緊急事態及び武力紛争にお
ける女子及び児童の保護に関する宣言の規定を想起し、

　極めて困難な条件の下で生活している児童が世界のすべての国に存在すること、また、このような児童が特
別の配慮を必要としていることを認め、
児童の保護及び調和のとれた発達のために各人民の伝統及び文化的価値が有する重要性を十分に考慮し、

　あらゆる国特に開発途上国における児童の生活条件を改善するために国際協力が重要であることを認めて、

　次のとおり協定した。

〈ワンポイント〉児童の権利に関する条約（子どもの権利条約）は 1959 年に採択された「児童の権利に関する宣言」
　の 30 周年に合わせ、1989 年 11 月 20 日に国連総会で採択された国際条約である。1990 年 9 月 2 日に発効し、日本
　は 1990 年 9 月 21 日に条約に署名したものの、その後多くの時間を要し、1994 年 4 月 22 日に批准を行った。ただ、
　国は批准に伴う国内法の改正など必要なく、現行制度で対応できるという見解を示した。

第1条　児童の定義

英文（抄録）

For the purposes of the present Convention, a child means every human being blow the age of eighteen years unless under the law applicable to the child, majority is attained earlier.

政府訳

この条約の適用上、児童とは、18歳未満のすべての者をいう。ただし、当該児童で、その者に適用される法律によりより早く成年に達したものを除く。

本条のポイント

　本条はこの条約の適用対象となる「子ども」を「法律上、より早く成年に達したもの」を除いた「18歳未満のすべての者」として定義している。

　本条が子どもの上限年齢として規定している「18歳未満」については条約の審議過程で様々な議論があったが、国連総会では本条約の目的を「できるだけ広い範囲の者に保護を与えることである」（波多野2005：18）とし、最終的にはそのまま「18歳」に規定した。

　本条約における「child」については日本政府が「児童」と訳しているのに対し、多くの民間団体は「子ども」として訳している。これは学校教育法を見てもわかるように、「児童」とすると、小学生のことだけを、そして「生徒」は中学校・高校に行っている子だけを意味するようになってしまうことから、「18歳より下の子どもはみんな子ども」ということで「子どもの権利条約」と訳した（名取2005：6）のである。

子どもの始期

　本条は子どもの下限年齢（始期）については定まっていない。その審議過程において、「出生時より」とする意見と「受胎時より」とする意見が対立したが、合意が得られなかったため、これに関しては各国の制度や解釈に委ねたのである（広沢2009：55）。

　本条約の前文9段に「児童は、身体的及び精神的に未熟であるため、その<u>出生の前後</u>において、適当な法的保護を…」とは規定しているものの、前文には法的拘束力がないため、これについては締約国による本条の解釈において影響を与えない旨の議長声明が付されている。日本においては、従来の法制度や解釈に従い、本条の「子ども」には胎児は含まれず、本条約の権利享有主体は出生時以後の人であると解される（永井2000：39）。

　しかし、民法721条・886条がそれぞれ胎児の損害賠償請求権と相続権を認めている点、そして女性の「望まない妊娠」による中絶問題などは検討が必要である。

子どもの上限年齢

　2014年6月、国民投票年齢を「20歳以上」から「18歳以上」に引き下げる改正国民投票法が参院本会議で可決、成立した。また、2015年6月、公職選挙法の一部を改正する法律が成立し、年齢満18年以上の者が選挙に参加することができることとなった。しかし、民法4条にはまだ成人年齢が20歳で規定されており、18歳・19歳のものは法的空白に陥る可能性（広沢2009：56）があると指摘されている。

　さらに、同法731条には男女の婚姻可能年齢が男性18歳、女性16歳で同一化されておらず、18歳未満で婚姻した女性に限っては、本条の第2文である「ただし書き」の適用を受ける（波多野2005：20）ことになる。これ以外にも「14歳（刑法41条）」、「15歳（労働基準法56条）」、「20歳（少年法2条）」など、それぞれの国内法において子どもの上限年齢基準は様々である。

　子どもの権利委員会は、このように国内法における成年年齢が統一化されていない状況から本条とのズレが生じることを指摘している。

子どもの表記

　2013年、文部科学省は下村博文文部科学大臣の指示により、2013年6月下旬から公用文中の表記を「子供」に統一することを決定した。「子ども」の表記は1973年の内閣訓令で、漢字表記とされたが、「供」という漢字の意味が「つき従って行く人。従者。また、従者としてつき従うこと。」（広辞苑）とされていることから、子どもに対して「差別的な印象を与える」とされてきた。それで、漢字とひらがなの交ぜ書きである今の「子ども」表記が一般的に使われるようになったのである。

　しかし今回、文科省はこのような交ぜ書きには違和感があると指摘、さらに「供」が差別的表現ではないと判断して「公用文書は漢字表記」との原則を再確認、同年7月刊行の文部科学白書では「子供」表記で統一した。

　子ども表記に関しては、国内法令においてもそれぞれ「児童」「少年」「青少年」など複数に使われており、今後、用語の定義を統一することも重要な課題である（広沢2009：57）。

関連国内法

　民法（4条、5条、721条、730条、753条、886条）・選挙法（9条）・少年法（2条）・刑法（41条）・労働基準法（56条）・児童福祉法（4条）・学校教育法など

（鄭　修娟）

資料

胎児の権利・女性の権利

○関連法律

刑法 212 条	（堕胎）妊娠中の女子が薬物を用い、又はその他の方法により、堕胎したときは、1 年以下の懲役に処する。
同法 213 条	（同意堕胎及び同致死傷）女子の嘱託を受け、又はその承諾を得て堕胎させた者は、2 年以下の懲役に処する。よって女子を死傷させた者は、3 月以上 5 年以下の懲役に処する。
同法 214 条	（業務上堕胎及び同致死傷）医師、助産師、薬剤師又は医薬品販売業者が女子の嘱託を受け、又はその承諾を得て堕胎させたときは、3 月以上 5 年以下の懲役に処する。よって女子を死傷させたときは、6 月以上 7 年以下の懲役に処する。
同法 215 条	（不同意堕胎）女子の嘱託を受けないで、又はその承諾を得ないで堕胎させた者は、6 月以上 7 年以下の懲役に処する。2.　前項の罪の未遂は、罰する。
民法 721 条	（損害賠償請求権に関する胎児の権利能力）胎児は、損害賠償の請求権については、既に生まれたものとみなす。
同法 886 条	（相続に関する胎児の権利能力）胎児は、相続については、既に生まれたものとみなす。 2. 前項の規定は、胎児が死体で生まれたときは、適用しない。
母体保護法 2 条 2 項	この法律で人工妊娠中絶とは、胎児が、母体外において、生命を保続することのできない時期に、人工的に、胎児及びその附属物を母体外に排出することをいう。
同法 14 条 1 項	都道府県の区域を単位として設立された公益社団法人たる医師会の指定する医師(以下「指定医師」という。)は、次の各号の一に該当する者に対して、本人及び配偶者の同意を得て、人工妊娠中絶を行うことができる。 一　妊娠の継続又は分娩が身体的又は経済的理由により母体の健康を著しく害するおそれのあるもの 二　暴行若しくは脅迫によつて又は抵抗若しくは拒絶することができない間に姦淫されて妊娠したもの

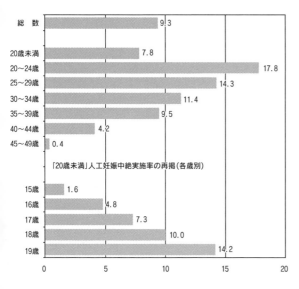

図1　年齢階級別にみた人工妊娠中絶実施率
（年齢階級別女子人口千対－厚生労働省（2009））

注1）「総数」は、15 ～ 49 歳の女子人口千対。（15 歳未満・不詳の人口妊娠中絶件数を含むが、50 歳以上の人口妊娠中絶件数は除く。）

注2）「20 歳未満」は、15 ～ 19 歳の女子人口千対。（15 歳未満の人口妊娠中絶件数を含む。）

「女性の自己決定権」と「胎児の生命権」の関係

○関係性説

女性と胎児の関係性を重視し、その関係性を一方的に侵害する規制を不当する説。「女性」vs「胎児」という対立枠組みを批判し、不平等社会における女性の地位の向上という要請と、胎児に対する共同体の利害という二つの観点から調整を図るべきとする。

↓

○オランダの妊娠中絶法

(De Wet afbreking zwangerschap (Waz)、1984 年)

・24 週以内の妊娠中絶の合法化

・条件：指定医院の医師から中絶以外の他の手段（養子や援助など）の紹介を受けた後、5 日間の待機要件。中絶の理由は問わない。

・立法の目的：女性の困難な状況と、胎児の生命保護との葛藤状況の間でのバランスを図り、個々人のケースに応じ、適切な配慮を考える機会を設けさせる。

・堕胎罪は存続しているが、女性を罰する自己堕胎罪規定はない。

・公費援助について、中絶の理由を問わず支給される。

（引用：森脇健介「妊娠中絶の権利」に関する法理論の諸相－日本における概念枠組の抽出と解体－、ジェンダー法学会学術大会、2006）

子どもの上限年齢

○関連法律

民法 4 条 年齢二十歳をもって、成年とする。 2022 年 4 月 1 日〜 年齢十八歳をもって、成年とする。	同法 731 条 男は、十八歳、女は十六歳にならなければ、婚姻をすることができない。 2022 年 4 月 1 日〜 婚姻は、十八歳にならなければ、することができない。

公職選挙法 9 条
日本国民で年齢満十八年以上の者は、衆議院議員及び参議院議員の選挙権を有する。

少年法 2 条
この法律で「少年」とは、二十歳に満たない者をいい、「成人」とは、満二十歳以上の者をいう。

刑法 41 条
十四歳に満たない者の行為は罰しない。

労働基準法 56 条
使用者は、児童が満十五歳に達した日以後の最初の三月三十一日が終了するまで、これを使用してはならない。

学校教育法 17 条
保護者は、子の満六歳に達した日の翌日以後における最初の学年の始めから、満十二歳に達した日の属する学年の終わりまで、これを小学校または特別支援学校の小学部に修学させる義務を負う。

児童福祉法 4 条
この法律で、児童とは、満十八歳に満たない者をいい…

道路交通法 14 条
児童（六歳以上十三歳未満の者をいう。以下同じ。）若しくは幼児（六歳未満の者をいう。以下同じ。）を保護する責任のある者は…

○児童の権利に関する条約 第 3 回日本政府報告（2008）
（婚姻年齢における法律上の男女差の差異）

139. 男の婚姻年齢を 18 歳、女の婚姻年齢を 16 歳とする民法第 731 条の規定は、婚姻により成立する家族が社会の基礎的構成単位であり、肉体的及び精神的な能力を未だ備えない年少者については婚姻を認めないという趣旨で設けられたものである。肉体的及び精神的な発育において男女間に差があることは一般的に認められているところであり、この差異を考慮して男女の婚姻年齢に差異を設けたものであって、合理的な理由に基づくものとする。しかし、上記の婚姻制度の在り方についてはこれをめぐる社会の状況に変化があれば、その変化に応じて制度を見直していく必要があることはいうまでもない。こうした観点から、1996 年 2 月に法務大臣の諮問機関である法制審議会が、男女の婚姻年齢を共に 18 歳とすることなどを内容とする民法改正案の要綱を答申している。この民法改正の問題については、婚姻制度や家族の在り方と関連する重要な問題であり、国民各層や関係各方面で様々な意見があることから慎重に議論を重ね、結果、2018（平成 30）年に法改正が行われた。ただし、施行は 2022（令和 4）年 4 月 1 日からとなった。

○裁判例

> **ⅰ．福岡県青少年条例「淫行」事件（最大判昭 60・10・23）**
> ：被告人の成人男性は N が当時 16 歳の青少年であることを知りながら、ホテル客室において、N と性交し、青少年に対する『淫行』にあたるとされた。第一審は、被告人の行為は、福岡県青少年保護育成条例「（いん行又はわいせつな行為の禁止）第三十一条　何人も、青少年に対し、いん行又はわいせつな行為をしてはならない。2 何人も、青少年に対し、前項の行為を教え、又は見せてはならない。」に該当するので罰金 5 万円に処すると判決した。これに対し被告人は控訴したが、控訴審はこれを棄却したところ、上告したものである。

→判決は、福岡県青少年保護育成条例が 18 歳未満の者のみに対する性行為を禁止処罰の対象とし、憲法 14 条（法の下に平等）に違反しないとしている。しかし、民法 731 条によって、16 歳以上の女子との合意にもとづく性行為を処罰することには疑問がある（永井 1998：60）。

ⅱ．愛知県青少年保護育成条例違反事例（名古屋簡裁平 19・5・23）
：妻子を持つ飲食店副店長だった男性が、当時 17 歳だったアルバイト店員の女子高校生と性的関係を持ったことで条例違反を問われたが、互いに恋愛感情を抱いていたことから『淫行』に相当するというには相当な疑問が残る」として無罪判決が言い渡された。名古屋簡易裁判所は、「二人には恋愛感情があり真摯に交際していた」として「犯罪の証明」が無いと認定した。

○諸外国の選挙権年齢と成年年齢

選挙権年齢＝成年年齢	
17 歳	北朝鮮
18 歳	米国、英国、カナダ、イタリア、インド、中国、オーストラリア、ケニア、スイス、スウェーデン、ドイツ、フランス、日本（2022 年〜）など
20 歳	台湾、チュニジア、モロッコ、**日本**（〜 2016 年）
21 歳	シンガポール、クウェート、サモア
選挙権年齢＞成年年齢	
18 歳＞ 16 歳	ネパール
21 歳＞ 18 歳	マレーシア、パキスタン、レバノン
25 歳＞ 21 歳	アラブ首長国連邦
選挙権年齢＜成年年齢	
16 歳＜ 18 歳	オーストリア
16 歳＜ 21 歳	ニカラグア
17 歳＜ 21 歳	インドネシア
18 歳＜ 20 歳	タイ、**日本**（2016 年 6 月〜 2022 年 3 月）
18 歳＜ 21 歳	アルゼンチン、エジプト、モナコ
19 歳＜ 20 歳	韓国

資料：「朝日新聞　2009 年 10 月 29 日」の記事より作成

○改正国民投票法

・参議院選挙後、安倍総理大臣のインタビュー
→「国民投票を実施するための宿題が残っている」
①国民投票年齢の引き下げに合わせて選挙権年齢や成人年齢を同時に引き下げること
②国家公務員の政治的行為の制限を緩和すること
③国民投票の対象を憲法改正以外にも広げるか
最大の焦点は選挙権年齢と成人年齢の引き下げ
・課題
①少年法との関係
②酒やたばこの制限年齢
③ 18、19 歳の若者が保護者承諾を得ずにクレジットカードが作れるようになるため、悪質な業者の被害にあう危険性
※時期尚早と判断
→国民投票に限り 18 歳で調整

資料：http://www.nhk.or.jp/kaisetsu-blog/100/166563.html を参照し作成

「子ども」の表記をめぐって

「子ども」表記を「子供」に－下村文科相　公用文の統一指示―　　　（日本教育新聞　2013/07/15 により作成）

　文科省が 6 月下旬から、公用文中の「子ども」の表記を「子供」に統一した。（中略）子供の表記法をめぐっては思想・政治的立場からも意見が分かれ、国、自治体でも表記が統一されていない。文科省の公用文が変わることで、今後、教育委員会などの表記にも影響が出る可能性がある。

　　同省が表記の指針としているのは文化庁国語課と大臣官房総務課が連名で作成している用語の手引「公文書の書式と例」。常用漢字表を踏まえた現在の手引きでも、「子ども」の表記方法は漢字の「子供」だが、同省の公用文ではむしろ「子ども」を使用する方が一般的だった。（中略）なぜこれまでの用語例と異なっていたのか。文化庁国語課の岩佐敬昭課長は、世間一般で使われている表記の影響以外にも用語の手引で「場合よっては従わなくても差し支えない」と書かれており、これも混乱の一因になったとみる。下村文科相からは 5 月下旬、文化庁に「子ども」の表記について経緯を調べるよう指示があった。表記に関する内規は存在しないことを報告すると、省内で表記を統一するよう指示が出されたという。文科省幹部によると交ぜ書き廃止を求める団体が下村文科相を訪れ「子ども」表記の廃止を請願したことが背景にあったという。（後略）

コラム

（毎日新聞　2003/01/04）

　「子は国の宝」。年末年始ほど、この文句を痛感する時期はない。クリスマスプレゼントやお年玉で子供を厚遇するのが、この国の風習だ。実は最近、そんなお子様を「子供」と書かない風潮があることに気付いた。見渡せばあるある。児童の権利条約は「子どもの権利条約」。福岡市の児童問題関連部署は「子ども部」。児童書の国立図書館は「国際子ども図書館」。どれも「子ども」だ。「供」という字は「お供」を連想させるので、子供を親の従属物とみなし、ひいては子供の人権を軽視する風潮を助長しかねない、という理由らしい。そこで子供の人権保護機関である福岡市と北九州市の児童相談所に「子供」と書かない根拠を改めて聞いたら「流行じゃないですか」。数年前から童話作家の矢玉四郎さんが「子ども教信者は目をさましましょう」と訴えていることも最近知った。確かに言葉狩りに近い雰囲気がある。それに、子供という熟語を「子ども」と書くと、かえって「野郎ども」といった下品な感じにならないかと心配にもなる。読者の皆さんはどうですか。

【高原克行】

〈参考文献〉

永井憲一『子どもの人権と裁判－子どもの権利条約に即して』法政大学出版局、1998 年、p.60。
名取弘文ほか『こどものけんり』雲母書房、2005 年、pp.6-7。

第2条　差別の禁止

英文（抄録）

1. States Parties shall respect and ensure the rights set forth in the present Convention to each child within their jurisdiction without discrimination of any kind, irrespective of the child's or his or her parent's or legal guardian's race, color, sex, language, religion, political or other opinion, national, ethnic or social origin, property, disability, birth or other status.
2. States Parties shall take all appropriate measures to ensure that the child is protected against all forms of discrimination or punishment on the basis of the status, activities, expressed opinions, or beliefs of the child's parents, legal guardians, or family members.

政府訳

1　締約国は、その管轄の下にある児童に対し、児童又はその父母若しくは法定保護者の人種、皮膚の色、性、言語、宗教、政治的意見その他の意見、国民的、種族的若しくは社会的出身、財産、心身障害、出生又は他の地位にかかわらず、いかなる差別もなしにこの条約に定める権利を尊重し、及び確保する。
2　締約国は、児童がその父母、法定保護者又は家族の構成員の地位、活動、表明した意見又は信念によるあらゆる形態の差別又は処罰から保護されることを確保するためのすべての適当な措置をとる。

本条のポイント

　本条は子どもに対する差別の禁止を定めており、この規定は本条約の四つの一般原則の一つに位置づけられている。その他の一般原則は、第3条「子どもの最善の利益」、第6条「生命、生存および発達に対する権利」、第12条「子どもの意見の尊重」である。本条は国際人権規約を基本的に踏襲しているが、差別禁止事由として「種族的出身」と「障害」を明示したこと（1項）、および、本人を理由とする差別だけでなく「親の地位」などを理由とする差別も禁止したこと（2項）は本条約の特色である（喜田・森田・広沢・荒牧 2009：58）。

　子どもの権利委員会は締約国に対し、最も不利な立場におかれたグループの子どもの差別問題に特に着目するに促している。これには、マイノリティ、障害のある子ども、婚外子、外国人、移民、難民・庇護申請者等が含まれ、さらにストリートチルドレンやHIV・エイズの影響を受けた子どもも対象となる。また、経済的・社会的・地理的格差についても本条違反になりうることを指摘している（定期報告・旧ガイドライン27、一般的意見3号9）。

　また、本条は、国が権利を「尊重する」（1項）ことにとどまらず、事実上の差別を積極的に是正することによって権利・保護を「確保する」（1項・2項）ことまで要請している。このような積極的措置には差別的態度・偏見を撤廃するための取り組み、社会的・経済的格差についての対応、意識啓発キャンペーンなどが含まれる。

アファーマティブ・アクション

　アファーマティブ・アクションとは、長年にわたって差別を受けてきた社会的・構造的な差別によって不利益を被ってきたマイノリティや女性に対して、一定の範囲で特別な機会を提供すること等によって経済的地位・社会的地位の改善、向上を目的として進められる差別是正のための特別措置（積極的措置）である。なお、内閣府では「ポジティブ・アクション」という用語が用いられている。このような施策が導入される根拠は、積年に

渡る差別は社会的・構造的に生じているものであり、その結果の是正のためには、法の下の平等や機会の均等という形式的平等の保障では不十分であるとする考え方である。しかし、こうした特別措置がマジョリティや男性等に対する逆差別になるとの批判も根強く存在しており、1990年代中頃以降は、人種の考慮に対しては厳格な基準を設けるとともに、特別措置に対して消極的、否定的な判断を下す傾向にある。

　日本における事例として、女性に対しては2010（平成22）年の「第3次男女共同参画基本計画」によって2020年までに指導的地位に女性が占める割合を少なくとも30%程度とすることが目標として掲げられている。そのため、特別措置として予め一定の人数や割合を採用枠として設定する「クオータ制」や能力が同等である場合に女性を優先的に取り扱う「プラス・ファクター制」等の取り組みを推進し、女性の参画を拡大させている。また、障害者に対する特別措置としては、障害者雇用促進法によって、民間企業に対して雇用率2.0%に相当する人数の障害者・知的障害者の雇用を義務づけるなどの障害者就業支援策が採られている。

関連条文・国内法

　日本国憲法第14条、障害者雇用促進法

（清水　良彦）

資料

日本社会が抱える差別問題

婚外子に対する法的差別
相続：非嫡出子（婚外子）の相続分は嫡出子の 1/2 とされてきたが、平成 25 年 12 月 5 日の民法改正により同等となり、問題は解消されつつある。

出生登録：戸籍法 49 条 2 項 1 号によって出生届に「嫡出」の有無を記載する欄が依然として残っている。

シングルマザーの婚外子（是正済）：婚外子の認知によって児童扶養手当が打ち切りとなっていた問題。

公的文書の記載（是正済）：住民票の「世帯主との続柄」が「子」に統一された。戸籍も婚外子か父母の申し出により「長男（長女）」と記載することが可能となった。

日本国籍の取得（是正済）：日本人父と日本人母の子が出生後に認知を受けても両親が未婚の場合日本国籍が取得できなかった問題は、平成 20 年に準正要件改正により解消した。

障害者差別
「インクルーシブな教育制度」（障害者権利条約第 24 条第 1 項）の実現に向けて、平成 19 年の認定就学者認定の際の保護者への意見聴取の義務づけ（学校教育法施行令 18 条の 2）などの前進が見られる。

マイノリティ（アイヌ）差別
日本においては、本条約第 30 条（少数者の権利）との関連から日本において自己の言語で教育を受ける機会が限定的である点に懸念が示されている。なお、日本政府が認める先住民族はアイヌのみである。

被差別部落
被差別部落の問題に関しては、今なお結婚差別や就職差別として残っている。その他、差別的な内容のハガキ、封書、ビラの送付、インターネット上の差別的な書き込みが顕在化している。

外国人児童
平成 24 年 5 月 1 日現在、公立小・中・高等学校において日本語指導が必要な外国人児童生徒は 27,013 人である。また、外国人児童の中には経済的理由、言語の問題から不就学者もおり、対応が必要である。

在日コリアン
日本においては在日コリアンに対する社会的差別が根強く残っている。朝鮮学校は今なお学校教育法上の「各種学校」として位置づけられ、日本政府から国庫による補助をうけていない。また、平成 22 年 4 月に導入された「高校無償化」制度においても制度の対象となる外国人学校の中に朝鮮学校が除外されており差別的処遇が続いている状況である。なお、平成 26 年 4 月 1 日施行の新制度では 1 校のみ「高校無償化」の対象となっている。

平等とは何か：形式的平等と実質的平等

ケース①　小中学校における男女混合名簿採用、さん付け呼称の統一
福岡県福岡市においては「福岡市男女共同参画基本計画（第 2 次）」の実施にあたって、男女平等教育の推進を基本目標のひとつに掲げ、そのひとつの施策として市立小中学校において従来の男女別名簿（男子五十音順の後に女子五十音順）ではなく、混合名簿（男女五十音順）の採用を進めている。男女混合名簿の採用率は小学校においては平成 23 年度 99.3%、平成 24 年度 98.6% とほぼ全校で実施されており、中学校においても平成 23 年度 40.6% から平成 24 年度 44.9% と上昇している。男女混合名簿の使用には児童生徒に男女平等意識を育むという目的がある一方、「たかが名簿で子どもの意識が変わるのか」という意見や実際の運用において男女別で行う教育活動（体育の授業など）では男女別名簿のほうが使用しやすいという反対意見が寄せられている。そのほか、同様の目的で行われているものとして、児童生徒の呼称を男子、女子ともに「さん付け」で統一する取り組みなどがある。これらの取り組みは全国各地で実施されている。

（参照：第 5 期第 3 回福岡市男女共同参画審議会（平成 25 年 8 月 7 日）資料 1）

ケース②　大学入試における女性枠の導入
2010 年 3 月、九州大学理学部数学科は優秀な女子学生獲得に向けた取り組みとして 2012 年度入試から、一般入試後期日程における募集人員の一部（5 人、後期日程全体は 9 人）を女性枠に設定した入試を実施することを公表した。このような制度を導入する背景として、数学分野で女子学生の志願者・入学者の増加を図ることで、社会における女性研究者の比率の増加に繋がり、男女共同参画社会形成のための措置として位置づけた。しかし、女性枠導入の公表後、「男性差別につながる」「法の下の平等の観点から問題があるのではないか」などの指摘が相次いだため、「女性枠」入試実施による社会的影響や学生本人の精神的負担等を勘案し、一般入試後期日程の「女性枠」導入は中止された。

（参照：九州大学広報室「理学部数学科における平成 24 年度一般入試（後期日程）の変更について」2011.05.19）

▶ 演習問題：ケース①、ケース②のメリット・デメリットを考えよう

〈参考文献〉
・内閣府男女共同参画局ホームページ（http://www.gender.go.jp）最終確認日 2015 年 3 月 4 日

第3条 児童に対する措置の原則

英文（抄録）

1. In all actions concerning children, whether undertaken by public or private social welfare institutions, courts of law, administrative authorities or legislative bodies, the best interests of the child shall be a primary consideration.
2. States Parties undertake to ensure the child such protection and care as is necessary for his or her well-being, taking into account the rights and duties of his or her parents, legal guardians, or other individuals legally responsible for him or her, and, to this end, shall take all appropriate legislative and administrative measures.
3. States Parties shall ensure that the institutions, services and facilities responsible for the care or protection of children shall conform with the standards established by competent authorities, particularly in the areas of safety, health, in the number and suitability of their staff, as well as competent supervision.

政府訳

1 児童に関するすべての措置をとるに当たっては、公的若しくは私的な社会福祉施設、裁判所、行政当局又は立法機関のいずれによって行われるものであっても、児童の最善の利益が主として考慮されるものとする。
2 締約国は、児童の父母、法定保護者又は児童について法的に責任を有する他の者の権利及び義務を考慮に入れて、児童の福祉に必要な保護及び養護を確保することを約束し、このため、すべての適当な立法上及び行政上の措置をとる。
3 締約国は、児童の養護又は保護のための施設、役務の提供及び設備が、特に安全及び健康の分野に関し並びにこれらの職員の数及び適格性並びに適正な監督に関し権限のある当局の設定した基準に適合することを確保する。

本条のポイント

　本条は、「児童の最善の利益」が第一次的に保障されなければならないこと（1項）、国は子どもの福祉に必要な保護およびケアを確保するために立法上、行政上の措置をとるべきこと（2項）、および国は子どもの保護などにあたる施設が、その人的・物的条件の維持向上のため、とくに安全・健康の領域、職員の数と適格性、職員の監督など一定の基準に従うよう遵守せしめるべきこと（3項）を定めている。

　本条は、2条・6条・12条と同じく、条約の一般原則として位置付けられる立法・司法・行政機関の理念的・手続的判断基準である。子どもの権利宣言（1959年）では、子どものための法律制定における最優先の考慮事項（原則2）として、また子どもの教育・指導に責任を負う者の指導原理（原則7）として言及された。なお本条約では、子どもに関わる全ての活動がその考慮事項として捉えなおされている。「児童の最善の利益」の内容に関しては、誰がいかなる基準で、またどのような手続によって利益を確保するかなど、国連子どもの権利委員会（CRC）もその具体的な判断基準を示せていない。

　また、この原則は「子どもにかかわるすべての活動」に適用されなければならず、そこには集団としての子どもに関する活動が含まれる。CRCはさらに、子どもに直接・間接に影響を与える活動もこの原則の適用対象になるという解釈を示しており、予算の策定を含む一般政策の検討にあたっても第一次的な考慮を求めている。

立法上及び行政上の措置について

　本条2項の「児童の福祉に必要な保護及び養護」では、「福祉」の英語正文での文言が well-being とあるように、家族構成員の精神的幸福を含む広い概念としての理解が求められる。国がその義務を果たす上では、条約が規定する「社会の基礎的な集団」および「［家族の］すべての構成員とくに子どもの成長および福祉のための自然的環境」（前文）という条約上の家族の位置づけを踏まえた上で、子どもの権利（7条1項）、親の責任（5条・14条2項・18条1項）、ならびに家族の保護などの規定（8条1項・16条1項）を考慮に入れることが必要となる。これらの規定を前提としつつ、国は、親が養育責任を遂行するための援助（18条2項・3項）等を行うことが求められる。また、その上で、その必要に応じて（9条1項・20条1項）、国が代替的擁護をはじめとする特別な保護及び援助を行うことが予定されている（20条・21条）。

主として考慮される児童の最善の利益

　「児童の最善の利益」の適応範囲においては、多くの議論が重ねられてきた。「児童の最善の利益」のために払われるべき考慮は、あらゆる場面において他の権利を優越するわけではない。ゆえに、ポーランド草案にあった「至上の」（paramount）でも「第一の」（the primary）でもない、「主として（一次的に）考慮される」（a primary consideration）という表現が用いられた経緯がある（波多野2005：29-31）。

関連条文及び国内法

　児童福祉法2条、少年法1条、母子保護法3、5条など

（木村　栞太）

資料

「児童の最善の利益」の主な適用範囲

本条約のなかで、この「児童の最善の利益」が考慮されるのは主に以下の場面である。（喜多 2009：64-65）

「児童の最善の利益」を判断する場面	条項
子どもを親から分離する必要を決定する場合	9条1項
親との面接交渉権などを制限する場合	9条3項
子どもを家庭環境から引き離す場合	20条1項
養子縁組の認可を行う場合	21条
自由を奪われた子どもを成人から分離するか否かを判断する場合	37条（c）
裁判や決定を親などの立会いの下で受けるか否かを判断する場合	40条2項（b）（ⅲ）
親が子どもの養育や発達に第一次的責任を果たす際の基本的な関心事項	18条1項

※9条が一時保護であるのに対して、20条では児童養護施設や里親に関する制度が対象となる。

「児童の最善の利益」の評価および判定

　左頁において述べたように、「児童の最善の利益」に関する具体的な判断基準を示すことは難しい。CRC はその評価にあたって考慮されるべき要素を一般意見14号「自己の最善の利益を一次的に考慮される子どもの権利（第3条第1項）」（2013年）において示しているので以下に抜粋する。

(a) 子どもの意見

(b) 子どものアイデンティティ

55. 子どもたちは均質な集団ではないことから、その最善の利益を評価する際には多様性が考慮に入れられなければならない。子どものアイデンティティには、性別、性的指向、民族的出身、宗教および信条、文化的アイデンティティ、性格等が含まれる。子どもと若者は基礎的な普遍的ニーズを共有しているものの、これらのニーズがどのように表出するかは、広範な個人的、身体的、社会的および文化的側面（子どもおよび若者の発達しつつある能力を含む）次第である。自己のアイデンティティを保全する子どもの権利は条約によって保障されており（第8条）、子どもの最善の利益の評価においても尊重・考慮されなければならない。

56. たとえば子どものために養護施設または里親への委託を検討する際の宗教的および文化的アイデンティティについては、子どもの養育に継続性が望まれることについて、ならびに子どもの民族的、宗教的、文化的および言語的背景について正当な考慮を払うものとされており（第20条第3項）、意思決定担当者は、子どもの最善の利益についての評価・判定を行なう際、この具体的文脈を考慮に入れなければならない。子どもの最善の利益を正当に考慮するということは、子どもが、自国および出身家族の文化（および可能であれば言語）にアクセスでき、かつ、当該国の法律上の規則および専門職向けの規則にしたがい、自己の生物学的家族に関する情報にアクセスする機会を与えられることを含意する。

57. 子どものアイデンティティの一部としての宗教的・文化的価値および伝統の維持が考慮されなければならないとはいえ、条約で定められた権利に一致せず、またはこれらの権利と両立しない慣行は、子どもの最善の利益にのっとったものではない。意思決定担当者および公的機関は、文化的アイデンティティを理由とすることによって、条約で保障された子ども（たち）の権利を否定する伝統および文化的価値を許容しまたは正当化することはできない。

(c) 家庭環境の保全および関係の維持

(d) 子どものケア、保護および安全

(e) 脆弱な状況

(f) 健康に対する子どもの権利

(g) 教育に対する子どもの権利

〈参考文献〉
「各論・資料解説」『季刊教育法』第183号、エイデル研究所、2014年、pp.80-103。

第4条 締約国の義務

英文（抄録）

States Parties shall undertake all appropriate legislative, administrative, and other measures for the implementation of the rights recognized in the present Convention. With regard to economic, social and cultural rights, States Parties shall undertake such measures to the maximum extent of their available resources and, where needed, within the framework of international co-operation.

政府訳

締約国はこの条約において認められる権利の実現のため、すべての適当な立法措置、行政措置その他の措置を講ずる。締約国は、経済的、社会的及び文化的権利に関しては、自国において利用可能な手段の最大限の範囲内で、また、必要な場合には国際協力の枠内で、これらの措置を講ずる。

本条のポイント

本条文は締約国の実施義務を規定したものである。締約国の義務についてはすべての分野において求められるものではなく、子どもの権利を国際人権規約にならって「市民的・政治的権利」と「経済的・社会的・文化的権利」に区別したうえで、前者は猶予なく後者については「利用可能な手段の最大限の範囲内で」実現することを求めている。本条約では「教育についての権利」（第28条）以外には「漸進性」が明示されていないが、本条文の審議経過に照らせば、少なくとも「経済的・社会的・文化的権利」に関して社会権規約と同様にその実現を「漸進的に達成」することを求めていると解釈される（波多野1994：34）。

日本のODA（政府開発援助）政策

本条文は、締約国に対して「必要な場合には国際協力の枠内で、これらの措置を講ずる」と定めている。これに関して、日本が60年間続けてきたODA（政府開発援助）は、このような国際協力の一翼を担ってきた。日本のODAの意義としては、途上国の貧困削減、平和構築、持続的な経済成長の一助となることで、国際社会全体における貧困、紛争、テロ、環境問題、感染症、人権の抑圧の解決につながり、日本の国際社会における地位や発言力の強化、日本の安全と繁栄に大きな役割を果たすことが挙げられる。ODAの形態には二国間援助と国際機関を通じた援助（多国間援助）の2つがあり、さらに、二国間援助の形態として贈与（無償資金協力・技術協力）及び政府貸付（有償資金協力）がある。

二国間ODAを分野別にみると、2012年度は社会インフラおよびサービス分野が二国間ODA額全体の25.92%を占めており、そのうち、教育に対しては政府貸付も含めた全体の構成比無償資金協力328.84百万ドル、技術協力468.34百万ドルが配分されており、政府貸付を含む全体の比率では4.61%となっているものの、無償資金協力と技術協力からなる贈与の額としては最も多い項目となっている（外務省2014『2013年版政府開発援助（ODA）白書』）。

子どもの権利条例の制定

我が国の子どもに関する条例については以下の三つの種類がある。第一に、1950年代終わり頃から制定が始まる非行対策、有害環境からの保護など青少年健全育成を目的とした条例である。第二に、1990年代以降の少子高齢化に対応した子育て支援の促進を目的とする条例である。そして、第三に1994年の「児童の権利に関する条約」批准を受けて、条約の趣旨や規定を基本として子ども支援を進める条例である。本条約に関連する子どもの権利条例は三点目に分類されるが、その他の二つの内容が多様な形で組み合わされた複合型の条例も制定されている。さらに子どもの権利条例は、子どもの権利に関する総合条例、子どもの権利に関する個別条例、子ども施策推進の原則条例の三つに大別できる（荒牧・喜田・半田2012：12-13）。右頁資料は、現在制定されている総合条例を示したものである。

国は自治体に対して本条約実施を促進する措置・支援を行うが、それとともに自治体も子どもの権利を保障するために施策や取り組みを進めることが必要である。子どもの権利条例を制定することで、個々の自治体が子ども施策を総合的、継続的、安定的に推進していくための法的基盤として有効な方策となる（荒牧・喜田・半田2012：10-11）。

関連国内法

子どもの権利条約第42条（条約の広報）、子どもの権利条約第44条6項（報告の提出義務）、市民的および政治的権利に関する国際規約第2条、経済的、社会的および文化的権利に関する国際規約第2条など

（清水　良彦）

資料

日本の政府開発援助（ODA）

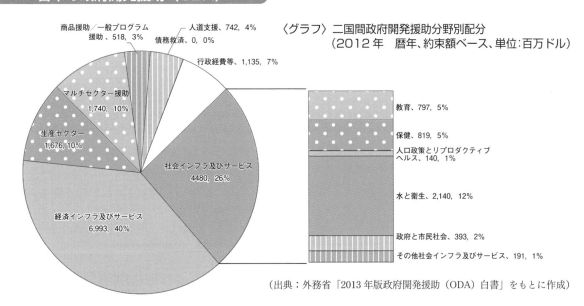

〈グラフ〉二国間政府開発援助分野別配分
（2012年　暦年、約束額ベース、単位：百万ドル）

商品援助／一般プログラム援助、518、3%
人道支援、742、4%
債務救済、0、0%
行政経費等、1,135、7%
マルチセクター援助 1,740、10%
生産セクター 1,676、10%
社会インフラ及びサービス 4480、26%
経済インフラ及びサービス 6,993、40%

教育、797、5%
保健、819、5%
人口政策とリプロダクティブヘルス、140、1%
水と衛生、2,140、12%
政府と市民社会、393、2%
その他社会インフラ及びサービス、191、1%

（出典：外務省「2013年版政府開発援助（ODA）白書」をもとに作成）

子どもの権利条例一覧

※「児童の権利に関する条約」に基づく総合条例
36自治体

制定自治体	制定年月日 上：公布日 下：施行日	名　称	制定自治体	制定年月日 上：公布日 下：施行日	名　称
神奈川県川崎市	2000年12月21日 2001年4月1日	川崎市子どもの権利に関する条例	愛知県岩倉市	2008年12月18日 2009年4月1日	岩倉市子ども条例
北海道奈井江町	2002年3月26日 2002年4月1日	子どもの権利に関する条例	東京都小金井市	2009年3月12日 2009年3月12日	小金井市子どもの権利に関する条例
岐阜県多治見市	2003年9月25日 2004年1月1日	多治見市子どもの権利に関する条例	北海道滝川市	2009年3月24日 2009年4月1日	滝川市の未来を担う子育て・子育ち環境づくりに関する条例
東京都目黒区	2005年12月1日 2005年12月1日	目黒区子ども条例	宮城県石巻市	2009年3月26日 2009年4月1日	石巻市子どもの権利に関する条例
北海道芽室町	2006年3月6日 2006年4月1日	芽室町子どもの権利に関する条例	岩手県遠野市	2009年3月23日 2009年4月1日	遠野市わらすっこ条例
三重県名張市	2006年3月16日 2007年1月1日	名張市子ども条例	愛知県日進市	2009年9月29日 2010年4月1日	日進市未来をつくる子ども条例
富山県魚津市	2006年3月20日 2006年4月1日	魚津市子どもの権利条例	福岡県筑紫野市	2010年3月30日 2011年4月1日	筑紫野市子ども条例
岐阜県岐阜市	2006年3月27日 2006年4月1日	岐阜市子どもの権利に関する条例	北海道幕別町	2010年4月1日 2010年7月1日	幕別町子どもの権利に関する条例
東京都豊島区	2006年3月29日 2006年4月1日	豊島区子どもの権利に関する条例	愛知県幸田町	2010年12月23日 2011年4月1日	幸田町子どもの権利に関する条例
福岡県志免町	2006年12月20日 2007年4月1日	志免町子どもの権利条例	岡山県倉敷市	2011年12月16日 2012年4月1日	倉敷市子ども条例
石川県白山市	2006年12月21日 2007年4月1日	白山市子どもの権利に関する条例	石川県内灘町	2011年12月26日 2012年1月1日	内灘町子どもの権利条例
富山県射水市	2007年6月20日 2007年6月20日	射水市子ども条例	岩手県奥州市	2012年1月6日 2012年4月1日	奥州市子どもの権利に関する条例
愛知県豊田市	2007年10月9日 2007年10月9日	豊田市子ども条例	大阪府泉南市	2012年10月1日 2012年10月1日	泉南市子ども条例
愛知県名古屋市	2008年3月27日 2008年4月1日	なごや子ども条例	青森県青森市	2012年12月25日 2012年12月25日	青森市子ども条例
新潟県上越市	2008年3月28日 2008年4月1日	上越市子どもの権利に関する条例	栃木県大田原市	2012年12月28日 2013年4月1日	大田原市子ども条例
東京都日野市	2008年6月26日 2008年7月1日	日野市子ども条例 ※青少年健全育成の内容を含む	栃木県日光市	2013年3月6日 2013年4月1日	日光市子どもの権利に関する条例
北海道札幌市	2008年11月7日 2009年4月1日	札幌市子どもの最善の利益を実現するための権利条例	長野県松本市	2013年3月15日 2013年4月1日	松本市子どもの権利に関する条例
福岡県筑前町	2008年12月15日 2009年4月1日	筑前町子どもの権利に関する条例	栃木県市貝町	2013年12月26日 2014年4月1日	市貝町子ども権利条例

（出典：子どもの権利条約総合研究所「子ども条例一覧　2011年1月現在」を修正・加筆）

〈参考文献〉
荒牧重人・喜多明人・半田勝久編『解説子ども条例』三省堂、2012年

英文（抄録）

States Parties shall respect the responsibilities, rights and duties of parents or, where applicable, the members of the extended family or community as provided for by local custom, legal guardians or other persons legally responsible for the child, to provide, in a manner consistent with the evolving capacities of the child, appropriate direction and guidance in the exercise by the child of the rights recognized in the present Convention.

政府訳

締約国は、児童がこの条約において認められる権利を行使するに当たり、父母若しくは場合により地方の慣習により定められている大家族若しくは共同体の構成員、法定保護者又は児童について法的に責任を有する他の者がその児童の発達しつつある能力に適合する方法で適当な指示及び指導を与える責任、権利及び義務を尊重する。

本条のポイント

本条は、父母など児童について法的責任を有する者が、児童に対して指示（direction）・指導（guidance）を与える権利を有し、義務を負っていることを確認した上で、国にその尊重義務を課したものである（下村 1995：38）。

日本の民法により、「成年に達しない子は、父母の親権に服する」（818条1項）、かつ、「子が養子であれば、同じく養親の親権に服する」（818条2項）と規定されている。ただし、「親権」という語は、「子に対する親の支配的権利・権力」というニュアンスが強い。それに対して、本条は、「父母のための権利」ではなく、「子どもの権利を保障するために父母に付与された権利」であり、その権利は「子どもの能力の発達に応じて、範囲も内容も当然に変わる」べきものとして捉えられている。したがって、「児童が、……権利を行使する」のに「適合」せず、また「適当」でない「親権の行使」は、本条約に違反すると解される（波多野 2005：39）。

第5条は、「親の教育の自由を規定した条文である」と言ってもよいが、子が希望する権利行使のあり方と親の指示または指導が合致しない場合に、子と親の権利をいかに調整すべきかというところは、当時の審議で明らかになった。

親の教育の自由

民法820条により、「親権者には、子の利益のために、監護及び教育をする権利と義務がある」と定められており、ここにいう「親権者の教育をする権利」は「親の教育の自由」と言い換えてよい。

親の教育の自由は、一般的に、家庭教育の自由、学校選択の自由、学校教育内容選択の自由としてあらわれる。親の家庭教育の自由について、現行法上、就学義務の規定（学校教育法22条・39条）により制約を受けている。なお、親は家庭教育の自由を根拠に、義務教育諸学校への子どもの就学を拒絶し、家庭教育や個人教授・民間施設等による教育に代替させることが認められるか、という問題がある。

親の学校選択の自由に関し、公立学校における現行の通学区の設定、就学校の指定は、この親の自由を侵害していないかどうかが問題となる。また、今日、ある種の学校教育内容に対し、親はその差し止め・撤回・修正を求めたり、拒否権・不参加権を行使しうるかという問題もある（永井 1998：78-79）。

民法改正により親権制度見直し

「親権」の文字だけを見れば、親には未成年の子に対して「親権」という「権利」があり、未成年の子は、その権利行使に服従することを定めているようにも受け取れる。しかし、現行民法において「親権」とは、親の視点から見た権利というよりも、未成熟子の監護教育を目的とするための制度であり、子どもの視点から見た、親としての権能ないし責任という、むしろ義務的な性格の強いものとして捉えられている。そのため、親権を行使するにあたっては、子の利益・福祉にかなった内容・方法でなければならない。

この点、今回（平成23年）の民法改正では、親権行使における監護教育の権利義務を定めた民法820条について、「親権を行う者、子の利益のために子の監護及び教育をする権利を有し、義務を負う」と定められており、親権行使による監護教育が「子の利益のために」なされるものであることが明文化された。（渋谷 2012：2）また、改正により、一定の期間に限って親権を行うことができないものとする親権停止の審判制度（改正民法834条の2）が新たに設けられた。親権喪失原因については、「親権の行使が著しく困難又は不適当であることにより子の利益を著しく害するとき」であるとされ、管理権喪失原因については、「管理権の行使が困難又は不適当であることにより子の利益を害するとき」とされた（渋谷 2012：60）。

関連条文および国内法

民法818条・820条〜823条、児童福祉法47条

（胡 瀛月）

資料

条文生成過程

　1988年の会期においては、イギリスの提案をいれて、「又は児童について法的に責任を有する他の者」という句を挿入することが決定された。また、1989年の会期において、子に対する伝統的な三角形の責任を変えることになるという反対があったが、「拡大家族もしくは共同体の構成員」が追加され、また、ソビエトから「individualsという語は『個人』ないし『私人』というニュアンスが強いので、国家が経営する児童施設の職員（personnal）を含ませるために、individualsの代わりにpersonsとすべし」という提案があり、そちらが承認された。

　いずれも、児童の監護・教育・懲戒・財産管理などについて、父母または法定保護者に準ずる法的責任を有する者を指す。したがって、「児童の教育をつかさどる」（学校教育法28条6項）だけで、児童の監護・財産管理などについて法的責任を負わない「教員」は、ここでいう「他の者」には該当しないと解される。

　審議の過程をみると、本条は親の責任および権利義務を規定するとともに、親の権利と児童の権利の調和を図ることに意をもちいつつ、親以外のものをもこの中に入れ込んでくるという妥協の産物であることが分かる。結局、子の年齢との関係で親の役割が変化するという考え方で、本条約は子の権利と親の権利義務とのバランスを図ろうとする思想を貫いているのである。（波多野　2005：38-39）

22都道府県の親子・教師が全国一日ストを呼びかけ

　この日だけは学校から自由になろう――全国各地で学校の在り方を問い続けている親子、教師たちが全国一斉に登校を拒否する「24時間子どもと遊ぶ日・全国一日ストライキ」を十一日に行う予定で、日ごろ学校に疑問をもっている人たちに参加を呼び掛けている。

　ストを企画したのは各地で校則の見直し、丸刈り反対運動などを行っている親子、教師たちでつくるグループ「子どもの人権・親の教育権全国行動」。呼び掛け人の一人で思春期カウンセラーの門野晴子さんは「学校の主人公は子供です。その子供の権利を代行する親の教育権が学校からシャットアウトされている状況を打破したい」と言う。

　ストに参加するのは北海道、東京、愛知など二十二都道府県の親子、教師たち。愛知県岡崎市で丸刈り反対運動を行っている母親は「十一日は親子で河原でバーベキューを楽しみます」と話し、熊本市の母親は「いまの学校では子供も親も疲れ切っている。子どもの権利条約批准を求める集会を行いたい」と語る。（毎日新聞　1991年07月09日）

改正民法施行後　初の本人申し立て親権停止

　児童虐待に対応するため、親権を最長2年間停止できるようにした改正民法の4月施行後、家庭裁判所への親権停止の申し立てが首都圏や関西を中心に30件以上相次いだ。これとは別に、親からの虐待で保護された未成年者が自ら申し立て、改正法に基づく「本人申し立て」による仮処分の初ケースとみられる。（野倉恵）

　女性は母親の再婚相手である義父から性虐待を受け、中学生の時に児童養護施設に保護された。母親に訴えても放置され、ネグレクト（養育放棄）されたとの記憶から保護後も自傷行為を繰り返した。その後、高校を卒業して施設を出ると、働きながら学ぶ形で進学。母親とは連絡がとれなかったため、施設長が親権を代行して、進学の同意や居住先の身元保証をした。ところが今夏までに授業料の減免や進学の申請に親の同意が必要となって、母親は応じると伝えた後、再び連絡が取れなくなり、親権停止の本人申し立てに踏み切った。

　弁護士は「安易な申し立ては避ける必要があるが、未成年の場合、携帯電話を入手するにも親の同意がなければ契約できない。改正法で本人による申し立てが認められた意義は大きい」と強調する。一方、児相所長による申し立てでは、関西の児相が保護した10代の子について、進路手続きが進まず自立に支障が出る恐れがあるとして、6月に裁判所が認めたのが初の本決定。他に親が子に必要な治療を受けさせていなかったケースなどで仮処分が出ていた。

◇親権停止

　親権は民法で規定され、未成年の子に対する保護や教育、財産管理の権利と義務を併せもつ。親権制限の規定は法改正前までは期間の定めがない「親権喪失」のみで、要件も親権乱用や親に極端に悪い行いがある場合に限られていた。申立人は従来、親族か検察官、児童相談所（児相）所長のみとされ、法改正で申立人に子本人を加え、停止の要件を「子の利益を害する場合」と柔軟にした。（毎日新聞　2012年07月23日）

〈参考文献〉
中野光、小笠毅編著『子どもの権利条約』岩波ジュニア新書、1996年
永井憲一編著『子どもの人権と裁判―子どもの権利条約に即して』法政大学現代法研究所叢書、1998年
渋谷元宏、渋谷麻衣子著『親権・監護権をめぐる法律と実務』清文社、2012年

英文（抄録）
1. States Parties recognize that every child has the inherent right to life.
2. States Parties shall ensure to the maximum extent possible the survival and development of the child.
政府訳
1　締約国は、すべての児童が生命に対する固有の権利を有することを認める；
2　締約国は、児童の生存及び発達を可能な最大限の範囲において確保する

本条のポイント

　本条は子どもが生命に対する権利の固有性を規定し、また生存・発達の確保について定めている。

　世界では戦争や飢餓、病気、栄養不良などに晒されることで命を失った子供たちもたくさんいる。彼らは自分の命を守りきれないから、国側からの努力が必要とされている。また、生命を守ることのみならず、彼らの生存及び発達を確保するために、国側から積極的に措置を取るべきである。本条で指摘された生命・生存・発達ということが児童権利の基礎的なカテゴリーにある。そのため、該規定は他の様々な権利保障の根幹であると位置づけられている（新村洋史 1995：106）。

　本条の生命権は、「他者（特に国家）の手による恣意的な生命の剥奪の禁止」を意味するだけではなく、かけがえのない生命の大切さを強調している。生存権は、出産前後の保健、食糧の供給、免疫の措置、病気の管理、成長の監視など、広い範囲で生きる権利を保障することである。発達権は、子どもは身体的のみならず精神的および社会的にも健全に成長発達する権利である。それは身体的、精神的、霊的、道徳的、心理的および社会的発達を包含し、ホリスティックな概念である（国連・子どもの権利委員会・一般的意見5号）。

生きている状況への把握

　子どもの生命・生存・発達を守るには、児童福祉などの改善が求められている。しかしながら、その前に子どもの生きている現実を捉え、検証することも大事である。即ち、地域のアセスメントが必要と見られている。加藤（2014）は、子ども権利を具体化する取り組みの一端として、子どもの生命・子どもの暮らし・子どもの人生という三つの方面から、現場で活用できる地域アセスメントの指標を紹介した。生命に関しては、子どもが虐待、暴力、いじめ、差別、孤立、地域の危険などに陥っていないかへのチェック；暮らしに関しては、衣食住等の生活財や環境の豊かさを確実に整えられるのかへの確認；人生に関しては、他者とのつながり等主体的に生きていく糧となる出来事を育んでいくことの確保を指摘した（季刊教育 183号：47-48）。それを通じ、孤立する各家庭までに子どもが生きている状況が脅かされるか否か、及び潜在化している事態を把握するようになることを期待する。

発達への確保

　生命権を享受するために、精神を育み有用な知識や技術を培う教育、暴力や搾取からの解放、遊ぶ時間と空間などを必要とする（世界子供白書 2014 統計編：5）。子どもが大人とは異質な存在（未熟な存在・発達万能態）であるから、子どもの成長にふさわしい環境を提供しなければならない。具体的には、子どもが教育への権利、マス・メディアへのアクセス、休憩・遊び、文化・宗教への権利、意見表明の権利などへの保障を通じて可能となる。また、親だけでなく、国や地方公共団体が、子どもの発達権を遂げられる環境を整える義務がある。例えば、児童の福祉施設の役割について、衣食住の提供を中心とすることから不適切な環境に置かれている子どもたちに対して、心身の健全な成長と発達を保障していくこととなった。心理療養、学習支援、自立支援などを含む発達の保障と自立支援の役割が注目されている。

関連条文：

　憲法 13条・25条・26条・27条3項・31条；自由権規約6条1項；教育基本法、学校教育法

（杜　艾臨）

資料

憲法 25 条 1 項との違い

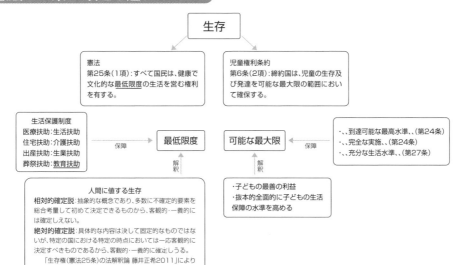

〈新村洋史「子どもの健康・医療・生活水準への権利」により作成〉

5 歳未満児の死亡

○国連ミレニアム開発目標（2000 年）の 4 番目：「5 歳未満児死亡率の削減」（1990 年を基準にして 2015 年までに乳幼児死亡を 3 分の 2 減少させる）

○現状：2012 年には 660 万人余り（毎日 18,000 人、4.8 秒にひとり）の子どもが 5 歳未満で命を失ったが、その多くは予防可能な原因によるものである。それは生存と発達という基本的な権利が実現されなかったことを示している。（世界子供白書 2014 統計編：3 （page））

貧困で生きられない

＊ 5 歳未満児の死亡原因（2000 - 2003 年）

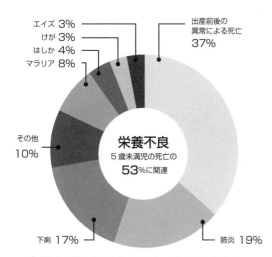

（出典：A World Fit for Children Statistical Review
UNICEF Facts on Children 2007）

　前述した状況に関して、今年国連が発表した「子供の死亡に関する報告書」でも指摘された。主な原因は、早産による合併症（17％）、肺炎（15％）、陣痛・分娩中の合併症（11％）、下痢（9％）、マラリア（7％）となっている。また、5 歳未満の死亡者の約半数に、栄養不良が関係している。（ユニセフ 2014 年 9 月 16 日の記事により）

＊生命・生存・発達への障害＊

○栄養不良になると、子どもは抵抗力が弱まり、下痢や肺炎などのような子どもによく見られる病気で命を失う可能性が高くなる。

○命を失わないまでも、体の成長や知能の発達が十分でなかったり、病気がちになったり、病気から回復する力が弱くなったりする。

○また、学校で勉強する時に先生の話が理解できない、集中力に欠けるなど、学習に支障がでる可能性もある。

〈参考文献〉
・三上昭彦・林　量・小笠原彩子「子どもの権利条約　実践ハンドブック」（1995 年・労働旬報社）pp.14-16、P.106
・国連・子どもの権利委員会・一般意見 5 号 2003 年
・世界子供白書 2014 統計編 P.5
・加藤悦雄「子どもの権利条約 20 年の成果と課題「児童福祉領域」」『季刊教育法』183 号 pp.43-48

英文（抄録）

1. The child shall be registered immediately after birth and shall have the right from birth to a name, the right to acquire a nationality and. as far as possible, the right to know and be cared for by his or her parents.
2. States Parties shall ensure the implementation of these rights in accordance with their national law and their obligations under the relevant international instruments in this field, in particular where the child would otherwise be stateless.

政府訳

1 児童は、出生の後直ちに登録される。児童は、出生の時から氏名を有する権利及び国籍を取得する権利を有するものとし、また、できる限りその父母を知り且つその父母によって養育される権利を有する。
2 締約国は、特に児童が無国籍となる場合を含めて、国内法及びこの分野における関連する国際文書に基づく自国の義務に従い、1の権利の実現を確保する。

本条のポイント

　本条は登録されることにより、国から法的身分を取得し、自己のアイデンティティ形成を保障する条項である。名前・国籍を持つ権利と並び、自分の親を知る権利、また親により養育される権利が与えられる。出生後の戸籍登録は、国からの身分承認のみならず、将来学校教育や医療等の公的サービスが享受できるかどうかとつながっている。従って、本条の表現としては、「登録」は子どもの権利として実現されるべき最低条件であるため、あえて権利という言葉を使用せず、そのまま「登録」と表現したのである。

　原文の「care」という語は本条約で18回も用いられており、その意味するところが必ずしも同一ではない（波多野 2005：32）。7条で「養育」と訳されるのは、出生後衣食住の面で親に扶養されるほか、子どもの発達・人格達成のため指導・教育することが必要であると考えられているからである。

300日問題

　民法772条の規定では、離婚後300日以内に生まれた子はいかなる場合も遺伝的関係とは関係なく元夫の子と推定される。1898年に設けられたこの嫡出推定制度は、父子関係を早期に確定させることで、家庭の安定を尊重し、子どもの福祉を保障しようとするものである。一方、複雑化する社会において、子どもの父親が元夫ではない場合が存在しており、それが原因で出生届出をしない無戸籍児が生じてしまう。この場合、法律上元夫から嫡出否認の訴えを行うということが規定されているが、訴えられる期間（出生後1年間）と訴えられる当事者（元夫）という制限があるため無戸籍児になる子が多い。上記の問題に対して、2007年5月に法務省では離婚後に妊娠したという医師の証明があれば、推定の及ばない子として取り扱う通達が出された。また、近年におけるDNA検査の技術が進歩するに従い、DNA鑑定で正確な親子関係の判別ができるようになった現在、民法772条の規定に疑問が投げかけられている。いずれにせよ、子どもの権利を優先的に扱うことを求める「子どもの権利条約」が適用できるように、引き続き社会の変化に応じた法律・制度の見直しが要請される。

親の命名行為への制限

　1993年の悪魔ちゃん事件は親の命名権の濫用となるかどうかという議論を引き起こしたが、近年キラキラネームも世間の注目を集めた。民法にも戸籍法にも子に名をつける権利が誰にあるのかという規定がないにもかかわらず、戸籍法52条が出生届出義務者を親と定めていることから、親が命名し出生届出をすることは当然であると考えられる（宮崎 1996：88）。また本条に氏名を有する子どもの権利が明記されるため、命名は子に対する親の義務であるとも言える。しかし、命名には一切の制限がないというわけではない。戸籍法50条1項で子の名には常用平易な文字を用いなければならないと規定されており、名前に用いられる字に一定の制限がある。また、「悪魔」といった社会通念上不適切な親の命名は法的に認められない場合もある。子の名前がその子の人権権の一部として保護されるべきであるという観点から、親の好みで恣意的な命名をするべきではなく、子の利益や福祉を考える命名への制限が認められる（宮崎 1996：88-89）。

関連国内法

　民法733、772、774、775、777条、戸籍法50、52条、国籍法など

（楊　暁興）

資料

300日問題

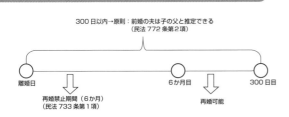

300日以内→原則：前婚の夫は子の父と推定できる
（民法772条第2項）

離婚日　　　　　6か月目　　　　300日目

再婚禁止期間（6か月）
（民法733条第1項）

再婚可能

嫡出推定：婚姻の成立の日から二百日を経過した後又は婚姻の解消若しくは取り消しの日から三百日以内に生まれた子は、婚姻中に懐胎したものと推定する。（民法772条2項）

→　離婚した夫を父とする出生届をしなければ受理されない。

議論：DNA鑑定と民法の規定と、どちらを優先に考えるべきか？

事例経緯：妻が婚姻中に夫との夫婦の実態を失わないまま別の男性と交際して子どもを出産し、DNA鑑定で夫はその子の実父ではないことが示された。妻は子の法定代理人として親子関係不在確認を請求した。

判決結果：最高裁は「嫡出の推定が及ばなくなるものとはいえず、親子関係不存在確認の訴えをもって当該父子関係の存否を争うことはできない」と嫡出推定を支持した。

理　由：①民法772条により嫡出の推定を受ける子につきその嫡出であることを否認するためには、夫からの嫡出否認の訴えによるべきものとし、同訴えにつき1年の出訴期間を定めた。このことは身分関係の法的安定を保持する上から合理性を有する。

②民法772条2項所定の期間内に妻が出産した子について、妻がその子を懐胎すべき時期に夫婦の実態が失われ、又は夫婦間に性的関係を持つ機会がなかったことが明らかな場合、同条の推定を受けない嫡出子に当たるが、本件においては、妻がその子を懐胎した時期に上記のような事情があったとは認められず、他に本件訴えの適法性を肯定すべき事情も認められない。[i]

反対意見：血縁がないことが判明した場合、法的な親子関係を認めるべきではない。

悪魔ちゃん事件

事件経緯：ある男性が自分の子に「悪魔」と名前をつけ、戸籍係に提出した。戸籍係は上級機関である法務局支局に受理の拒否について問い合わせたところ、問題ない旨の回答を得てその届出を受け付け、戸籍に記載した。その後、法務局支局から慣例により記載の翌日に押印することになっている市長印の押捺を留保するようにとの連絡があった。最終的にその名が社会通念上問題があるとして認められず、戸籍上の「悪魔」という名を抹消し、両親に名前の変更をして別の名前を届け出るように指導し、これを両親が拒否して、家庭裁判所に審判を申し立てた。

法的問題点

①親の命名行為に対する行政的介入が許されるかどうか？

②子に「悪魔」と命名することが親の命名権の濫用となるかどうか？

③戸籍に記載された名前を戸籍事務管掌者が職権で抹消することが認められるかどうか？

審　判

①命名権の行使は全く自由であり、一切の行政による関与が許され、放置を余儀なくされるとするのは相当でなく、その意味で規制される場合のあることは否定できない。

②「悪魔」という名前が例外的に規制を受ける場合に当たる。

③「悪魔」という名を抹消した市長の処分は違法・無効であり、記載を復活させるのが相当である。

宮崎 1996：82-84 の内容により作成

〈参考文献〉
宮崎幹朗（1996）「『悪魔ちゃん』事件にみる命名の自由とその限界」『愛媛法学会雑誌』22巻3・4号 pp.73-96

[i]　最高裁平26.7.17. 第一小法廷「平成25年（受）第233号　親子関係不存在確認請求事件」判決参照

第8条 国籍等身元関係事項を保持する権利

英文（抄録）

1. States Parties undertake to respect the right of the child to preserve his or her identity, including nationality, name and family relations as recognized by law without unlawful interference.
2. Where a child is illegally deprived of some or all of the elements of his or her identity, States Parties shall provide appropriate assistance and protection, with a view to re-establishing speedily his or her identity.

政府訳

1　締約国は、児童が法律によって認められた国籍、氏名及び家族関係を含むその身元関係事項について不法に干渉されることなく保持する権利を尊重することを約束する。
2　締約国は、児童がその身元関係事項の一部又は全部を不法に奪われた場合には、その身元関係事項を速やかに回復するため、適当な援助及び保護を与える。

本条のポイント

　本条は子どもの国籍・名前・家族関係といった身元関係事項は保全され、これが不法に奪われた際、締結国が速やかに回復するよう努めるべきであると定められている。

　政府訳では "identity" を人がある特定の者であることを判断するのに必要な事項を意味すると考えられるために「身元関係事項」と訳している。また、本条約第二九条1項 (c) でも "identity" が登場するが、これは「同一性」と訳されている。

　これに対し、国際教育法研究会訳では本条も第二九条もそのまま「アイデンティティ」と訳されており、無理に日本語に直さないことで "identity" を広範囲な意味で捉えていると解釈できる。これをみると政府訳では少し限定的に訳されている印象を受ける。

重国籍の子どもに関わる問題

　子どもの国籍に関して、日本においては重国籍の問題があげられる。日本では、重国籍の子どもは22歳までにいずれかの国籍を選択するように義務づけられ、法務大臣の催告を受けても選択しない場合は日本の国籍を失うことになっている（国籍選択制度）。

　この制度に対して、国会に『国籍選択制度の廃止に関する請願』が出されており、その中で「父と母の異なった国籍や文化を受け継ぐ子供たちは、両方を大切にしながら人格を形成、成長する。多文化と多言語を身に付けた者の存在は、日本社会に多様性と豊かさを与える。ところが選択制度は、子供に父母の一方を選ばせるに等しい、負担や苦痛を与えている。」として、子どもたちが重国籍を維持することを求めている。このように、国籍を選択させることは2つの異なる文化を受け継ぐ子どもに負担や苦痛を与えるとして、子どもたちが重国籍を維持できるようにすべきだという主張もある。

　しかし、重国籍は同一の個人が複数の国家から国民としての義務の履行を要求され、不利益をこうむることや、またいずれかの国家の外交的保護を認めるべきかについて国家間で紛議が生じることも考えられ、国家にとっても個人にとっても深刻な問題を惹起する（江川、山田、早田 1997：22-23）。このような理由から、日本では重国籍の防止・解消に努めており、「重国籍者を減らす」という大きな目的のための措置であり、本条の「不法な干渉」には該当しないと解されている（波多野 2005：58）。

非嫡出子における氏の保全

　名前に関しては、非嫡出子の氏を保全する権利が問題となる。母の氏を称する非嫡出子が認知した父の氏を称するには家庭裁判所の許可がいるが、法律上の妻、嫡出子から強い反対を受けると裁判所が変更を許可しない場合がある（吉田 1998：89）。

　しかし、本条で認めているのは「氏名の保持」であって、「氏名の選択」ではない、嫡出子にも「氏名の選択」は認められていない、成年に達すれば分籍して新しい氏を称することができるという三つの理由から現在の法律を改正するまではないと考えられる（波多野 2005：58-59）。

関連国内法

　国籍法11〜16条、戸籍法103〜107条、民法790、791条など

（江藤　将行）

資料

重国籍の子どもについて

○国籍留保制度

国籍法 12 条において、出生により外国の国籍を取得した日本国民で、国外で生まれた子どもは出生の日から 3 か月以内に日本国籍留保の意思表示をしない場合、出生の時に遡って日本国籍を喪失すると規定されている。子どもの日本国籍を失わせないためには、国籍の留保を届け出る必要がある。これを国籍留保制度と言う。

（参考：法務省『国籍 Q&A』http://www.moj.go.jp/MINJI/minji78.html）

○国籍留保制度に関わる判例

この国籍留保制度に関しては下記のような事件があった。国籍法 12 条は日本国憲法に違反するとしてフィリピン生まれの男女 18 人（いずれも日本人の父とフィリピン人の母の間に生まれた嫡出子）が起こした訴訟である。国籍留保を届け出ず、日本国籍を失ったために「出生地などの違いによる差別で、法の下の平等に反する」と訴えていた。しかし、1 審東京地裁判決も東京高裁も「重国籍の発生の防止など立法目的は合理的」として合憲判断を示し、原告側の訴えを退けた。

○重国籍におけるメリット・デメリット

メリット	デメリット
・両国のパスポートを持つことで、両国間の行き来がしやすく、住居が自由になる。 ・国籍というアイデンティティの選択で悩むことがなくなる。 ・両国間の友好の「架け橋」となれる。	・片方の国で兵役にとられる可能性がある。 ・外交保護権の行使が十分に行えず、国際的な問題に発展しかねない。 ・国籍という身分を複数持つことで、重婚が生じる可能性がある。

○他国の状況

アメリカ	重国籍の存在自体は認めているが、国としては支持していない。
イギリス	国籍選択制度はなく、帰化の際に原国籍を離脱する必要もなく、イギリス人が外国籍を取得してもイギリス国籍は喪失しない。
中国	中国における国籍法 3 条において、「二重国籍を持つことを認めない」と明文化されている。
インド	原則的に重国籍は認めていないが、在外のインド系外国人には二重国籍を付与する方針を示している。

（参考：岡村美保子「重国籍—我が国の法制と各国の動向」国立国会図書館『レファレンス』No.634、2011、pp.56-63）

▶演習課題：重国籍を持つ子どもたちに成人後もそれを容認するべきだろうか、するべきではないのだろうか？

〈参考文献〉
・江川英文、山田鐐一、早田芳郎『国籍法（第三版）』有斐閣、1997。
・参議院「国籍選択制度の廃止に関する請願」、2009、http://www.sangiin.go.jp/japanese/joho1/kousei/seigan/173/yousi/yo1730001.htm。
・吉田恒雄「第 8 条　アイデンティティの保全」永井憲一編著『子どもの人権と裁判　子どもの権利条約に即して』1998、法政大学出版局。

第9条 父母からの分離についての手続き及び児童が父母との接触を維持する権利

英文（抄録）

1. States Parties shall ensure that a child shall not be separated from his or her parents against their will, except when competent authorities subject to judicial review determine, in accordance with applicable law and procedures, that such separation is necessary for the best interests of the child. Such determination may be necessary in a particular case such as one involving abuse or neglect of the child by the parents, or one where the parents are living separately and a decision must be made as to the child's place of residence.

2. In any proceedings pursuant to paragraph 1 of the present article, all interested parties shall be given an opportunity to participate in the proceedings and make their views known.

3. States Parties shall respect the right of the child who is separated from one or both parents to maintain personal relations and direct contact with both parents on a regular basis, except if it is contrary to the child's best interests.

4. Where such separation results from any action initiated by a State Party, such as the detention, imprisonment, exile, deportation or death (including death arising from any cause while the person is in the custody of the State) of one or both parents or of the child, that State Party shall, upon request, provide the parents, the child or, if appropriate, another member of the family with the essential information concerning the whereabouts of the absent member(s) of the family unless the provision of the information would be detrimental to the well-being of the child. States Parties shall further ensure that the submission of such a request shall of itself entail no adverse consequences for the person(s) concerned.

政府訳

1　締約国は、児童がその父母の意思に反してその父母から分離されないことを確保する。ただし、権限ある当局が司法の審査に従うことを条件として適用のある法律及び手続に従いその分離が児童の最善の利益のために必要であると決定する場合は、この限りではない。このような決定は、父母が児童を虐待し若しくは放置する場合又は父母が別居しており児童の居住地を決定しなければならない場合のような特定の場合において必要となることがある。

2　すべての関係当事者は、1の規定に基づくいかなる手続きにおいても、その手続きに参加しかつ自己の意見を述べる機会を有する。

3　締約国は、児童の最善の利益に反する場合を除くほか、父母の一方又は双方から分離されている児童が定期的に父母のいずれとも人的な関係及び直接の接触を維持する権利を尊重する。

4　3の分離が、締約国がとった父母の一方若しくは双方又は児童の抑留、拘禁、追放、退去強制、死亡（その者が当該締約国により身体を拘束されている間に何らかの理由により生じた死亡を含む。）等のいずれかの措置に基づく場合には、当該締約国は要請に応じ、父母、児童又は適当な場合には、家族の他の構成員に対し、家族のうち不在となっているものの所在に関する重要な情報を提供する。ただし、その情報の提供が児童の福祉を害する場合は、この限りではない。締約国は、更に、その要請の提出自体が関係者に悪影響を及ぼさないことを確保する。

本条のポイント

　日本政府は政府報告124において、「権限のある当局が・・・」に関して、保護者の児童虐待等の場合の措置（児童福祉法第28条）として、都道府県により児童の里親、若しくは保護受託者への委託又は児童福祉施設への入所を行う場合（児童福祉法第27条第1項第3号）等があるとしている。また、125. 父母の意思に反して児童を里親若しくは保護受託者へ委託し、又は児童福祉施設に入所させることについては、児童福祉法に基づき、都道府県が家庭裁判所の承認を得ることが必要であり、その際の手続きは「家事事件手続法」によって家庭裁判所（東京・大阪）が判断することになる。11条とも関連があり、11条は国外移送をされた際の子どもの取り扱いが主で、本条は国内における子どもの取扱い、とりわけ、ハーグ条約批准によって生じる親権問題が主なテーマになる。

ハーグ条約の国内法への影響

　「国際的な子の奪取の民事上の側面に関する条約の実施に関する法律」が平成25年6月19日に公布された。この法律は、「国際的な子の奪取の民事上の側面に関する条約（ハーグ条約）」の締結に伴い、制定された。「子の連れ去り」は例として、国際結婚をした夫婦の片方の親が双方での同意をせずに子を国外に連れ出すことであり、その連れ去られた子の利益のために元の国に戻すための条約としてハーグ条約がつくられた。批准をした経緯として、日本国外在住の日本人が国際結婚が破綻した際、日本に子どもを連れ帰るケースが多く報告されていた。加盟国同士であれば、子どもの引き渡しや子どもの居場所調査を求めることができ、子どもの引き渡しや面会要求ができる。そのため、日本政府は加盟国から批准するよう要請され続けていた。

　ハーグ条約の批准によって、国内での子の連れ去りや親権問題に影響が出るだろう。親権は父母の婚姻中は双方の共同親権とされており（民法第818条）、離婚後は父母の一方の単独親権になるとしている（民法第819条）。しかし、条約締約国93か国（平成26年10月現在）の多くは離婚後も父母の共同親権を認める国が多い。ハーグ条約を国内に浸透させていくには国内における親権制度の見直しをする必要が出るだろう。

関連条文および国内法

　児童福祉法第27条、28条

（小林　昇光）

044

資料

ハーグ条約の国内対応の問題点

ハーグ条約：『「弁護士格差」 登録、関東圏に６割集中　東北は４人、ゼロの県も　海外の家族法、英語が壁に』

（毎日新聞東京版夕刊 2014 年 5 月 1 日より引用し、修正）

　国際結婚などが破綻し、一方の親が外国に子を連れ去った場合の扱いを定めた「ハーグ条約」で、返還手続きなどに携わる全国の弁護士の登録数は関東圏が６割を占める一方、登録ゼロの県もあり、地域的な偏りがあることが分かった。専門家は「紛争解決まで数カ月かかる場合もあり、きめ細かな対応が必要。地方の弁護士充実が課題だ」と指摘している。（藤河匠）

　国際結婚の増加によるトラブルの多発などを受け、主要８カ国（G8）で唯一未加盟だった日本も加盟を決め、2014 年 4 月に発効した。発効に伴い、日本弁護士連合会（日弁連）は子の返還や面会を求める親、子を連れ帰った親への弁護士紹介制度を始めた。全国の弁護士会を通じて全国で 151 人を登録したが、ブロック別の内訳は関東が 93 人と突出する一方、近畿と九州各 16 人▽北海道 11 人▽中国・四国 6 人▽中部 5 人▽東北 4 人－にとどまっている。徳島や秋田など登録ゼロの県もある。

　日弁連は登録の際、当事者や当局と交渉する英語力も求め、登録が伸び悩んだという。徳島弁護士会で人選を担当した滝誠司弁護士は「法実務レベルの英語を日常的に使う弁護士が少なく、登録には慎重になる」という。

　同条約は強制的な返還手続きの一方、調停など話し合いによる解決を求めており、弁護士の役割は大きい。ただ、スキルアップは各弁護士任せが実情。山梨県弁護士会で登録された反田（そった）一富弁護士は「国際ビジネスに関わる弁護士は増えたが、海外の家族法に詳しい弁護士は少ない。個人的に 20 年以上英語を学んでおり、役に立てばと引き受けた」と話す。

コラム：国内における親権問題の行方

　昨今、国際結婚が増加の一途をたどっている。ハーグ条約が成立した 1980 年代は、日本では国際結婚が少なかったが、ハーグ条約の批准によって、国内の親権制度などが海外と比べて実情に追いついていない部分が浮き彫りになってきた。国内において婚姻関係が破綻した場合、一方の親が他方の親の同意を得ることなく子を連れ去ったとしたとき、片方の親が子どもの返還を願い出たとする。その場合どちらに親権が渡るかについては、これまでの養育環境と父母の養育能力や子どもの現状（年齢、学校での交友の様子等）といった諸般の事情を考慮し、いずれかの父母に親権を渡すかどうかを裁判所が判断する構図となっている。しかし、日本国内は母親が無断で子どもを連れ去っても、「子連れ別居」として違法とみなされない。海外では、共同親権・共同子育てが原則で子の連れ去りは犯罪とされている為、是正が求められる。また、日本は協議離婚が多く、そのため、行政によるガイダンスやカウンセリング、裁判所のチェックの仕組みといったことが圧倒的に不足しているとの指摘も出てきている為、整備が必要（棚村 2014）との声もある。また、早稲田大学法学学術院教授の棚村政行はこうした事態の回避を目的として、国際結婚の支援制度の整備を課題として挙げている。外国人と日本人の親のニーズやこだわりの違いや不安を踏まえて、法的争点を析出し、合意形成を支援する専門家養成の確保が求められると推測している。

〈参考文献〉

植木祐子（2013）「ハーグ条約を実施するための国内法の整備―国際的な子の奪取の民事上の側面に関する条約の実施に関する法律―」『立法と調査』No.345、参議院事務局、pp.113-124。

棚村政行（2013）「ハーグ条約批准で問われる『加盟後』」『FACTAONLINE』http://facta.co.jp/article/201306006.html （最終アクセス 2014 年 7 月 22 日）。

英文（抄録）

1. In accordance with the obligation of States Parties under article 9, paragraph 1, applications by a child or his or her parents to enter or leave a State Party for the purpose of family reunification shall be dealt with by States Party in a positive, humane and expeditious manner. States Parties shall further ensure that the submission of such a request shall entail no adverse consequences for the applicants and for the members of their family.

2. A child whose parents reside in different States shall have the right maintain on a regular basis, save in exceptional circumstances personal relations and direct contacts with both parents. Towards that end and in accordance with the obligation of States Parties under article 9, paragraph 1, States Parties shall respect the right of the child and his or her parents to leave any country, including their own, and to enter their own country. The right to leave any country shall be subject only to such restrictions as are prescribed by law and which are necessary to protect the national security, public order (ordre public), public health or morals or the right and freedoms of others and are consistent with the other rights recognized in the present Convention.

政府訳

1　前条1の規定に基づく締約国の義務に従い、家族の再統合を目的とする児童又はその父母による締約国への入国又は締約国からの出国の申請については、締約国が積極的、人道的かつ迅速な方法で取り扱う。締約国は、更に、その申請の提出が申請者及びその家族の構成員に悪影響を及ぼさないことを確保する。

2　父母と異なる国に居住する児童は、例外的な事情がある場合を除くほか定期的に父母との人的な関係及び直接の接触を維持する権利を有する。このため、前条1の規定に基づく締約国の義務に従い、締約国は、児童及びその父母がいずれの国（自国を含む。）からも出国し、かつ、自国に入国する権利を尊重する。出国する権利は、法律で定められ、国の安全、公の秩序、公衆の健康若しくは道徳又は他の者の権利及び自由を保護するために必要であり、かつ、この条約において認められる他の権利と両立する制限にのみ従う。

本条のポイント

　本条は、国境を越えて分離されている家族の出入国について定めたものである。このような分離は武力紛争や天災に伴う難民化、出稼ぎ目的の移民、強制退去などさまざまな原因で生じる。親から分離されないという子どもの権利を国内的に保障したのが第9条であり、「国際的に」実現をはかろうとしたのが本条（第10条）である。

　本条約では家族を「社会の基礎的集団」および「（家族の）すべての構成員とくに子どもの成長および福祉のための自然的環境として位置づけ（前文）、国には子どもの最善の利益に照らして必要である場合をのぞき、「子どもが親の意志に反して親から分離されないことを確保する」義務があるとしている（喜多2009：97）。なお、本条において「積極的、人道的かつ迅速な方法で取り扱う」（第1項）と規定されているのは、申請を原則的に禁止または拒否するような「消極的な」取り扱いを禁じているという趣旨であることを理解する必要がある（波多野1994：69）。

北朝鮮による日本人拉致問題

　国家間で家族が分離された日本人の事例として、北朝鮮による日本人拉致問題、太平洋戦争終戦に伴う中国残留邦人等の問題が挙げられる。

　北朝鮮による日本人拉致問題は、1970年代から1980年代にかけて発生した事案である。日本政府はこれまでに17名を北朝鮮による拉致被害者として認定し、このほかにも疑わしい事案の捜査を続けている。北朝鮮は平成14年9月の日朝首脳会談において初めて拉致を認め、その後、5人の拉致被害者が帰国したが、それ以外に「死亡」「入境せず」とされた拉致被害者の安否については死亡を証明する客観的な証拠がない等、十分な説明がなされていない。拉致被害者の1人である横田めぐみさんは、被害当時13歳の中学生であった。横田さんは北朝鮮による国家的犯罪行為によって約40年間に渡って家族と分離された生活を余儀なくされている。

　太平洋戦争終戦に伴う中国残留邦人等の問題については、旧満州地区及び樺太（千島を含む）に居留していた日本人が終戦直後に肉親と離別して孤児となるなどし、残留を余儀なくされた問題である。現在では、日本政府の支援により一時帰国や永住帰国が実現している。

　こうした国境を越えた家族分離の問題を解決するためには、国家間あるいは国際協力の下で対応を進めていかなければならない。例えば、国連難民高等弁務官事務所（UNHCR）は、その半数が18歳以下の子どもとされる難民等に対する保護及び支援を行い、生活再建や家族の再統合のために重要な役割を果たしている。

関連条文・国内法

　出入国管理及び難民認定法12条、旅券法第3条、日本国憲法第22条、出入国管理及び難民認定法第3～12、25、25の2、60、61など

（清水　良彦）

資料

1983(昭和58)年7月頃
「欧州における日本人女性拉致容疑事案」
被害者：有本恵子さん(23歳・欧州)

1980(昭和55)年5月頃
「欧州における日本人男性拉致容疑事案」
被害者：石岡亨さん(22歳・欧州)
　　　　松木薫さん(26歳・欧州)

1978(昭和53)年8月12日
「母娘拉致容疑事案」
被害者：曽我ひとみさん(19歳・新潟県)
　　　　曽我ミヨシさん(46歳・新潟県)

1977(昭和52)年9月19日
「宇出津(うしつ)事件」
被害者：久米裕さん(52歳・石川県)

1977(昭和52)年11月15日
「少女拉致容疑事案」
被害者：横田めぐみさん(13歳・新潟県)

1977(昭和52)年10月21日
「女性拉致容疑事案」
被害者：松本京子さん(29歳・鳥取県)

1978(昭和53)年7月31日
「アベック拉致容疑事案」
被害者：蓮池薫さん(20歳・新潟県)
　　　　奥土祐木子さん(22歳・新潟県)

1978(昭和53)年6月頃
「李恩恵(リ・ウネ)拉致容疑事案」
被害者：田口八重子さん(22歳・不明)

1978(昭和53)年7月7日
「アベック拉致容疑事案」
被害者：地村保志さん(23歳・福井県)
　　　　濱本富貴恵さん(23歳・福井県)

1978(昭和53)年6月頃
「元飲食店店員拉致容疑事案」
被害者：田中実さん(28歳・兵庫県)

1978(昭和53)年8月12日
「アベック拉致容疑事案」
被害者：市川修一さん(23歳・鹿児島県)
　　　　増元るみ子さん(24歳・鹿児島県)

1980(昭和55)年6月中旬
「辛光洙(シン・グァンス)事件」
被害者：原敕晁さん(43歳・宮崎県)

（参照：政府拉致問題対策本部HP　http：//www.rachi.go.jp/index.html）

中国人残留邦人の状況（平成 26 年 11 月 30 日現在）

○残留日本人孤児の身元調査

孤児総数	2,818 人
うち身元判明者	1,284 人

○永住帰国

永住帰国者の総数　6,707 人
（家族を含めた総数　20,883 人）

うち孤児　2,555 人　（家族を含めた総数　9,374 人）

うち婦人等　4,573 人
（家族を含めた総数　11,509 人）

※帰国世帯数は、孤児 2,551 世帯、婦人等 4,152 世帯
　計 6,703 世帯

○一時帰国

一時帰国の延人数　5,929 人
（家族等を含めた総数　9,936 人）

うち孤児　1,356 人　（家族等を含めた総数　2,658 人）

うち婦人等　4,573 人　（家族等を含めた総数　7,278 人）

樺太等残留邦人の状況（平成 26 年 11 月 30 日現在）

○永住帰国

永住帰国者の総数　108 人　（家族を含めた総数　273 人）

うち樺太　85 人　（家族を含めた総数　218 人）

うち旧ソ連本土　23 人　（家族を含めた総数　55 人）

※帰国世帯総数は 103 世帯

○一時帰国

一時帰国の延人数　2,150 人
（家族等を含めた総数　3,076 人）

うち樺太　1,897 人
（家族等を含めた総数　2,643 人）

うち旧ソ連本土　253 人　（家族等を含めた総数　433 人）

厚生労働省による中国残留邦人等に対する援護の概要
○一時帰国援護　○永住帰国援護　○定着・自立援護（中国帰国者定着促進センター事業等）
○生活支援（老齢年金等の満額支給等）　○中国残留日本人孤児の身元調査

（参照：厚生労働省「中国残留邦人等への支援」http：//www.mhlw.go.jp/stf/seisakunitsuite/bunya/hokabunya/senbotsusha/seido02/）

英文（抄録）

1. States Parties shall take measures to combat the illicit transfer and non-return of children abroad.
2. To this end, States Parties shall promote the conclusion of bilateral or multilateral agreements or accession to existing agreements.

政府訳

1 締約国は、児童が不法に国外へ移送されることを防止し及び国外から帰還することができない事態を除去するための措置を講ずる。
2 このため、締約国は、二国間若しくは多数国間の協定の締結又は現行の協定への加入を促進する。

本条のポイント

本条は、子どもが国外に不法に連れ出されたり、外国から不法に返されなかったりすることを防止すること、ならびに、そのような実態が生じた場合には適切な状況を回復するよう求めた規定である（喜多ら 2009：98）。

締約国においては、本条を参考としつつ、子どもの国外に不法に移され、また国外に移された子どもを不法に送還しない事態防止のための取組や措置を進めることが必要である。

本条と第 35 条の関係

本条が適用されるのは、国境を越えた子どもの連れ去る場合である。例えば、別居又は離婚した夫婦の一方が他方の親に無断で子どもを国外に連れ出した場合、養子と養父母との養子縁組を解消せず、実の親が外国に連れだされた子どもを取り戻す場合、と誘拐、売買された子どもを国外に移送した場合などである。

この内容は第三五条の内容と重ねる点があるので、西ドイツは「第三五条だけを残して本条を削除すべきである」と主張し、他方、セネガルは「第三五条を第十一条の第三項とした方がよい」と提案したが、結局、現在の文言に落ち着いた（波多野 2005：78）。しかしながら、本条では児童の売買について言及されていないため、内容を拡大すべきかどうかをめぐる議論は未だ続いている。

不法な移送の防止と子どもの保護

近年、国際結婚が増えている一方で、海外での結婚生活で困難に直面した父又は母のいずれかが、居住地の法律に反する形でもう一方の親の同意なしに子どもを母国に連れ去り、問題になるケースが発生している。また、日本から子どもを国外に連れ去る事例も発生しており、子どもに会えずに辛い思いをされている日本人の親もいる。こうした背景において、本条が求める「不法な移送及び不法帰還の抑止」のための措置をさらに講じるため、日本では平成 25 年 6 月に「国際的な子の奪取の民事上の側面に関する条約」が国会で承認・可決され、平成 26 年 4 月に条約が発効した。

ハーグ条約では、子どもが連れ去られ又は留置される直前に常居所[1] を有していた国の法令に基づき個人、施設その他の機関が共同又は単独で有する監護権が侵害されている場合に、その連れ去りや留置は不法なものとされる（第 3 条）。この場合、迅速な返還の審理が優先され、連れ去りに至った事情、子どもの監護状況、子どもの最善の利益等に対する配慮が薄い。現実において、女性や子どもに対する暴力が、女性による子どもの連れ去りの一つの原因となる。子どもの保護の観点から、こどもの不法な移送の防止を措置しながら、子に対する危険（家庭内暴力など）や、子が返還を拒否している場合など、ハーグ条約上の返還拒否事由がある場合、返してはならないとする国内法をさらに整備する必要がある。

関連条文及び国内法

◆国内法
　刑法 224 条〜 226 の第 3 項；
　出入国管理及び難民認定法 1 条・2 条第 7 項；
　国際共助法、児童福祉法 34 条の I ；

◆関連条約
　国際的な子の奪取の民事上の側面に関する条約

（孫 雪熒）

---

[1] 世界大百科事典によれば、常居所（habitual residence）とは社会生活を行ううえで人が現実に通常居住していると認められる場所のことである。

資料

日本の国際結婚・国際離婚数の推移

婚姻、離婚について、夫婦の一方が外国人の場合の件数

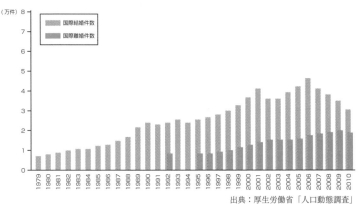

出典：厚生労働省「人口動態調査」

　1970年には年間5,000件程度だった日本人と外国人の国際結婚は、1980年代の後半から急増し、2005年には年間4万件を超えた。これに伴い国際離婚も増加し、結婚生活が破綻した際、一方の親がもう一方の親の同意を得ることなく、子を自分の母国へ連れ出し、もう片方の親に面会させないといった「子の連れ去り」が問題視されるようになったのである。さらに近年、日本人の親が自らの子を（元）配偶者に無断で日本に連れ帰る事例が米国、英国、カナダ、フランスなどの政府から報告されている一方、外国人の親により日本から子が国外に連れ去られる事例も発生している。（出典：外務省「子の連れ去りをめぐる『ハーグ条約』と日本」2012年1月26日 http://www.mofa.go.jp/mofaj/press/pr/wakaru/topics/vol82/）

関連記事

（いちからわかる！）日本人に初適用されたハーグ条約って何？

（朝日新聞 2014年09月30日）

◇片方の親が外国に連れ出した子を戻す、国際ルールだよ。

アウルさん　「ハーグ条約」が初めて日本人に適用された、と聞いたわ。

A　ハーグ条約は、夫婦のいずれかが一方的に、子どもを国外に連れ出した場合に適用される国際ルールだ。日本は4月に条約に加盟した。それが、別居中の日本人夫婦の子どもに初めて適用されたんだ。

ア　どんなルールなの？

A　外国人の父親と、日本人の母親を例にしよう。母親が離婚を決意し、16歳未満の子どもと日本に帰ってしまった。この場合、父親は条約に基

申請を受けた後の主な流れ

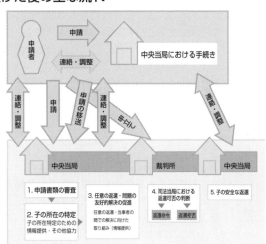

づき、子どもを元の国に戻す「返還」を求めることができるんだ。

ア　手続きは？

A　返還を求める親は、子どもがいる国の中央当局（日本なら外務省）に支援を依頼する。夫婦の話し合いがまとまらないときは、裁判所が返還すべきかどうかを判断する。家庭内暴力など子どもに悪影響がある場合は、返還を拒否することもできる。

ア　元の国に戻っても、幸せとは限らないわ。

A　そうだね。ルールには子どもを戻したあと、元の国の裁判所で、親権など将来のことを決めることも盛り込まれているよ。

ア　なぜこんなルールが必要なの？

A　子どもの権利を守るためだ。連れ出された子どもは、言語や文化の違う国で生活が一変することになる。子どもがよりよい環境で暮らせるように、夫婦に話し合いを促すんだ。

ア　日本で初適用された子どもはどうなったの？

A　母親が子どもを連れて英国に渡ったが、父親の申請で子どもは日本に戻された。夫婦は離婚する方向で、父親と子どもが会う頻度などの細かい条件を日本の裁判所で決めたんだ。外務省では、子どもとの面会交流の申請も受け付けている。同省のまとめによると、4月以降、日本から外国への連れ去りに関する申請が21件、その逆が52件あったというよ。

（北沢拓也）

注：アウルさんは、質問者である。

英文（抄録）

1. States Parties shall assure to the child who is capable of forming his or her own views the right to express those views freely in all matters affecting the child, the views of the child being given due weight in accordance with the age and maturity of the child.
2. For this purpose, the child shall in particular be provided the opportunity to be heard in any judicial and administrative proceedings affecting the child, either directly, or through a representative or an appropriate body, in a manner consistent with the procedural rules of national law.

政府訳

1　締約国は、自己の意見を形成する能力のある児童がその児童に影響を及ぼすすべての事項について自由に自己の意見を表明する権利を確保する。この場合において、児童の意見は、その児童の年齢及び成熟度に従って相応に考慮されるものとする。
2　このため、児童は、特に、自己に影響を及ぼすあらゆる司法上及び行政上の手続において、国内法の手続規則に合致する方法により直接に又は代理人若しくは適当な団体を通じて聴取される機会を与えられる。

本条のポイント

　本条は、子どもが意見を表明する権利（意見表明権）、子どもの見解を重視すべきこと（子どもの見解の重視）、そして司法・行政の場において子どもに聴聞の機会が与えられる権利（聴聞の保障）を定めたものである。

　一般原則として位置づけられる本条は、司法・行政手続の判断基準とされる「児童の最善の利益」の確保を目指す中で、独立条文化した経緯がある。一方で、政府訳における「相応に考慮」と限定的に捉えられた訳出には、本条が子どもの権利を手続的な権利と捉えるのか、実利的な権利と捉えるのか、あるいは自己決定権をふくめるのかという問題が含まれている。国連子どもの権利委員会（以下、CRC）への政府による「締約国報告書」においても、3度にわたりその改善要求がなされ続けている。

　13条、15条などと合わせて、本条を子どもの参加権として理解しようとする動向においては、その仕組みづくりを地方から全国レベルにおける公共政策との関わりのなかで整えることが指摘されている（喜多2009：101）。

　一方で、子どもの参加権に関しては、草案で列挙された事項を根拠に、保障されるべきはあくまで、子どもの個人的な事項に限られるとし、参加の権利までは含まれないとする説も存在する（波田野2005：83）。

「自己の意見を形成する能力のある児童」

　本条1項は「自己の意見を形成する能力のある児童」のみをその権利保障の対象としていると捉える限定的な文理解釈が可能である。この点に関してポーランド草案では、本条に関する権利保障の事項として「結婚、職業の選択、医療、教育、レクリエーションについての意見表明」（条約草案7条）が挙げられており、子どもが自己実現のために自由に意思を表明し、それが家庭および社会から尊重されるべきであることを求めた。そうした意味では、子どもの権利行使を支援する立場にある者（5条）は、本条を広く解釈することが求められる。なお、ポーランドがこのような条項を求めた背景には、ユニセフが「子どもの権利条約の精神的な父」と称したヤヌシュ・コルチャックによる孤児院での実践があったことはよく知られている（永井2000：91-94、喜多2009：101）。

「わがまま助長・甘やかし」世論に対して

　日本では従来から、子どもの権利行使はわがままや甘やかしであると捉える権利観が、大人社会側の問題として存在しており、権利保障の妨げとなっている。加えて、子どもを「指導の対象」、「管理の対象」と捉える子ども観や、子どもの意見表明・参加権の行使を支援する大人側の経験不足・実践的力量不足の問題などが存在している。「わがまま助長・甘やかし」世論に対しては、権利のもつ法的意味（自己の尊厳の確保、立法・政策策定の基礎、権利侵害に対する法的救済の根拠など）とうした世論との次元の差異について大人が理解を深めることが重要である。また、わがままと正当な権利行使との混同を見極める力と子どもの正当な権利行使を自覚させ、それを援助する力の獲得が大人社会側に求められているといえる（喜多2009：103）。

国内における課題

　国内法上・実態上の課題としては、家庭・学校・児童福祉施設などの場における子どもの意見表明権の保障が挙げられる。具体的には①未成年者の結婚、②両親の離婚に伴う子どもの監護者の決定、③虐待などを理由とした親権喪失の宣告に際しての子どもの陳述などである。また学校や教育行政の場では、①懲戒処分を受けた子どもの聴聞権の確保や②子どもの自己決定に関わる領域に抵触する校則の改正などが、医療・福祉の場では、①児童福祉施設入所処置手続における子どもの意見聴取および、②上記の措置における年齢規定の引き下げ（現行は15歳以上）の問題などが挙げられる（喜多2009：104）。

関連国内法

　児童福祉法27・28条、民事訴訟法31・42条、少年院法8条、学校教育法11・23・26条　など

（木村　栞太）

資料

自治体レベルでの意見表明・参加の保障へ向けた取り組み

年度	自治体	取り組み事例	内容種別
1997 年	東京都中野区	「中野区教育行政における区民参加に関する条例」の制定	意見表明・参加
1998 年	兵庫県川西市	「川西市子どもの人権オンブズパーソン条例」の制定	権利救済
2000 年	埼玉県鶴ヶ島市	「鶴ヶ島市教育審議会設置条例」の制定	意見表明・参加
2001 年	神奈川県川崎市	「川崎市人権オンブズパーソン条例」の制定	権利救済
	岐阜県岐南町	「岐南町子どもの人権オンブズパーソン条例」の制定	権利救済
2002 年	長野県平谷村	「平谷村は合併するかしないかの可否を住民投票に付するための条例」の制定	意見表明・参加
	埼玉県	「埼玉県子どもの権利擁護委員会条例」の制定	権利救済
2003 年	北海道奈井江町	「奈井江町合併問題に関する住民投票条例」の制定	意見表明・参加
2004 年	神奈川県大和市	「大和市自治基本条例」の制定	意見表明・参加
	長野県岡谷市	「岡谷市民総参加のまちづくり基本条例」の制定	意見表明・参加
2007 年	神奈川県大和市	「大和市市民参加推進条約」の制定	意見表明・参加
2009 年	岩手県奥州市	「奥州市自治基本条例」の制定	意見表明・参加
	千葉県流山市	「流山市自治基本条例」の制定	意見表明・参加

子どもの権利条約総合研究所「子ども条例一覧」（http://homepage2.nifty.com/npo_crc/pdf/kodomo_kenri_jyorei.pdf）

「子どもの権利条約の精神的な父」の存在

　子どもが権利の主体であり、かつ人間的尊厳を有した存在であるとする、子どもの権利条約全体に貫かれる基本的な精神にヤヌシュ・コルチャックの洞察が大きな影響を与えたことは有名である。子どもの意見表明権に関して、コルチャックはその作中で以下のように述べている。

※ヤヌシュ・コルチャック（1878-1942）ポーランドの小児科医であり、児童小説家。主な著書は『人はいかに子どもを愛するのか』、『子どもの権利の尊重』など。「子どもはだんだんと人間になるのではなく、すでに人間である」という言葉は、子どもの権利条約の基本的な精神を支える。

- ・「子どもには、望み、願い、要求する権利があり、成長する権利とそして成熟する権利、また、その達成によって果実をもたらす権利がある。」
- ・「子どもは要求し、条件を付け、その条件付きで実際やるという事、また、そうする権利をもっている。」

塚本智宏「4.子どもにはどんな権利があるか」『コルチャック　子どもの権利の尊重』子どもの未来社、2004 年

〈参考文献〉
堀井雅道「教育領域」『季刊教育法』第 183 号、エイデル研究所、2014 年、pp.36-42
荒牧重人「子どもの意見表明・参加の権利論の展開と課題」『子どもの権利研究』第 5 号、日本評論社、2004 年、pp.4-11

英文（抄録）

1. The child shall have the right to freedom of expression; this right shall include freedom to seek, receive and impart information and ideas of all kinds, regardless of frontiers, either orally, in writing or in print, in the form of art, or through any other media of the child's choice.
2. The exercise of this right may be subject to certain restrictions, but these shall only be such as are provided by law and are necessary:
   (a) For respect of the rights or reputations of others; or
   (b) For the protection of national security or of public order (ordre public), or of public health or morals.

政府訳

1　児童は、表現の自由についての権利を有する。この権利には、口頭、手書き若しくは印刷、芸術の形態又は自ら選択する他の方法により、国境とのかかわりなく、あらゆる種類の情報及び考えを求め、受け及び伝える自由を含む。
2　1の権利の行使については、一定の制限を課することができる。ただし、その制限は、法律によって定められ、かつ、次の目的のために必要とされるものに限る。
　　(a) 他の者の権利又は信用の尊重
　　(b) 国の安全、公の秩序又は公衆の健康若しくは道徳の保護

本条のポイント

　本条は自由権規約の十九条2項及び3項の内容をほぼ借用したものである。普遍的な権利に属する表現の自由を、児童の人権の一つに掲げてその保障を明言した点に本条の意義がある。また、本条は必ずしも自らに影響を及ぼすとは限らない、より広い事柄についての考えをも表明する自由を保障している（森部1995：60）。

　くわえて、本条は児童に限られていることから、自由権規約十九条3項の「義務および責任」を免除したが、それとバランスをとるために児童に対しては、大人には課せられない特別な制約が課せられる可能性があることも、言外に含んでいる（波多野2005：92-93）。

子どもの表現の自由と「校則」

　学校における子どもたちの表現活動は多様であるため、子どもたちの表現の自由は学校の至る所で問題となりうる。

　それらの多くは「校則」などによって制限され、このような法律によらない規律を課すことは本条2項において認められているが、学校側に裁量に委ねられることが多い。

　「校則」に関する問題は多く、その中の頭髪規定を例に、玉東中学校丸刈校則事件（1985）がある。これは頭髪規定が憲法21条の表現の自由に反するとして訴えを起こしたものであるが、その規律が「社会通念に照らして著しく合理性を欠くなど不適切・不適正でないかぎり、違法でも不当でもない」として訴えを退けている。

　つまり、「校則」などの規律は社会通念に照らして著しく厳しくない限り、本条違反にはならないと解される（波多野2005：95）。

現代における子どもの表現の自由

　高度情報社会である現代において、自分の情報などについてネットを通じて表現する機会が多くなった。そこでは「LINE」、「Facebook」や「Twitter」などのソーシャルメディアが多く利用されている。そのような現状を鑑みるとソーシャルメディアへのアクセスも表現の自由と結びつけることができる。

　総務省（2011）の調査から10代の約80%がソーシャルメディアを使用したことがあり、その約40%が携帯電話やスマートフォンを用いて利用しているという結果が出た。このことから現在多くの子どもたちが携帯電話やスマートフォンを用いてソーシャルメディアを活用しているということが推測される。

　しかし、ネット上でのトラブルを避けるために、ソーシャルメディアにアクセスする機会を減らそうと携帯電話やスマートフォンの使用時間を制限する学校が全国で見られるようになった。

　ソーシャルメディアが自分を表現する場でもあると考えられる以上、このように携帯電話やスマートフォンの使用時間の規制が子どもの表現の自由に反するかもしれないということに注意する必要がある。

関連国内法

　日本国憲法21条、学校教育法21、51条など

（江藤　将行）

資料 ....

校則に関する裁判事例

○玉東中学校丸刈校則事件（熊本地判　昭和60.11.13）
　男子中学生が在学中に校則の「丸刈、長髪規定」と定めた部分について、髪型は個人の思想の表現であるから男子生徒の丸刈を指定したのは憲法21条で保障された表現の自由に違反すると主張し、校長に対してその無効確認などを、町に対して慰謝料などの請求を求めた。
　裁判所は指導に従わない場合にバリカン等で強制的に丸刈りにしたり、訓告以上の不利益措置を予定していないなどの事情から「著しく不合理であることが明らかであると断ずることができない」から、その制定・公布自体を違法といえないとした。また、「中学生において髪型が思想等の表現であると見られる場合は極めて稀有である」としている。以上の理由から校長に対する訴えは却下され、町に対する請求は棄却された。

現代における子どもの表現の自由

○子どものソーシャルメディアの利用実態

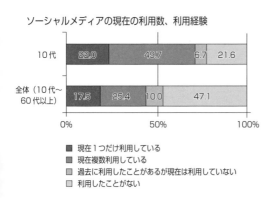

ソーシャルメディアの現在の利用数、利用経験

- 現在1つだけ利用している
- 現在複数利用している
- 過去に利用したことがあるが現在は利用していない
- 利用したことがない

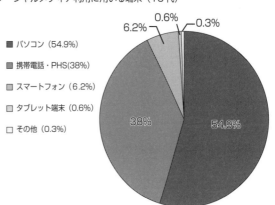

ソーシャルメディア利用に用いる端末（10代）

- パソコン（54.9%）
- 携帯電話・PHS（38%）
- スマートフォン（6.2%）
- タブレット端末（0.6%）
- その他（0.3%）

出典：総務省「次世代ICT社会の実現がもたらす可能性に関する調査（H23年）」をもとに作成

〈参考文献〉
・森部英生「第13条　表現の自由とその制限」下村哲夫編『学校版逐条解説 児童の権利条約』教育出版、1995、pp60-67

英文（抄録）

1. States Parties shall respect the right of the child to freedom of thought, conscience and religion.
2. States Parties shall respect the rights and duties of the parents and, when applicable, legal guardians, to provide direction to the child in the exercise of his or her right in a manner consistent with the evolving capacities of the child.
3. Freedom to manifest one's religion or beliefs may be subject only to such limitations as are prescribed by law and are necessary to protect public safety, order, health or morals, or the fundamental rights and freedoms of others.

政府訳

1 締約国は、思想、良心及び宗教の自由についての児童の権利を尊重する。
2 締約国は、児童が1の権利を行使するに当たり、父母及び場合により法定保護者が児童に対しその発達しつつある能力に適合する方法で指示を与える権利及び義務を尊重する。
3 宗教又は信念を表明する自由については、法律で定める制限であって公共の安全、公の秩序、公衆の健康若しくは道徳又は他の者の基本的な権利及び自由を保護するために必要なもののみを課することができる。

本条のポイント

　本条は、子どもが権利の主体として、思想、良心および宗教といった内面的な精神的自由を確保するところに意義がある。子どもは自己の選択ではなく、両親の信仰に従うものであるとの見解もあり、とくにイスラム教の社会では子どもは養育された両親の宗教を放棄できないとの慣行があるとの議論もあって、2項に反映された。3項では、宗教・信念を表明する自由について制限条件が設けられている。表明する自由の制限は必要かつ最小限であり、内心の自由については絶対的で保障されることを示している。

　「思想の自由」とは、人それぞれが社会や政治をはじめ世の中のあらゆることについて自由に思いめぐらし、自分としての考えを持つことである。「良心の自由」とは、人が世の中のいろんなことについて自由に善悪などの判断をし、自分がいいと思うこと、正しいと思うことを明確にさせることである。「宗教の自由」とは、神様であろうが仏様であろうが、また道端の石ころであろうが、自分が信じたいと思えば何でも自由だということである（鈴木ら 1994：76）。

　「良心」の自由は、内面的な「信仰」の自由とほぼ同義として用いられることもあったが、しだいに信仰的な意味のみならず、広く内心の精神活動の自由一般を意味すると解されている（喜多 2009：110）。

儀式における日の丸、君が代

　精神的にも発達途上にある子どもたちがこれらの行為を一方的に押しつけられることは精神的に大きな重圧となる。日の丸・君が代に関してはいろいろな考え方が成り立ちうる。喜多は国旗への敬礼を拒み、国歌斉唱での起立や歌うことを拒む権利は憲法19条および本条約14からも保障され、自分の信条に反する行為の強制は許されない（喜多 2009：112）と述べたが、波多野はすでに国際的慣行になっており、学校で国旗に対して敬意を払うことを教えたり、実践させたりすることは本条に違反となる恐れはないと述べた（波多野 2005：103）。

学校と宗教

　宗教系の私立学校において、異なる宗教を信じる子どもが、その学校の宗教行事に参加しない自由を有するか否かは、学校と子ども（事実的には保護者）との契約関係によって大きく左右される。宗教行事に参加する義務が入学案内などに明記されている場合には、参加しないことを理由に退学させられてもやむをえないが、そうでない場合には、そのように重い懲罰を科すことは許されないと解される（波多野 2005：105）。

　子どもが、宗教上の理由に基づき格技（剣道、柔道、相撲など）、水泳を拒否または、授業を受けなかった場合、学校としてどう取り組むかが、問題となろう。

関連国内法

　憲法19条、20条、教育基本法15条、市民的及び政治的権利に関する規約18条、世界人権宣言18条

（韓　賢徳）

資料

「君が代」声量を調査

　福岡県久留米市教委が市立41の小中学校と養護学校の校長向けに、卒業式や入学式の"マニュアル"を出していたことが分かった。「市長、議長の祝辞は必ず読み上げて」と細かく指示し、実施状況についての報告も求めている。同市教委は今春、式典での君が代の声量調査もしており、市民団体から反発が相次いでいる。（中略）

　一方、実施状況報告では、式の形態がステージかフロアか、来賓紹介は個々か一括かのほか、生徒たちが歌う君が代の声の大きさを大中小別に評価させている。

　また、君が代の声量調査は昨年12月、学校での国歌斉唱を求める請願が市議会に提出されたのをきっかけに、「現状把握のため」（市教委）に実施した。これに『日の丸・君が代』の強制に反対する市民運動ネットワーク」（本部・東京都）など複数の市民団体から、調査撤回を求める申し入れ書が提出されている。〈後略〉

〈出典：毎日新聞2004年7月30日〉

旧オウムの子どもたちの転入と就学

　オウム真理教（アレフに改称）前代表・松本智津夫被告の子どもたちと保護者の女性が龍ケ崎市に転居、龍ケ崎市が松本被告の子どもたちの転入届を「公共の福祉」を理由に受理しなかった。3人の子どもたちが就学届けを市教委に提出したが、市教委も「転入手続きが完了していないため就学は認められない」と受理しなかった。子どもたち側が市教委を相手取り、就学拒否処分の取り消しを求めて水戸地裁に提訴した。就学拒否訴訟の事前協議が開かれ、水戸地裁の中野信也裁判長が受け入れを前提とした話し合いを提案し、口頭弁論で訴訟を終結させることで双方が合意。市教委側が受け入れ表明を行う方針を固めた。

住民票不受理処分取消等請求事件 〈大阪地判平13・10・12〉

　1　市長がしたある宗教団体の信者から提出された転入届の不受理処分が違法であるとしてされた前記処分の取消しを求める訴えにつき、当該処分については審査請求の裁決を経ておらず、かつ審査請求が行われた日から3か月も経過していなかったから、訴え提起時においては不適法であったが、その後、裁決がなされないまま審査請求があった日から3か月が経過したことによって、前記訴えの瑕疵は治癒されたとして、前記訴えを適法とした事例

　2　市長がしたある宗教団体の信者から提出された転入届の不受理処分が違法であるとしてされた前記処分の取消請求につき、当該転入届の届出人が新たに当該市町村の区域に住所を定めたという実態が認められる場合には、市町村長は、転入届を受理したうえで住民票を作成し、住民基本台帳に記録する義務があるというべきであって、その他の事由により届出を不受理とする余地はないと解するのが相当であって、住民基本台帳上、市町村長は、当該転入者が危険性を有することを理由として転入届を不受理とする権限を有しないと解すべきであるから、前記市長が、公共の福祉の観点と近隣住民の不安への考慮に基づき前記信者の住民登録と転入届を受け付けることはできないとの理由でした前記不受理処分は違法であるとして、前記請求を認容した事例　3　市長がしたある宗教団体の信者から提出された転入届の不受理処分が違法であるとしてされた国家賠償請求が、転入届が不受理とされたことによって、選挙権を行使すること又は各種行政サービスを受けるに際して困難が生じる等の支障があるといった状況が継続することについて、前記信者らが不安を抱いたこと及び本来受理されるべき転入届が受理されなかったことによって精神的損害を被ったことが認められるとして、一部認容された事例

フランスの宗教シンボル禁止法

　公立校でイスラム教のスカーフなどを禁じた「宗教シンボル禁止法」がフランスで施行されて4カ月がたった。スカーフを脱ぐのを拒んで退学処分を受けたイスラム教徒の女子中高生は40人。（中略）

〈宗教シンボル禁止法〉　政教分離の原則に従い、公立小中高校の校内や関連行事で「宗教への帰属をこれ見よがしに示す標章や服装」を禁じた新法。女性イスラム教徒のスカーフのほか、男性ユダヤ教徒の帽子（キッパ）、大きな十字架なども対象。法案は04年春に上下院で圧倒的な賛成を得て成立し、同年9月に施行された。違反者は教室から隔離したうえ校長が説得。それでも解決しない場合は、規律委員会が開かれ退学などの処分が決まる。

〈出典：朝日新聞2005年1月12日〉

〈参考文献〉
鈴木祥蔵、山本健治『子どもの権利条約を読む』柘植書房、1994年

第15条　結社及び集会の自由

英文（抄録）

1. States Parties recognize the rights of the child to freedom of association and to freedom of peaceful assembly.
2. No restrictions may be placed on the exercise of these rights other than those imposed in conformity with the law and which are necessary in a democratic society in the interests of national security or public safety, public order (ordre public), the protection of public health or morals or the protection of the rights and freedoms of others.

政府訳

1　締約国は、結社の自由及び平和的な集会の自由についての児童の権利を認める。
2　1の権利の行使については、法律で定める制限であって国の安全若しくは公共の安全、公の秩序、公衆の健康若しくは道徳の保護又は他の者の権利及び自由の保護のため民主的社会において必要なもの以外のいかなる制限も課することができない。

本条のポイント

　本条は、子どもの結社及び平和的な集会に関する自由を保障している。成人に関しては、「市民的及び政治的権利に関する国際規約」22条にあるように労働組合加入についても明記されることがある。だが労働の権利については児童酷使に関する観点から本条約自体で規定されていないため、結社といっても労働組合結成・加入についてはここで想定されていないと考えることができる（永井・寺脇他1994：86-87）。

　また、本条については、12条同様、「子どもの年齢及び成熟度によって」という句が挿入されるべきという指摘もあったが、平和的集会には何歳の子どもでも父母が連れて参加可能であることなどから、挿入は見送られた（波多野1994：114）。

校則・教育的な規律との関係

　本条と国内法の関係は、本条約12、13条同様、学校教育での校則との関係などが大きな問題点となる。

　例えば校則により、学外の団体への加入、集会・コンサートへの参加、校内での集会活動を規制することは、本条が保障しようとする集会の権利との関係で問題があるという見解がある（永井・寺脇他1994：87-88）。こうした見方からすれば、高校生のデモ行進などの禁止も同様に問題になる。

　ただし、本条約は28条2項で「学校の規律が児童の尊厳に適合する方法で」「運用されることを確保するためのすべての適当な措置をとる」としている。これが学校による一定の規律の必要性を認めていると読めることから、校則による権利制限の一切が否定されたわけではないという見解もある（波多野1994：113）。この場合、そうした教育的な制限・規律が本条2項でいう「民主的社会」で「必要な」「制限」でありうるか、という論点が生起する。

　これは過去の国内判例・法解釈でも争われてきた論点である。学校が市民社会とは異なる独自の秩序を有する空間であるという理解は、行政法学では伝統的なものであった。戦前から、学校に通う児童・生徒は営造物の利用者として特別権力関係に服すとされ、昨今では、学校が市民社会とは異なる特定の目的をもつ組織であると

する部分社会論がある。ただ憲法学者の長谷部恭男が言うように、民主社会を形成するという確固たる目的から「強い学校」が目指されるとしても、それが知識の教授を越えて規律や秩序維持までをも正当化しうるのかについては疑問がある（長谷部1993：80）。部分社会論と、児童・生徒が将来的に民主社会を担う存在として政治的結社・集会に参加することの積極的意義の関係については、どのように折り合いをつけるべきかについて今後さらに議論されなければならない課題であると言える（右「資料」の「参考1」「参考2」を参照）。

　さらに本条約12条の意見表明権と本条を併せて考えた場合、日本国内における課題として学校の管理運営への子ども集団の参加という問題を指摘する声もある（北川1995：170-171）。

関連法

　市民的及び政治的権利に関する国際規約22条

（佐藤　晋平）

資料

未成年者の政治活動制限

　戦後日本では、保守・革新の対立が激化するなか、学校空間での政治的主張もしばしば過激化した。また 1960 〜 70 年代には、中学校・高校・大学で生徒・学生の学校側への抵抗運動も活発に行われた。こうした事情から、日本では未成年者に対する政治活動規制が行われてきた。

Ⅰ　高校生の政治的活動

「高等学校における政治的教養と政治的活動について」文部省通達、1969 年　要旨
- 高校生は、政治的活動を期待されていない。
- 高校生は心身ともに未発達であり、十分な政治的判断力をもたない。
- 特定の政治的影響から、生徒を保護する必要がある。
- 高校生が特定の政治活動を行うことは、政治的教養の教育の目的を損なうおそれがあり、教育上望ましくない。
- 高校生の政治活動は暴力的なものになる可能性があり、生徒の心身の安全を脅かす。
- 高校生の政治活動は他の生徒・学校施設へ影響を及ぼす可能性があり、公共の福祉を損なう。

Ⅱ　未成年者の選挙活動

公職選挙法　137 条の 2
- 1 項　年齢満二十年未満の者は、選挙運動をすることができない。
- 2 項　何人も、年齢満二十年未満の者を使用して選挙運動をすることができない。但し、選挙運動のための労務に使用する場合は、この限りでない。

参考 1　生徒による署名活動の規制

　中高生の政治的な活動という意味では、現在の日本でも社会問題への関心の高い生徒が署名活動を展開することは珍しくない。例えば広島や長崎をはじめ、核兵器反対や平和を訴える生徒らの署名活動は一定の頻度で行われてきた。

　こうした署名活動に対し、学校側は現在でも否定的対応をとることがある。2011 年 11 月、沖縄県与那国町への自衛隊配備問題をめぐり、与那国中学校生徒が独自に実施していた自衛隊誘致反対に関する署名活動の用紙を、同中学校校長が無断で取り上げたことが新聞等により報道された。

　「発達途上」にあるとも言える生徒の政治的活動をどう評価するのかは、現在も論争的な課題となっている。

参考 2　中学校・高等学校の政治的活動に関する裁判例

　日本国内の中高生の政治的活動が問題となった過去の判例では、概ね教育的見地・学内秩序維持の理由により、生徒の政治的活動には否定的見解が述べられている（東京地判昭 47.3.30、東京高判昭 52.3.8）。ただし、やはり「教育的見地」から、一定の理解を示した例外もあり（大阪地判昭 49.4.16）、何が「教育的」であるかは法解釈が様々である。

▶演習課題：学校を、独特の秩序をもつ部分社会と考える見方は必要だろうか？

〈参考文献〉
長谷部恭男「私事としての教育と教育の公共性」『ジュリスト』No.1022、有斐閣、1993 年、pp.76-81。
波多野里望『子どもの権利条約　逐条解説』有斐閣、1994 年。
北川邦一『子どもの権利と学校教育の改革』かもがわ出版、1995 年。
永井憲一・寺脇隆夫編『解説　子どもの権利条約　第 2 版』日本評論社、1994 年。

第16条 私生活等に対する不当な干渉からの保護

英文（抄録）

1. No child shall be subjected to arbitrary or unlawful interference with his or her privacy, family, home or correspondence, nor to unlawful attacks on his or her honour and reputation.
2. The child has the right to the protection of the law against such interference or attacks.

政府訳

1. いかなる児童も、その私生活、家族、住居若しくは通信に対して恣意的に若しくは不法に干渉され又は名誉及び信用を不法に攻撃されない。
2. 児童は、1の干渉又は攻撃に対する法律の保護を受ける権利を有する。

本条のポイント

本条は、その内容が国際人権規約のうち自由権規約（市民的及び政治的権利に関する国際規約）の第17条とほぼ同じものを示している。自由権規約の「何人も」という部分が、本条文においては「いかなる児童も」という言葉に置き換えられているだけである。しかし、一般人権について書かれた国際人権規約に対して、「子どもの場合、プライバシーの権利はある程度制限されても仕方がないという考え方が強く」（下村1995：80）あることから、「本条約の中にあらためて本条を置いたことは、それなりに意味があると言ってよい」（波多野2005：115）だろう。

条文の成立をめぐって

自由権規約17条の流れをくむ本条文では、子どもの権利をどこまで認めるのかが争点となった。採択に当たっては父母の監督権との関わりから、自由権規約17条は子どもの権利条約にはなじまないとする反対論や、各国国内法との関わりから本条の権利は国内法が保障する最善の利益にしたがって行使されるべきといった発言がなされた（波多野2005：115-116）。

日本国内の対応

日本の国内法には、本条の内容に関して憲法第13条をはじめとした関連諸法が存在しており、防止・処罰が規定されている。そのため、本条に関しては権利条約に批准したからといって特別の措置を講じる必要はないとされている。

しかし、子どものプライバシーを直接的に対象とした法はなく、国内法の整備の不十分さを指摘する声もある。また学校現場においても校則や指導の内容や方法によっては本条に触れる場合があるほか、家庭での子どものプライバシーをどう扱うのかなど、課題は山積している
（参考：波多野2005：117／子どもの人権連1999：33）。

子どものプライバシー・名誉

条文成立の経緯にも見られるように、子どものプライバシーの権利は親や学校などと衝突しやすく、その際には低く捉えられがちである。特に学校などでは「教育上必要な指導」の下、子どもたちのプライバシー干渉・名誉侵害が発生している。

子どもにとっては自身のプライバシーをうまく認識し、主張することが難しい。そのため子どもを一人の個人として認め、そのプライバシーや名誉を積極的に認め理解していく必要がある（中野・小笠1996：86-89）。

関連条文および国内法

日本国憲法13条、21条、33条、35条
刑法133条、193条、230条
国際人権規約・自由権規約17条
世界人権宣言12条

コラム「"privacy"の権利とは何か」

"privacy"とは何か。政府訳の児童の権利に関する条約の中では、"私生活"としており、大辞泉によれば「公的な場を離れた、その人の個人としての生活。」となっている。政府訳の一方、民間訳では"プライバシー"となっており、こちらは「個人や家庭内の私事・私生活。個人の秘密。また、それが他人から干渉・侵害を受けない権利。」と大辞泉には載っている。「プライバシー（privacy）ということばも、うまく日本語に訳せないものの一つ」（中野・小笠1996：86）であるが、"privacy"の権利について考える必要があるだろう。

（阿南　清士朗）

資料

プライバシーか安全か

○保護者による携帯チェック

　携帯電話は、契約数でみれば１人１台持つほどとなり、現在では小中学生でも携帯電話やスマートフォンを持つ姿が一般的になってきている。携帯電話は便利な反面、簡単にインターネットなどを介していじめや犯罪などにつながるきっかけとなる恐れもある。子どもが個人的な連絡を取り合う携帯電話の各履歴を、保護者が安全のためという理由のもとにチェックすることは許されるだろうか。以下に関連する新聞記事を紹介する。

「携帯電話の指導　親に『買い与えた責任』」（日本教育新聞 2013 年４月８日〈３面〉）抄録

　インターネット、携帯電話をめぐって、ソーシャルネットワーキングサービス（SNS）で見知らぬ人と子どもたちが関わることが問題だという人もいますが、SNS の中は、いざとなると捜査できます。しかし、SNS から抜け出し、2、3 人が電子メールでやりとりを始めると学校はもちろん、警察も追えません。～中略～

　また、知識を蓄えた子は加害者になる恐れがあります。～中略～　自宅でインターネットを使わせ、携帯電話を買い与えた責任は親にあります。～中略～

　ルールを作り、しっかりと子どもを育てないと、大変なことになってしまいます。リビングにいて子どもがパソコンに向かっている。おとなしいけれども、接続先は、海外の危険サイトかもしれません。各家庭では、パソコンや、携帯電話の中をパトロールしてください。

　ここでプライバシー、個人情報の問題が首をもたげてきます。子どもの携帯の中を見るのは問題だという親がおられます。～中略～

　親には親権があります。子どもを育成する義務があります。特に携帯電話は親の名義で契約していますから、どのように使っているか確認する義務があるのです。～中略～　ルールを決めたら、親子共に守りましょう。～後略～

○学校で行われる所持品検査

　学校における子どものプライバシー侵害に関連する問題のひとつとして、学校において行われる所持品検査がある。学校に持ち込まれたナイフで教員・同級生などが殺傷される痛ましい事件が起こる一方で、犯罪捜査であっても令状がなければ本来検査されえない個々人の所有物の検査を学校が行えるのかなどの問題がある。以下の関連する新聞記事を読み考えてみたい。

「解説　校内での刺殺事件で高裁が逆転判決『安全配慮義務怠る』学校の指導に重い課題」（日本教育新聞社1999 年 10 月 15 日〈３面〉）抄録

　暴力行為に至る可能性のある生徒に対して、学校はどこまで指導が可能なのか。長野県立飯田高校の刺殺事件の損害賠償請求で控訴審判決は、学校内で三年生が下級生を刺殺した事件について、学校を管理する県の責任を指摘。～中略～この事件では、県や学校側が学校内での安全配慮義務を守っていたか、また事件への予見可能性があったかどうかが争点となった。～中略～

　だが今回の控訴審では、～中略～「凶器等の持ちこみを防止するため、所持品の検査を入念にするなどの措置を講ずることを怠った」～中略～などとして、学校側の安全配慮に落ち度があったと判断した。～中略～

　学校側が予見できたとして、暴力をどう未然に防ぐかは難しい。判決は、警察との連携や持ち物検査などを挙げるが、逆にいえば、こうした管理強化以外に手立てが浮かばないということでもある。～後略～

▶演習課題：集団生活の場である学校においては、事故発生の危険性が予測されるような場合においては、"どのような理由"で、"どの程度"プライバシーの権利が制限されるだろうか。

〈参考文献等〉
・中野光・小笠毅編著（1996）『ハンドブック子どもの権利条約』岩波書店
・子どもの人権連（1999）『学校でとりくむ子どもの権利条約』エイデル研究所

英文（抄録）

States Parties recognize the important function performed by the mass media and shall ensure that the child has access to information and material from a diversity of national and international sources, especially those aimed at the promotion of his or her social, spiritual and moral well-being and physical and mental health.

To this end, States Parties shall:

(a) Encourage the mass media to disseminate information and material of social and cultural benefit to the child and in accordance with the spirit of article 29;

(b) Encourage international co-operation in the production, exchange and dissemination of such information and material from a diversity of cultural, national and international sources;

(c) Encourage the production and dissemination of children's books;

(d) Encourage the mass media to have particular regard to the linguistic needs of the child who belongs to a minority group or who is indigenous;

(e) Encourage the development of appropriate guidelines for the protection of the child from information and material injurious to his or her well-being, bearing in mind the provisions of articles 13 and 18.

政府訳

締約国は、大衆媒体（マス・メディア）の果たす重要な機能を認め、児童が国の内外の多様な情報源からの情報及び資料、特に児童の社会面、精神面及び道徳面の福祉並びに心身の健康の促進を目的とした情報及び資料を利用することができることを確保する。このため、締約国は、

(a) 児童にとって社会面及び文化面において有益であり、かつ、第29条の精神に沿う情報及び資料を大衆媒体（マス・メディア）が普及させるよう奨励する。

(b) 国の内外の多様な情報源（文化的にも多様な情報源を含む。）からの情報及び資料の作成、交換及び普及における国際協力を奨励する。

(c) 児童用書籍の作成及び普及を奨励する。

(d) 少数集団に属し又は原住民である児童の言語上の必要性について大衆媒体（マス・メディア）が特に考慮するよう奨励する。

(e) 第13条及び次条の規定に留意して、児童の福祉に有害な情報及び資料から児童を保護するための適当な指針を発展させることを奨励する。

本条のポイント

マス・メディアへのアクセスを規定した本条文は、人権に関する他の国際文書には見られない画期的なものであった。本条約13条に規定する表現の自由とかかわって、「現代社会におけるマス・メディアの発達と、それが可能にした国境のない情報流通という状況のもとで、知る自由を行使する今日的手段である情報へのアクセス権を、子どもにも保障することを明文化」（柳楽1993：12）したものと考えられる。

本条文は、「もっぱら「マス・メディアの悪影響から子どもを守る」ことを狙い」（波多野2005:124）とするポーランド原案に由来する。しかし、マス・メディアの有益性を積極的に規定すべきという意見があり、その後の審議の過程で取り入れられた経緯がある。アクセスできる情報の質と量が子どもの可能性を広げることにつながることから、「世界の趨勢は、子どもの表現・情報の自由、アクセス権を認める傾向にあった。子ども自身の意思・意見を育てる土壌としての、また行使する主体としての子ども観の確立のためにも、子どもの『知る権利』の登場は、必然的でさえあった」（喜多1990：193）とする見解もある。マス・メディアに関する議論や過去の実践は有害情報からの保護という観点を強調したものとなりがちであるが、(a) 項から (d) 項の精神であるマス・メディアの積極的・有効活用という観点で再検討がなされるべきことは言うまでもない。

児童用書籍等の普及

本は、子どもたちが早い段階から接することのできるメディアであり、児童用書籍に豊かな蓄積があることは子どもたちの発達を保障することにつながる。

しかし、少子化や電子媒体への移行などを背景に、出版社の倒産、広告収入の減少など、旧来のメディアを取り巻く環境は厳しさを増している。また、近年は徐々に進んでいるものの、児童書の電子書籍化は一般書に比べて遅れがちである（産経Biz 2014.2.8）。

電子書籍はアニメーション等の特殊効果を付けることができ、印刷コストをかけずにカラフルな作品を作ることができるなど、児童用書籍に適した特性を備えている。今後は、従来の書籍と電子書籍双方で、それぞれの媒体の持つ良さを生かした作品の開発や、読み聞かせ等の実践がより一層求められるだろう。

言語上の必要性への配慮

マイノリティの人々にとって、マジョリティのメディアに接することは、主流社会がマイノリティに対して持つ価値観を内面化することにもつながる。本条文では「言語上の必要性」についての規定にとどまっているが、単なる多言語化だけでなく、マイノリティ自身によるメディアの所有などを通して、民族としてのアイデンティティを確立し、誇りや自覚を芽生えさせる情報発信が求められるという意見もある（小内2014：71）。

また、外国籍児童の増加に対応して、文部科学省は2014年に学校教育法施行規則を一部改正し、日本語の能力に応じた特別の指導を必要とする児童に対して、特別の教育課程による指導や他の学校での日本語指導の受講を可能とした。今後、学校図書館等への多言語補助教材の導入やインターネット教材の整備などがさらに求められるだろう。

有害な情報及び資料からの保護

マス・メディアを積極的に位置づける本条文であるが、他方で「メディアの持つ影響力は強大であり、子どもへの影響については配慮されなければならないということも大きな課題」（神 2004：97）であり、配慮が求められる。このため(e)の条項が設けられている。ただし、これには13条・18条に留意するよう規定が設けられており、「子どもの表現の自由や知る権利を侵害しないように配慮するとともに、このような情報から子どもを保護する責任は第一に親にある」（永井 2000：114）とする意見もある。このため、青少年健全育成条例等による規制がどの程度認容されるかは、幾度か議論されてきた。

1980年代後半の岐阜県青少年保護育成条例事件では、有害図書指定の是非や青少年の知る権利の制約が論点となった。これに対し最高裁第三小法廷は、「有害図書が一般的に思慮分別の未熟な青少年の性に関する価値観に悪影響を及ぼし、性的な逸脱行為や残虐な行為を容認する風潮の助長につながるものであって、青少年の健全な育成に有害であることは、社会共通の認識」とし、憲法21条1項に規定する表現の自由に反しないとした。また、青少年の知る自由について「知る自由の保障は、提供される知識や情報を自ら選別してそのうちから自らの人格形成に資するものを取得していく能力が前提とされている」とし、「知る自由（中略）の制約を通じて青少年の精神的未熟さに由来する害悪から保護される必要がある」という司法判断が示されている。

しかし、有害図書の悪影響についての「科学的根拠は必ずしも確定的ではない」（松井 2005：212）うえ、これを判断する基準に明確な合意があるわけでもない。このため、有害図書の規制方法によっては、実質的な検閲となり、出版を委縮させることにつながりかねない。2013年には残酷な表現を含むとして「はだしのゲン」の閲覧制限を学校に申し入れた松江市教育委員会の事例が社会問題となった。また、規制が強まることにより、法の抜け穴をかいくぐるような流通形態が出現するなど、非合法な行為がかえって促進される可能性もある。

また、媒体や流通経路による規制が不可能で、情報が常に更新されるインターネットは、規制すべき内容や方法に変革を迫っている。氾濫する情報は、「子どもはもういない」といわれる状況（第1部「現代社会の子どもたち」参照）に拍車をかけている。

2008年、「青少年が安全に安心してインターネットを利用できる環境の整備等に関する法律」が可決・成立し、携帯電話販売時の有害サイトへのアクセス制限（フィルタリング）などが義務化された。しかし、インターネットの持つ双方向性から、フィルタリングで対応できない課題が生じている。たとえば、掲示板サイトでは児童自らが「有害な情報」の発信者・提供者となる事例が生じているほか、メッセージのやり取りなどを通してトラブルとなるケースは後を絶たない。メディアリテラシー、情報モラル教育を通して「倫理の元になっている、なぜかを判断する論理的な力を育成する」（赤堀 2002：153）ことが必要であろう。学校と家庭・地域社会が一体となることが求められる。

関連条文および国内法

児童福祉法8条7項、学校図書館法3・7条、図書館法20条、放送法4条1項、44条1項・4項、青少年が安全に安心してインターネットを利用できる環境の整備等に関する法律4条、ユネスコ活動に関する法律1条

（金子　研太）

資料

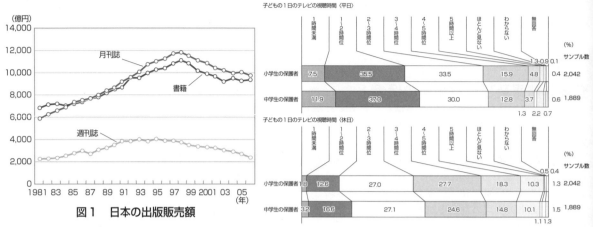

図1　日本の出版販売額

子どもの1日のテレビの視聴時間（平日）

子どもの1日のテレビの視聴時間（休日）

出所：出版科学研究所「2006 出版指標年報」「出版月報 2007
年1月号」

日本 PTA 連合「子どもとメディアに関する意識調査」
http://www.nippon-pta.or.jp/material/pdf/24th_media.pdf

有害な情報からの保護

岐阜県青少年保護育成条例事件（最高裁平成元年9月19日第三小法廷判決）

「本条例の定めるような有害図書が一般に思慮分別の未熟な青少年の性に関する価値観に悪い影響を及ぼし、性的な逸脱行為や残虐な行為を容認する風潮の助長につながるものであって、青少年の健全な育成に有害であることは、既に社会共通の認識になっているといってよい。さらに、自動販売機による有害図書の販売は、売手と対面しないため心理的に購入が容易であること、昼夜を問わず購入ができること、収納された有害図書が街頭にさらされているため購入意欲を刺激し易いことなどの点において、書店等における販売よりもその弊害が一段と大きいといわざるをえない。（中略）有害図書の自動販売機への収納の禁止は、青少年に対する関係において、憲法21条1項に違反しないことはもとより、成人に対する関係においても、有害図書の流通を幾分制約することにはなるものの、青少年の健全な育成を阻害する有害環境を浄化するための規制に伴う必要やむをえない制約であるから、憲法21条1項に違反するものではない。」

青少年が安全に安心してインターネットを利用できる環境の整備等に関する法律

   3　この法律において「青少年有害情報」とは、インターネットを利用して公衆の閲覧（視聴を含む。以下同じ。）に供されている情報であって青少年の健全な成長を著しく阻害するものをいう。

   4　前項の青少年有害情報を例示すると、次のとおりである。

     一　犯罪若しくは刑罰法令に触れる行為を直接的かつ明示的に請け負い、仲介し、若しくは誘引し、又は自殺を直接的かつ明示的に誘引する情報

     二　人の性行為又は性器等のわいせつな描写その他の著しく性欲を興奮させ又は刺激する情報

     三　殺人、処刑、虐待等の場面の陰惨な描写その他の著しく残虐な内容の情報

利用する女子高生7割「ない生活考えられぬ」中学生男女も6割超える─携帯・スマホ民間調査

  情報セキュリティーメーカーのデジタルアーツ（株）は小学4年生から高校生までと、未就学児から高校生を末子に持つ保護者を対象に携帯電話・スマートフォンの利用実態や意識などについて調査した。インターネットを使い、子ども618人、保護者624人から回答を得た。（中略）

  「携帯電話・スマートフォンのない生活が考えられるか」という問いに、全体の53.8％が「考えられない」と回答。女子高校生70.9％が最も高く、次いで男子中学生65.0％、女子中学生63.1％の順で肯定率が高かった。

  また、その使用の中断を試みた経験を聞き、「やめられずに苦しい思いをした」子どもは全体の21.5％。女子高校生が39.8％と最も高い。中学生は男子23.3％、女子21.4％と、共に2割台に及んだ。

  使用することによっての気分の落ち込みや自己嫌悪なども、子ども全体では、「結構ある」「たまにある」の合計が26.7％あった。

  フィルタリングの使用状況についても聞いているが、子ども全体では30.9％。3年前の調査時から比べると、4分の3に減少していた。

（日本教育新聞　2014年3月17日　2面）

文部科学省「青少年が利用する学校非公式サイト（匿名掲示板）等に関する調査」（2008 年）

a 特定学校非公式サイト…858 件
(特定の学校の生徒が閲覧や書き込みをするもの)

b 一般学校非公式サイト…1,931 件
(全国の中高生が誰でも掲示板を閲覧し書き込みもできるもの「Teens 学園」、「高校生のしゃべり場」等)

c スレッド型学校非公式サイト…33,527 件
(「2 ちゃんねる」など巨大掲示板にスレッドとして掲載されているもの)

d グループ・ホームページ型非公式サイト…1,944 件
(生徒が「個人ホムペ」と呼び、数人のグループで遊ぶサイト)

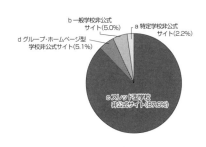

▶サイト・スレッドの書き込み内容

・「キモイ」、「うざい」等の誹謗・中傷の 32 語が含まれる…50％
・性器の俗称などわいせつな 12 語が含まれる…37％
・「死ね」、「消えろ」、「殺す」等暴力を誘発する 20 語が含まれる…27％

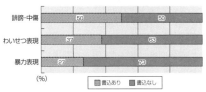

出典 http://www.mext.go.jp/b_menu/houdou/20/04/08041805/001.htm

---

日本図書館協会による「はだしのゲン」問題を受けた要望書

　松江市立小中学校 52 校のうち 39 校の学校図書館が中沢啓治著「はだしのゲン」の単行書全 10 巻を所蔵しています。報道によれば、昨年 8 月に一市民が市議会に「子どもたちに誤った歴史観を植え付ける」として同書を学校図書館から除去することを求めて陳情し不採択とされたところ、松江市教育委員会は 12 月の校長会で、旧日本軍が中国大陸で中国人の首を斬ったり性的暴行を働く「過激な描写」が「子どもの発達上、悪影響を及ぼす」として、学校図書館において児童生徒への提供を制限するよう要請し、現在、全学校図書館が全 10 巻を書庫に入れ、児童生徒が閲覧するには教員の許可を、校外貸出しには校長の許可を得なければならないとされています。

　貴委員会は「閲覧や貸出しの全面禁止でなければ、（日本図書館協会が表明する）図書館の自由を侵さないと独自に判断」されたと報道されています（「中国新聞」8 月 19 日）。

　しかしながら、日本図書館協会「図書館の自由に関する宣言」（1979 年、総会決議）は、図書館は国民の知る自由を保障することを最も基本的な任務とし、図書館利用の公平な権利を年齢等の条件によって差別してはならず、「ある種の資料を特別扱いしたり、書架から撤去したりはしない。」と明記しています。（中略）

　「児童の権利に関する条約」（1989 年 11 月 20 日、国連総会採択．1994 年 3 月 29 日 国会承認）第 13 条は、子どもは「表現の自由についての権利」と「あらゆる種類の情報及び考えを求め、受け及び伝える自由」を保障されるとしています。（後略）

http://www.jla.or.jp/Portals/0/html/jiyu/hadashinogen.html

コラム　禁酒法のもたらしたもの―取り締まりの功罪―

　1920 年からアメリカで施行された合衆国憲法修正第 18 条では、飲料用アルコールの製造・販売・運搬等が禁止された。しかし、飲酒禁止によって犯罪を抑止しようとした趣旨と裏腹に、逆に酒をめぐる犯罪が増加した。周辺国からの密輸を行うギャングらの暗躍、密造酒による健康被害、非合法酒場の風紀の悪化など、次々と望ましくない事態が生じたとされる。結果として、1933 年には合衆国憲法修正第 21 条が批准され、これらの規制が憲法から取り除かれるに至った。有害図書規制の功罪についても考えてみよう。

〈参考文献〉
赤堀侃司『これからの学習を変える―実践に学ぶ情報教育―』ジャストシステム、2002。
喜多明人『新時代の子どもの権利―子どもの権利条約と日本の教育―』エイデル出版、1990。
岡本勝『アメリカ禁酒運動の軌跡―植民地時代から全国禁酒法まで―』ミネルヴァ書房、1994。
小内純子「アイヌの人々とメディア環境」『調査と社会理論』研究報告書、第 31 号、2014 年、pp.71-82。
神陽子「子どもの権利とアメリカにおけるインターネット上の有害情報規制」『子どもの権利研究』第 5 号、2004 年、pp.96-101。
松井茂記『マス・メディアの表現の自由』日本評論社、2005 年。
柳楽宏「情報へのアクセス」『学校図書館』第 507 号、全国学校図書館協議会、1993 年、pp.11-16。
産経 Biz「子供向け電子書籍サービス続々　ゲーム機でも利用、増える児童書」2014.02.08 http://www.sankeibiz.jp/econome/news/140208/ecc1402081201001-n1.htm

第18条 児童の養育及び発達についての父母の責任と国の援助

英文（抄録）

1. States Parties shall use their best efforts to ensure recognition of the principle that both parents have common responsibilities for the upbringing and development of the child. Parents or, as the case may be, legal guardians, have the primary responsibility for the upbringing and development of the child. The best interests of the child will be their basic concern.
2. For the purpose of guaranteeing and promoting the rights set forth in the present Convention, States Parties shall render appropriate assistance to parents and legal guardians in the performance of their child-rearing responsibilities and shall ensure the development of institutions, facilities and services for the care of children.
3. States Parties shall take all appropriate measures to ensure that children of working parents have the right to benefit from child-care services and facilities for which they are eligible.

政府訳

1　締約国は、児童の養育及び発達について父母が共同の責任を有するという原則についての認識を確保するために最善の努力を払う。父母又は場合により法定保護者は、児童の養育及び発達についての第一義的な責任を有する。児童の最善の利益は、これらの者の基本的な関心事項となるものとする。
2　締約国は、この条約に定める権利を保障し及び促進するため、父母及び法定保護者が児童の養育についての責任を遂行するに当たりこれらの者に対して適当な援助を与えるものとし、また、児童の養護のための施設、設備及び役務の提供の発展を確保する。
3　締約国は、父母が働いている児童が利用する資格を有する児童の養護のための役務の提供及び設備からその児童が便益を受ける権利を有することを確保するためのすべての適当な措置をとる。

本条のポイント

　本条は子どもの養育と発達の責任は両親に帰属していることを原則として示し、この原則が親たち（場合により法定保護者を含む）をはじめ、社会全体のものになるよう、国が努力をすべきとしている。実際に、子どもの養育に無関心な親、無自覚な親が引き起こす事件が後を絶たない。そういった背景に鑑みて、この原則が認められるように、各国がベストを尽くすことも盛り込まれている。更に親、法定保護者も含めて子どもの養育・発達を考えるにあたって何をすることが子どもにとって最善の利益になるかの確認も求められている。

　そうした中で本条3項にもある「児童の養護のための役務の提供及び設備」として、保育サービス・施設などを国が整備することを求める意見もある（山本 1994：84-85）。その取り組みの一つとして、国内法の整備をはじめとした第一次的養育責任を遂行できるようなイメージを国が主導していく必要がある。この第一次的責任を国が子育て支援として後押しをすることにより、その後の社会システムがどう変革するかも注目する必要が同時に出てくる。本条文の成立背景として、ILO（国際労働事務局）からのオブザーバーより、ILO勧告123号に留意しつつ、「父母が働いている児童のニーズに見合う、児童の養護（かつデイ・ケア）を供する役務の提供及び設備を確保するために、現在ある国際手段を考慮しながら、すべての適当な措置をとる。」（ポーランド改訂草案第8条：3項）との意見が出されており、これが継続的に審議され、本条として盛り込まれることとなった。

　「女子に対するあらゆる形態の差別の撤廃に関する条約」の影響も成立過程では大きな意味がある。母親が子育てのみに専念すべきという概念は、職業差別との見方もできるのではないか。女性が働きやすく、家族内での分業を図るべく、育児休暇制度の導入もあり、民間企業でも女性社員数の割合の注視や、女性役員の登用数の配慮を行うなど、長きにわたる男性社会からの脱却を目指す方向へ進みつつある。

わが国に求められる養育支援

　「育児休暇」が普及し始めたころ、女性にだけ与えられるという点が問題視されたが、現在は男性にも「育児休暇」が普及している。また、過去には「児童扶養手当」が「母子家庭」にのみ支給されていた経緯もあった（平成22年8月より父子家庭にも支給）。現在の課題として、保育所に入所申請しても入所できない「待機児童」の問題が挙げられる。「待機児童」には、学童保育を利用できない児童も含めたものではなく広義としての「待機児童」の数は実態よりも多く、単に保育所の設置、整備を進めただけでは解決されない。近年は幼保一元化を促進させ、保護者の幅広い就業スタイルに対応し、且つ、0歳からの保育を受け入れることのできる幅広い保育施設が求められてきた。とりわけ、都市部において待機児童の問題が深刻だが、地方においては少子化が深刻なため、幼稚園と保育所の共存が難しくなり、共倒れの危険性が非常に高い。女性の就労支援も子育て政策に深く関連しており、産後・育児休暇後の職場復帰を促す取り組みも民間企業レベルで拡大をしている。こういった取り組みを通して、子育て・女性（母親）の就労支援を同時に解決していく新しい策が今後も更に求められていくだろう。

関連条文及び国内法

　児童福祉法第24条、39条、45条、育児休業法、男女共同参画社会基本法、女子に対するあらゆる形態の差別の撤廃に関する条約、子ども・子育て支援法、総合こども園法

（小林　昇光）

資料

　2014 年に新保育制度は子ども・子育て関連 3 法として成立した。「社会保障と税の一体改革」という政策動向の文脈に新保育制度は位置づけられており、社会保障政策の一環として位置付く。具体的改定内容として子ども・子育て支援法、認定こども園法の一部改正（就学前の子どもに関する法律の改定、就学前の子どもに関する教育・保育等の総合的な提供の推進に関する法律）、関係整備法（子ども・子育て支援法及び認定こども園法の一部改正法の施行に伴う関係法律の整備等に関する法律）の創設が挙げられる。

子ども・子育て関連 3 法の主なポイント　（内閣府作成資料を基に抜粋、修正）

1. 待機児童解消を目指した施設型給付、小規模保育等への給付である、「地域型保育給付」の創設
2. 幼保連携型認定こども園の認可・指導監督を一本化。学校及び児童福祉施設として法的に位置づける。
3. 市町村が地域のニーズに基づき計画を策定、給付・事業を実施する。
4. 消費税率の引き上げによる、国及び地方の恒久財源の確保を前提としている。
   ※ 2014 年 11 月に消費税率 10% への引き上げは 2017 年へと延期された。さらに、2016 年 6 月に 2019 年 10 月まで延期することが表明された。このため、給付事業の財源確保が課題になっている。
5. 制度ごとにバラつきのある政府の推進体制を整備（内閣府に子ども・子育て支援本部を設置）

子ども・子育て新制度の取り組み

子ども・子育て新制度
- 子ども・子育て支援給付
  - 教育・保育給付
    - 施設型給付（保育所、幼稚園、認定こども園）
    - 地域型保育給付（小規模、家庭的、居宅訪問型　事業所内保育）
  - 現金給付（児童手当）
- 地域子ども・子育て支援事業
  （学童保育、一時預かり事業、地域子育て支援拠点事業）

中山徹・藤井伸生・田川英信・髙橋光幸（2014）より抜粋し、一部修正

　現在の保育所運営費の半分以上を公費で負担している。この公費負担をなくすと保育料を値上げするか、保育水準を下げる必要が出る。事業者支給を続ければ使途制限に縛られ、自由に儲け、自由に儲けを使うのは困難になる（藤井伸生ら 2014）。そのため、公費を利用者支給式に変更し、行政が保育料の一部補てんを行うかたちにする。利用者はもらった公費に自己負担分を加えて保育料を支払う。このことで、事業者側は収入が全て保育料になり、使途制限に縛られなくなり、保育所運営が柔軟になり、施設整備、人材確保がスムーズになり、施設数が増加して待機児童解消などの課題解決へと進むことが期待されている。また、新制度では子どもの保育の必要性を認定する。認定された子どもが保育所、幼稚園を利用した際に、先述のように、行政から保育料の一部が支給される。このようにして、公費の流れを事業者から利用者に変える点が新制度の要で、公費負担継続と事業所の収入原の確保の両立を目指すことになる。

〈参考文献〉
内閣府子ども・子育て支援新制度施行準備室　http://www8.cao.go.jp/shoushi/shinseido/law/（最終確認日 2015 年 1 月 3 日）。
中山徹・藤井伸生・田川英信・髙橋光幸（2014）『保育新制度　子どもを守る自治体の責任』　自治体研究社。
全国保育団体連絡会・保育研究所編（2014）『2014 保育白書』　ひとなる書房。

英文（抄録）

1. States Parties shall take all appropriate legislative, administrative, social and educational measures to protect the child from all forms of physical or mental violence, injury or abuse, neglect or negligent treatment, maltreatment or exploitation, including sexual abuse, while in the care of parent(s), legal guardian(s) or any other person who has the care of the child.
2. Such protective measures should, as appropriate, include effective procedures for the establishment of social programmes to provide necessary support for the child and for those who have the care of the child, as well as for other forms of prevention and for identification, reporting, referral, investigation, treatment and follow-up of instances of child maltreatment described heretofore, and, as appropriate, for judicial involvement.

政府訳

1　締約国は、児童が父母、法定保護者又は児童を監護する他の者による監護を受けている間において、あらゆる形態の身体的若しくは精神的な暴力、傷害若しくは虐待、放置若しくは怠慢な取扱い、不当な取扱い又は搾取（性的虐待を含む。）からその児童を保護するためすべての適当な立法上、行政上、社会上及び教育上の措置をとる。
2　1の保護措置には、適当な場合には、児童及び児童を監護する者のために必要な援助を与える社会計画の作成その他の形態による防止のための効果的な手続並びに1に定める児童の不当な取扱いの事件の発見、報告、付託、調査、処置及び事後措置並びに適当な場合には司法の関与に関する効果的な手続きを含むものとする。

本条のポイント

　本条は児童虐待防止、主に親による虐待、放任などの不当な扱いから子どもを保護するための内容を規定している。本条により、国は子どもを虐待から保護するために、立法・行政・社会・教育上においてあらゆる手続きを含めたすべての措置をとることが求められている。およびこの保護措置には必要な援助を行う社会計画の確立その他の予防のための調査や司法的手続きなどが含まれることも規定している（永井 1998：139-140）。

　しかし、第2文の「適当な場合には」と表現されていることから国が積極的に司法的関与を行うことを意味するものではないと解される（吉田 2009：131）。

　なお、政府訳の「児童の監護」、「社会計画の作成」の部分が民間訳には「子どもの養育」、「社会計画の確立」と書いてある点からそれぞれの意味づけにおいて違いが見られる。

懲戒と虐待

　民法 822 条は親権者による懲戒を規定し、親権者が必要に応じて子どもを懲戒できるとしている。この懲戒権は、親権者による家庭内でのしつけや体罰に正当性を与える根拠として利用されることがある（吉田 2009：134）。これに対し、同法 834 条によって親権を剥奪する「親権喪失制度」が行われていたが、その基準や効果が不明確であり、2012（平成24）年度から親権を最長で2年間停止できる「親権停止制度」が始まった。

　また、児童虐待防止法に虐待の禁止は規定されているものの、体罰自体は禁止されていなかったことから、本条に掲げられる「あらゆる形態の暴力」について、運用上のより明確な法的定義が必要とされた。2020（令和2）年度より改正児童虐待防止法が施行され、親権者による児童への「しつけ」に体罰を加えてはならないことが法定された。

実施上の課題

　国内において、児童虐待防止法の制定（2000）や児童福祉法の改正(2004年)および「子ども虐待防止の手引（厚生省 2009)」の改正、また 1996 年から行われている児童相談所による虐待調査など、虐待防止に対して様々な機関からの連携や取組みが図られている。

　しかし、児童福祉法 25 条に通告義務者が特定されていないことや児童福祉士の教育研修と専門性の不足などの課題も指摘されている。

貧困と虐待

　日本における児童虐待は今まで世代間虐待連鎖や病理的側面のように個人レベルからの理解が主流であった（山野 2011：103）。

　しかし、近年、根本的に虐待を解決するためには、「子どもの貧困」の観点から経済的貧困対策や雇用対策をはじめとした国民生活の支援、特に子育て支援など、虐待に対する改めた認識や取り組みが必要であると言われている。家庭内の多額の借金や薬物・アルコール問題は女性に対する DV や虐待につながりやすく、子どもにも悪影響を及ぼしてしまい、「貧困の連鎖」が繰り返される。特に、女性の場合、子どもの養育の当事者という社会的認識が強いことから、育児に対する負担やストレスを受け、自分の子どもに対するネグレクトや身体的虐待につながることが多い（子どもの貧困白書編集委員会 2009：233）。

関連国内法

　民法（820 条、822 条、834 条）・児童虐待防止法・児童福祉法（2 条、25 条）など

（鄭　修娟）

資料

児童虐待とは

○児童虐待の４つの行為

①身体的虐待　　②性的虐待　　③ネグレクト（育児放棄、監護放棄）　　④心理的虐待

児童相談所対応件数および相談種別対応件数

（１）児童相談所対応件数（厚生労働省）

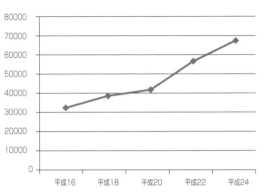

注：平成22年度の件数は、東日本大震災の影響により、福島県を除いて集計した数値である。

（２）相談種別構成割合

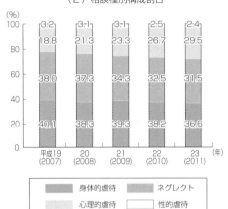

資料：内閣府 http://www.8.cao.go.jp/youth/whitepaper/h25honpen/b1_05_02.html

貧困と児童虐待

表１　虐待につながるような家庭・家族の状況（％）

経済的な困難	31.5
不安定な就労	15.2
ひとり親家庭	25.9
ＤＶ	15.1
虐待者の心身の状態	30.7
夫婦間不和	17.3
親族・近隣・友人から孤立	13.5
他の家族観の葛藤	8.5
育児疲れ	9.9
育児に嫌悪感、拒否感情	6.9
劣悪な住環境	5.9
その他	3.8
特になし	4.7
不明	6.5
無回答	10.2

資料：子どもの貧困白書編集委員会『子どもの貧困白書』、明石書店、2009年、p.234 より作成
（サンプル数 6,764 人、保護者等数 13,900 人
有効回答 12,769 人、無効回答 1,131 人）

取り組みの流れ

・2000 年５月「児童虐待の防止等に関する法律」制定
→　国民一般の理解や関係者の意識向上
・2002 年３月「虐待防止対応マニュアル」の作成
→　都道府県警察に配布し組織全体として児童虐待事案の早期発見努力
・2004 年４月「児童虐待防止法」の改正
→　①児童虐待の防止に関する国及び地方公共団体の責務
②児童相談所長等からの警察署長に対する援助要請に対する適切な体制
③同法６条「虐待を受けた児童」から「虐待を受けたと思われる児童」に改正
④職員に対する指導、教養の徹底等に留意
・2004 年 11 月「児童福祉法」の改正
→　児童家庭相談を市町村の業務として規定
・2007 年５月「児童虐待防止法」の改正
→　立ち入り調査の強化
・2012 年４月「親権停止制度」、「未成年後見人制度」の改正

▶演習課題：以上の資料を参考し、「なぜ、児童虐待は減らないのか」について考えてみよう。

〈参考文献〉
永井憲一『子どもの人権と裁判－子どもの権利条約に即して』法政大学出版局、1998 年、pp.139-140。
山野良一『子どもの最貧国・日本　学力・心身・社会におよぶ諸影響』、光文社新書、2011 年、pp.103-119、173-174、p.184。
子どもの貧困白書編集委員会、『子どもの貧困白書』、明石書店、2009 年、pp.233-239。

英文（抄録）

1. A child temporarily or permanently deprived of his or her family environment, or in whose own best interests cannot be allowed to remain in that environment, shall be entitled to special protection and assistance provided by the State.
2. States Partied shall in accordance with their national laws ensure alternative care for such a child.
3. Such care could include, inter alia, foster placement, kafalah of Islamic law, adoption or if necessary placement in suitable institutions for the care of children. When considering solutions, due regard shall be paid to the desirability of continuity in a child's upbringing and to the child's ethnic, religious, cultural and linguistic background.

政府訳

1. 一時的若しくは恒久的にその家庭環境を奪われた児童又は児童自身の最善の利益にかんがみその家庭環境にとどまることが認められない児童は、国が与える特別の保護及び援助を受ける権利を有する。
2. 締約国は、自国の国内法に従い、1の児童のための代替的な監護を確保する。
3. 2の監護には、特に、里親委託、イスラム法のカファーラ、養子縁組又は必要な場合には児童の監護のための適当な施設への収容を含むことができる。解決策の検討に当たっては、児童の養育において継続性が望ましいこと並びに児童の種族的、宗教的、文化的及び言語的な背景について、十分な考慮を払うものとする。

本条のポイント

　本条は、家族に問題を抱えている子どもが、国から直接保護と援助を受ける権利をもつことを定めたものである。

　まず、家庭環境を奪われた子どもや子どもの最善の利益にしたがえばその環境にとどまることがふさわしくないと判断される子どもは、国による保護と援助を受ける権利をもっていることを明らかにし、国はこのような子どものために代替的養護を確保しなければならないとしている。そして、代替的養護として、里親委託、養子縁組、施設措置などをあげ、解決策の検討にあたって養育の継続性や子どもの様々な背景に配慮すべきであるとしている（永井 1995：104）。

児童養護施設

　児童養護施設は、原則として乳児を除き、保護者のいない児童、虐待されている児童等を入所させ、保護者に代わって、その子どもの養護（養育）を行う施設である。厚生労働省により、平成 25 年 3 月時点、全国に 595 カ所あり、約 2 万 8 千人の子どもが入所している。

　現在では、たとえ両親が揃っていたとしても、家庭での養育を続けることが子どもにとって著しく不適切であると考えられる子どもたちが大半を占めるようになってきている。それはすなわち、虐待を受けた子どもたちが多くなるということでもある。児童養護施設に入所している子どもの相当割合が虐待を入所理由にしており、発達障害のある子どもたちも少なくない。また、全般的にも、保護を要する子どもの数は増えており、施設によっては、慢性的にほぼ満員の状態に置かれている（文部科学省　家庭から分離された子どもへの対応）。

里親制度の拡充

　里親制度とは、児童福祉法に基づき、里親認定を受けた家庭が子どもを預かって養育する制度である。保護者のない児童又は保護者に監護させることが不適当と認められる児童（要保護児童）を養育することを希望する者で、一定の要件の下に都道府県知事（又は政令指定都市の市長）の認定を受けたものが里親となる。

　平成 20 年の児童福祉法改正により、養育里親の認定には、一定の研修の修了を要件とする等の見直し・充実が図られることとなった。最も家庭的な養護の受け皿として里親の役割に対する期待は高まっているが、実際には、現在、里親への委託は増加していない状況にある。このため里親認定についても、最初から完璧な人を認定する発想から抜け出し、希望者に対してはまず研修を行い、段階的に里親を創り出す取組を促進知ることとしている（文部科学省　家庭から分離された子どもへの対応）。

ファミリーホームの制度化

　平成 20 年の児童福祉法改正では、施設、里親と並ぶ子どもの養護の受入れ先として、小規模家庭型児童養育事業者（ファミリーホーム）が位置付けられた。これまでも幾つかの自治体では、里親が 5〜6 人の子どもを受託して行ういわゆる「里親ファミリーホーム」の運営がなされてきたが、こうしたケースについて、里親だけでは養育や家事等の手が十分ではないとの指摘もなされていた。

　新しいファミリーホームは、社会福祉事業の 1 つとして位置付けられることにより、里親に加えて家事等の援助を行う人員を確保するなど、適切な支援の質を担保しながら、一定人数の子どもをより適切に養育することができるようにしたものである（文部科学省　家庭から分離された子どもへの対応）。

関連条文および国内法

　民法 834 条・837 条〜839 条・842 条・844 条、児童福祉法 6 条・15 条・25 条〜27 条・33 条

（胡　瀛月）

資料

里親数等の推移

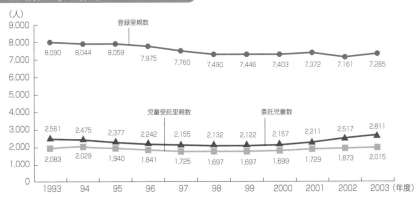

（備考）　1．厚生労働省「福祉行政報告例」により作成。
　　　　　2．各年度末現在における数。

出典：内閣府「平成17年度国民生活白書　子育て世代の意識と生活」、2005年

認知度が低い里子、養子を通じた子育て

　里親制度には二つの流れがある。一つは、養子縁組を目指し、その成立に向けて一定期間の里親・里子関係を持つもの、もう一つは養子縁組を目的とせず一定期間実親に代わって子どもを養育するものである。里親の認定を受けた人たちの動機を見ると、「児童福祉への理解」（32.3％）が高いが、その一方で「子どもを育てたいから」（33.6％）や「養子を得たいから」（29.8％）が挙げられている（厚生労働省「児童養護施設入所児童等調査結果の概要」（2003年））。

　里親及び里親に託されている児童数を見ると、近年は、実親による子ども虐待の問題が増加していることなどもあり、少しずつ増加している。一方、里親に登録している人の数は減少傾向にある。こうした里親制度は、まだ社会的認知度が低いが、家庭での養育が受けられない子どもと、子どもを育てたいと希望している里親とのニーズを一致させる上で有益な手段となり得ると考えられる。（出典：内閣府「平成17年度国民生活白書　子育て世代の意識と生活」、2005年）

「父母らから虐待」6割、児童養護施設の子ども

　親と離れて児童養護施設で暮らす子どもの59.5％が父母らから虐待を受けた経験がある。そんな実態が厚生労働省が16日に公表した施設入所児童らの調査（2013年）でわかった。

　13年2月時点で、施設や里親らの元で暮らす20歳未満の児童の状況を調べた。全体の児童数は4万7776人。児童養護施設には2万9979人がいて、このうち1万7850人が育児放棄や暴力などの虐待を受けた経験があった。里親委託の児童では4534人のうち31.1％に虐待経験があった。虐待経験を問う質問は前回から始め、今回が2回目となる。

　直接の入所理由としても、父母らからの虐待が児童養護施設で37.9％に達した。前回調査の33.1％から大幅に増え、過去最高となった。里親委託では37.4％（前回36.7％）だった。児童虐待の相談対応件数は13年度まで23年連続で過去最高を更新しており、厚労省は虐待そのものの増加が背景にあるとみる。

　また児童養護施設で暮らす児童のうち、身体、精神などの障害がある子の割合は28.5％で過去最高になった。（朝日新聞　2015年01月17日社会面をもとに一部改変）

関連ドラマ

明日　ママがいない

　ドラマ「明日、ママがいない」の舞台は、児童養護施設の「コガモの家」。ここには、育児放棄や虐待、経済的事情などで親元を離れた子供たちが集まり、ポスト（芦田愛菜）、ドンキ（鈴木梨央）などあだ名で呼び合い、暮らしている、という設定だった。施設長（三上博史）は「子が親を選ぶ」という考えで、里親希望の夫婦の情報を入手して子供たちに紹介したうえで、歩むべき道を子供自身に決めさせていた。（出典：ドラマ「明日ママがいない」ホームページ　2013年）

〈参考文献〉
文部科学省　「家庭から分離された子どもへの対応」
　　http://www.mext.go.jp/component/a_menu/education/detail/__icsFiles/afieldfile/2012/09/28/1280720_12.pdf
出典：内閣府「平成17年度国民生活白書　子育て世代の意識と生活」、2005年
　　http://www5.cao.go.jp/seikatsu/whitepaper/h17/01_honpen/index.html

英文（抄録）

State Parties that recognize and/or permit the system of adoption shall ensure that the best interests of the child shall be the paramount consideration and they shall:

(a) Ensure that the adoption of a child is authorized only by competent authorities who determine, in accordance with applicable law and procedures and on the basis of all pertinent and reliable information, that the adoption is permissible in view of the child's status concerning parents, relatives and legal guardians and that, if required, the persons concerned have given their informed consent to the adoption on the basis of such counselling as may be necessary;

(b) Recognize that inter-country adoption may be considered as an alternative means of child's care, if the child cannot be placed in a foster or an adoptive family or cannot in any suitable manner be cared for in the child's country of origin;

(c) Ensure that the child concerned by inter-country adoption enjoys safeguards and standards equivalent to those existing in the case of national adoption;

(d) Take all appropriate measures to ensure that, in inter-country adoption, the placement does not result in improper financial gain for those involved in it;

(e) Promote, where appropriate, the objectives of the present article by concluding bilateral of multilateral arrangements or agreements, and endeavour, within this framework, to ensure that the placement of the child in another country is carried out by competent authorities or organs.

政府訳

養子縁組の制度を認め又は許容している締約国は、児童の最善の利益について最大の考慮が払われることを確保するものとし、また、

(a) 児童の養子縁組が権限のある当局によってのみ認められることを確保する。この場合において、当該権限のある当局は、適用のある法律及び手続に従い、かつ、信頼し得るすべての関連情報に基づき、養子縁組が父母、親族及び法定保護者に関する児童の状況にかんがみ許容されること並びに必要な場合には、関係者が所要のカウンセリングに基づき養子縁組について事情を知らされた上での同意を与えていることを認定する。

(b) 児童がその出身国内において里親若しくは養家に託され又は適切な方法で監護を受けることができない場合には、これに代わる児童の監護の手段として国際的な養子縁組を考慮することができることを認める。

(c) 国際的な養子縁組が行われる児童が国内における養子縁組の場合における保護及び基準と同等のものを享受することを確保する。

(d) 国際的な養子縁組において当該養子縁組が関係者に不当な金銭上の利得をもたらすことがないことを確保するためのすべての適当な措置をとる。

(e) 適当な場合には、二国間又は多数国間の取極又は協定を締結することによりこの条の目的を促進し、及びこの枠組みの範囲内で他国における児童の養子縁組が権限のある当局又は機関によって行われることを確保するよう努める。

本条のポイント

本条は、20条の代替的養護の規定をうけ、養子制度の指導理念が「子どもの最善の利益」にあることを明らかにし、さらに養子縁組の手続きや国際養子のあり方などについて定めたものである。

まず、養子縁組が権限ある機関によってのみ認可されるべきであるという原則を掲げ、養子縁組の関係者のカウンセリングに基づく「情報を得た上での同意」を得る必要があることを述べている（a）。

次に、国際養子については、国際養子の限定的認容、すなわち子どもが出身国において養護されることができない場合などに国際養子縁組が子どもの養護の代替的手段として認められるということ（b）、国際養子が国内養子縁組と同等の保障及び基準を享受することの確保(c)、国際養子縁組が金銭的に不当な利得とならないことの確保（d）、本条の目的を促進するために国際的な取決めや協定を締結することへの努力（e）などについて規定している。今後国際交流がさらに深まり、国境をこえた養子縁組が増加することが予想されるので、本条の意義はますます大きくなると思われる（永井 1995：106-107）。

普通養子縁組と特別養子縁組

日本の養子制度は、普通養子縁組（民法792条以下）と特別養子縁組（同法817条の2以下）がある。

普通養子縁組では成年養子も可能であるため、かならずしも「子どもの最善の利益」のためにのみ縁組が行われるわけではない。もっとも、普通養子縁組においても、未成年者が養子となることができるため、普通養子縁組は、「子どもの最善の利益」その他本条趣旨と合致するものでなければならない（吉田 1998：146）。

また、「特別養子縁組は、父母による養子となる者の監護が著しく困難又は不適当であることその他特別の事情がある場合において、子の利益のため特に必要があると認めるときに、これを成立させるものとする」（民法817条の7）。この規定からも明らかなように、この制度は、まさに本条の要請に応えるものであると言えるであろう。また、普通養子には年齢制限がないのに反し、特別養子は、原則として、請求の時点で満六歳未満の者に限られる（民法817条の5）ので、満6～17歳の児童に関しては、本条の要請を完全に満たしているとは言いがたい。

なお、特別養子が普通養子と異なるその他の点をあげ
れば、（ⅰ）家庭裁判所の審判により成立し（民法817条）、
それに基づく届出により、「養子」としてではなく、「実
子」として入籍されることになっており（戸籍法68条
の2、なお2004年11月から、嫡出でない子の父母との
続柄欄の記載の仕方がかわり、従来は「男」「女」とい
うだけの記載であったのを「長男」「二女」というよう
に記載されることになったので—この変更は、特別養子
には関係ないし、普通養子の戸籍上の取扱いにも影響は
ないが—嫡出でない子を普通養子とする際に、戸籍の記
載にあたって、実方の父母との続柄欄に「男」「女」と
は記載せず、「長男」「二女」などと記載されることにな
る）、いわゆる公的機関の関与が厳しいこと、（ⅱ）普通
養子と異なり、実方の父母およびその血族との親族関係
が切断されること、などであろう。いずれにせよ、日本
の特別養子は、諸外国の「完全養子」「断絶養子」「期間
養子」などと称されている制度と類似の制度であり、大
きな差異はないと思われる（波多野 2005：148）。

特別養子縁組の成立基準

特別養子縁組成立の基準について、判例の傾向とし
ては、①特別養子の斡旋等において、児童相談所などの
社会福祉機関が関与しているときは、認容されることが
多い。私的な斡旋による「人身売買」的要素がなく、養
親の適格性や養子となる子どもの用保護性が、これら機
関により事前に適切に調査されていることによるからで
あろう。②連れ子養子や親族養子、普通養子から特別養
子への転換（転換養子）などの場合は、家庭裁判所は、
一般に特別養子の成立に慎重である。単に、実親に養育
されるよりも、養親に養育される方が子どもの福祉が増
進するというだけでは認容されない（吉田 1998：146）。

国際養子縁組の成立要件

日本においては、日本人が外国人を養子とすること
及び外国人が日本人を養子とすることのいずれについて
も認められている。
日本人が外国人を養子とする場合に、養子縁組の実
質的成立要件については、法律（民法）が準拠法となり、
外国人養子の本国法が養子を保護するための要件（養子
若しくは第三者の承諾若しくは同意又は公の機関の許可
その他の処分）を定めているときは、その要件も満たす
必要がある（法例第20条第1項）。したがって、普通養
子縁組の場合には、家庭裁判所が、縁組の許可をするに
当たり、養子となるべき外国人の未成年者の出身国にお
ける監護状況等を考慮することによって、子の福祉を図
ることとなる。特別養子縁組の場合には、実父母による
養子となる者の監護が著しく困難又は不適当であること
等の事情があって、子の利益のために特に必要があると
認められることが審判の要件となることから、出身国で
の監護等の状況が考慮されることとなる。
以上により、国際養子縁組において外国人が養子と
なる場合には、国内における養子縁組と同等又はそれ以

上の保護が図られているといえる。
外国人が日本人を養子とする場合には、外国人の養
親の本国法が準拠法になるが、我が国の民法の規定する
養子保護のための要件をも満たす必要がある（法例第
20条第1項）。したがって、普通養子縁組及び特別養子
縁組のいずれについても、前述と同様に、養子となるべ
き者の我が国における監護等の状況が考慮され、国内に
おける養子縁組と同等の保護が図られることとなる（外
務省 養子縁組）。

国際養子縁組に関する課題と対応

本条は、「国際的な養子縁組において当該養子縁組が
関係者に不当な金銭上の利得をもたらすことがないこと
を確保するためのすべての適当な措置をとる」と規定し
ている。いくらなら「正当」で、いくらからが「不当」
にあたるのかは明確でないが、実際にはかなり多額な金
銭が授受されているようである。
この点、日本の養子制度の歴史を見ても、かつては、
「子の養育」とは逆の、労働力補給を目的とする養子制
度の乱用（実態は人身売買）が行われていたのであり、
現在ではこうした難問が、激しく流動する世界情勢の中
で国際養子縁組をめぐって出現している。
関連する新聞報道によれば、厚生労働省が調査した
ところでは、2000年から2003年の間に計106人の養子
が海外へあっせんされている。養子あっせん事業には社
会福祉法により都道府県や政令市への届出が義務づけら
れており、2004年10月の時点では八事業者が届出を行っ
ている。しかし、罰則はなく、無届でも活動ができ、少
なくとも12の業者が無届で、うち7つは海外へのあっ
せんも行っているという。また児童福祉法は営利あっせ
んを禁じているが、実際にはあっせん費用や寄付金と
いった名目で高額の金銭の徴収が行われているという報
告もあり、「人身売買」と解されてもやむを得ないケー
スもある（波多野 2005：156）。
国際養子縁組については、法的規制が充分でなく野放
し状態になっているという批判がある。養子縁組のあっ
せん事業については、「養子縁組あっせん事業の指導に
ついて」（1987年10月30日付厚生省児童家庭局長通知）
があるが、実効性を欠いており、その内容も国際養子縁
組に関するハーグ条約のような関連の国際文書を充分に
反映していない。したがって、政府は、(a) 国際養子縁
組に関する特別法または規則の制定、(b) ハーグ条約
が求める中央機関の設置、(c) ハーグ条約の批准といっ
た包括的な対応を取るべきである（子どもの人権連・反差
別国際運動日本委員会 1999：133）。

関連条文および国内法

家事審判法1条、戸籍法28条・29条・66条、民法703条・
792条〜801条・817条、児童福祉法34条・60条、刑
法225条・226条・228条、児童の養子縁組に関するヨー
ロッパ協定（1967）

（胡 瀛月）

資料

普通養子縁組制度と特別養子縁組制度

	普通養子縁組	特別養子縁組
型	契約型 **養親と養子の契約（同意）**で整う。子ども（15才未満）の場合は実親が法定代理人となって契約する。	国家宣言型 **裁判所（国）**が、「親子とする」と審判し、宣言する。
養子	養親よりも年少者。年齢は問わない。	要保護要件が必要。 申し立て時点で、6才未満であること。ただし、6才未満から養親に引き取られ養育された8才未満の子どもも可能。
養親	成年に達したもの。養子よりも年長者。単身でも可能。養子の親権者となり、養育の義務を負う。	養親は夫婦（婚姻関係）でなければならず、少なくとも片方が25才以上でもう片方が20才以上でなければならない。養子の親権者となり、養育の義務を負う。
姓	養子は養親の姓を名乗る。	養子は養親の姓を名乗る。
実親との関係	養子は、**実親と養親の2組の親をもつ。**実親との法律上の親子関係は残されている。	**実親との親子関係がきれ、養親とだけの親子関係になる。**
戸籍の表記	実親と養親の両方の名前が記載され、養子は**「養子（養女）」**と書かれる。 但し書きには「養子（養女）となる届け出・・」と書かれる。	養親だけが記載される。養子は、嫡出子と同様に、**「長男（長女）」**と書かれる。 但し書きには「民法817条の2による裁判確定・・」と書かれる。
相続	実親と養親の両方の扶養義務と相続権をもつ。養子は養親の嫡出子の身分を取得する。	養親の扶養義務と相続権をもつ。養子は養親の嫡出子の身分を取得する。
離縁	双方（養親・養子）の同意があれば離縁できる。ただし、養子が15才未満の時は、養子の法定代理人と養親との協議となる。	**基本的には離縁することが認められておらず**、特に養親から離縁を申し出ることはできない。ただし、養親の虐待などがあれば、養子、実父母、検察官の請求により離縁することができる。
成立までの期間	通常は、約1〜2ヵ月で成立。	**6ヵ月の試験養育期間後、審判。**
縁組の申立て	家庭裁判所に申し立てをする。 家庭裁判所が養親の調査をし、実親の同意も確認した上で許可される。	家庭裁判所に申し立てをする。家庭裁判所が養親の調査をし、実親の同意を確認して認容か却下に決定する。ただし、実父母が行方不明である場合などはこの限りでない。

出典：公益社団法人　家庭養護促進協会大阪事務所　http://homepage2.nifty.com/fureai-osaka
注：1　掲載した図表は本文より一部引用。
　　2　太字は筆者による。

養子縁組件数の統計・推移

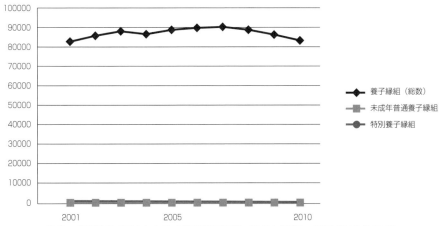

凡例：
◆ 養子縁組（総数）
■ 未成年普通養子縁組
● 特別養子縁組

出典：後藤絵里「日本における特別養子縁組の現状と課題」、2013 年 12 月 15 日

国際養子縁組あっせんで発生した人身売買

　日本で生まれた子どもを外国の家庭に養子として紹介する民間の海外養子縁組あっせんで、高額な寄付を強要するなど金銭トラブルが相次いでおり、厚生労働省は「人身売買につながる恐れがある」として、近くあっせん事業者の実態調査に乗り出す。あっせんに明確な法規制はなく、監視体制が不十分だとして国際的な批判も受けていることから、同省は事業者を指導する都道府県に対しても適正なあっせんを促すよう文書で通知する方針だ。

　（中略）養子となる子どもは、ほとんどが生後間もない赤ちゃんとみられる。十代の妊娠や性的暴行による妊娠など、いわゆる「望まない妊娠」によるものが多い。あっせん事業者の大半は産婦人科と連携したり、独自の電話相談窓口を設置。こうした妊娠の相談があれば、あらかじめ用意してある希望者リストをもとに縁組先を探す。

　あっせんを巡って金銭トラブルが多発。ある事業者は「あっせん費用は無料」とうたっているにもかかわらず、養子を希望する海外の夫婦に 550 万円の寄付金を要求。夫婦が支払いを断ると、「子どもは用意できない」と告げていた。また、あっせん料が高いと事業者に指摘したところ、「障害児だったら安くする」と子どもを商品扱いするような言葉を浴びせ、露骨な料金交渉をもちかけられた夫婦もいた。

　社会福祉法は、あっせん事業者に都道府県・政令市への届け出を義務づけているが、罰則がなく、無届けでも活動できるのが実情。児童福祉法も、交通費や通信費などの実費以外を徴収するような営利目的のあっせんを禁じているが、「営利」の定義があいまいで、歯止めになっていない。（読売新聞　2004 月 9 月 20 日）

養子縁組がなぜ広がらない

　日本には、何らかの事情で実親と暮らせない子が 4 万人以上いる。一方で、養子を望む夫婦も間違いなくいる。なのに、なぜ養子縁組がもっと広がらないのであろう。中央大学文学部教授の山田昌弘は、「リスクをできるだけ減らそうとする日本人特有の心理」を挙げる。夫婦を優先する欧米に対し、日本の家族は圧倒的に親子中心である。配偶者はあてにならなくても、子どもは自分を必要とし、一生大切にしてくれると思いたい。「そう信じるための『保証』が血のつながりで、そこが養子だと弱い」と述べた。一方、中央大学の山田が指摘するのは、制度の機能不全である。養子を迎えたい夫婦がまず訪ねる公的な窓口は児童相談所であるが、予期せぬ妊娠をした人や子どもを育てられない事情を持つ親にとって、相談所は訪ねにくい。また、養子縁組では実親の承諾を得るのが原則であるが、期限を切って実親の親権を剥奪する米国と違い、日本でその手続きは困難がつきまとう。（朝日新聞 GLOBE 「養子をめぐる旅の終わりに」）

〈参考文献〉
子どもの人権連・反差別国際運動日本委員会『子どもの権利条約のこれから』エイデル研究所、1999 年 05 月
外務省　養子縁組（第 21 条）http://www.mofa.go.jp/mofaj/gaiko/jido/0111/11a_036.html
公益社団法人　家庭養護促進協会大阪事務所　http://homepage2.nifty.com/fureai-osaka
朝日新聞 GLOBE　「養子をめぐる旅の終わりに」http://globe.asahi.com/feature/111106/04_3.html
後藤絵里「日本における特別養子縁組の現状と課題」朝日新聞 GLOBE「特別養子縁組を考える国際シンポジウム」、2013 年
http://happy-yurikago.net/wpcore/wp-content/uploads/2013/12/44ef2e21e9106178f4c194a37aa74d8b.pdf

英文（抄録）

1. States Parties shall take appropriate measures to ensure that a child who is seeking refugee status or who is considered a refugee in accordance with applicable international or domestic law and procedures shall, whether unaccompanied or accompanied by his or her parents or by any other person, receive appropriate protection and humanitarian assistance in the enjoyment of applicable rights set forth in the present Convention and in other international human rights or humanitarian instruments to which the said States are Parties.

2. For this purpose, States Parties shall provide, as they consider appropriate, co-operation in any efforts by the United Nations and other competent intergovernmental organizations or non-governmental organizations co-operating with the United Nations to protect and assist such a child and to trace the parents or other members of the family of any refugee child in order to obtain information necessary for reunification with his or her family. In cases where no parents or other members of the family can be found, the child shall be accorded the same protection as any other child permanently or temporarily deprived of his or her family environment for any reason, as set forth in the present Convention.

政府訳

1　締約国は、難民の地位を求めている児童又は適用のある国際法及び国際的な手続若しくは国内法及び国内的な手続に基づき難民と認められている児童が、父母又は他の者に付き添われているかいないかを問わず、この条約及び自国が締約国となっている人権又は人道に関する他の国際文書に定める権利であって適用のあるものの享受に当たり、適当な保護及び人道的援助を受けることを確保するための適当な措置をとる。

2　このため、締約国は、適当と認める場合には、1の児童を保護し及び援助するため、並びに難民の児童の家族との再統合に必要な情報を得ることを目的としてその難民の児童の父母又は家族の他の構成員を捜すため、国際連合及びこれと協力する他の権限のある政府間機関又は関係非政府機関による努力に協力する。その難民の児童は、父母又は家族の他の構成員が発見されない場合には、何らかの理由により恒久的又は一時的にその家庭環境を奪われた他の児童と同様にこの条約に定める保護が与えられる。

本条のポイント

　本条は、難民もしくは難民の地位を得ようとする子どもの権利の享受、保護・援助に関して規定されている。「難民の地位を求めている」子どもについても規定する本条には、実際に難民認定申請中の者のみならず、申請の意思を有する者も含まれる（永井・寺脇他 2000:139）。その場合、難民認定が認められなかった子どもへの対応に十分な注意が必要になる。

難民受け入れを拒否すべきか

　世界的に、難民は増加傾向にある。しかし日本の難民認定数は、毎年一桁、二桁の人数でしかない。難民は、「難民の地位に関する条約」上の難民（条約難民）と、国連難民高等弁務官事務所（UNHCR）の第三国定住プログラムにリストアップされた難民（マンデイト難民）を区別可能であり、日本は後者を受け入れないという選択をとっている。判例も、国家的・政治的必要による難民受け入れ制限を肯定している（資料「国内判例」参照）。

　この状況をどう考えるかについては、国際的・国内的批判（永井・寺脇他 1994：111）がある。また日本の出入国管理及び難民認定法においては、入国者の身柄を必要に応じて収容することが許されている（39-44 条）。しかし2014 年 3 月、収容施設の一つである東日本入国管理センターで、医療体制の不備に由来すると考えられる被収容者の死亡事件が相次いで 2 件発生しており、収容に伴う人権侵害が危惧されている。

難民と子ども

　難民となる人々のうち、実にほぼ半数が 18 歳以下の子どもであり、2013 年にはこの割合は最高の 50％に達している（UNHCR *Global Trends 2013*）。これは、現在世界各地で発生している紛争に由来するが、日本人の場合も、第二次世界大戦時には中国残留孤児のように居住地域が戦闘地域となり取り残された子どもが多くいた。戦争等で市民が避難を強いられる場合、子どもは成人と比べて避難の能力が劣るため、逃げ遅れたり遺棄されたりすることによって難民となる可能性が高くなると想定される。

　本条は、大人による戦争・紛争に一方的に巻き込まれる子どもに対する保護・援助を規定するものとして、極めて重要な意義をもっている。

関連国内法

　出入国管理及び難民認定法
　被収容者処遇規則

（佐藤　晋平）

資料

難民とは

「難民の地位に関する条約」、「難民の地位に関する議定書」によると、難民は以下のように定義される。

　「人種、宗教、国籍若しくは特定の社会的集団の構成員であること又は政治的意見を理由に迫害を受けるおそれがあるという十分に理由のある恐怖を有するために、国籍国の外にいる者であつて、その国籍国の保護を受けることができないもの又はそのような恐怖を有するためにその国籍国の保護を受けることを望まないもの及びこれらの事件の結果として常居所を有していた国の外にいる無国籍者であつて、当該常居所を有していた国に帰ることができないもの又はそのような恐怖を有するために当該常居所を有していた国に帰ることを望まないもの」

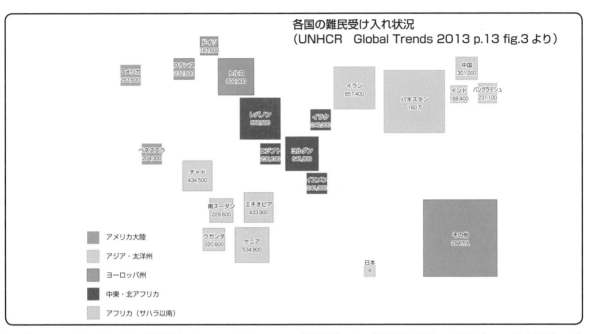

各国の難民受け入れ状況
(UNHCR　Global Trends 2013 p.13 fig.3 より)

ドイツ 187,600
フランス 232,500
アメリカ 263,600
トルコ 609,900
中国 301,000
イラン 857,400
パキスタン 160万
インド 188,400
バングラデシュ 231,100
レバノン 856,500
イラク 246,300
ベネズエラ 204,300
エジプト 230,100
ヨルダン 641,900
チャド 434,500
イエメン 241,300
南スーダン 229,600
エチオピア 433,900
ウガンダ 220,600
ケニア 534,900
その他 294万人
日本 6

- アメリカ大陸
- アジア・太平洋州
- ヨーロッパ州
- 中東・北アフリカ
- アフリカ（サハラ以南）

※日本は、2005 年に UNHCR が難民認定したクルド人を、トルコへ強制送還した。UNHCR が認定した難民（マンデイト難民）の強制送還は、前例がないものであった。

国内判例

　本条に関する直接的な判例はないが、難民問題や外国人の退去強制に関する判例は少なくない。国内判例は、外国人の入国に関する国家の自由裁量を認めている（最大判昭 32.6.19）。ここから、子どもの権利条約 9 条 4 項、市民的及び政治的権利に関する国際規約 13 条等による在留制限も、この観点から許されるものと解釈されている（東京地判平 24.1.30）。

▶演習課題：難民を受け入れるかどうかは、それぞれの国家の自由裁量だろうか？
　　　　　　難民受け入れのメリット・デメリットを含め、考えてみよう

〈関連する映画・小説など〉
・山崎豊子『大地の子』（小説、テレビドラマ）
・野本大監督『バックドロップ・クルディスタン』（映画）

心身障害を有する児童に対する特別の養護及び援助

英文（抄録）

1. States Parties recognize that a mentally or physically disabled child should enjoy a full and decent life, in conditions which ensure dignity, promote self-reliance and facilitate the child's active participation in the community.
2. States Parties recognize the right of the disabled child to special care and shall encourage and ensure the extension, subject to available resources, to the eligible child and those responsible for his or her care, of assistance for which application is made and which is appropriate to the child's condition and to the circumstances of the parents or others caring for the child.
3. Recognizing the special needs of a disabled child, assistance extended in accordance with paragraph 2 of the present article shall be provided free of charge, whenever possible, taking into account the financial resources of the parents or others caring for the child, and shall be designed to ensure that the disabled child has effective access to and receives education, training, health care services, rehabilitation services, preparation for employment and recreation opportunities in a manner conducive to the child's achieving the fullest possible social integration and individual development, including his or her cultural and spiritual development.
4. 割愛

政府訳

1　締約国は、精神的又は身体的な障害を有する児童が、その尊厳を確保し、自立を促進し及び社会への積極的な参加を容易にする条件の下で十分かつ相応な生活を享受すべきであることを認める。
2　締約国は、障害を有する児童が特別の養護についての権利を有することを認めるものとし、利用可能な手段の下で、申込みに応じた、かつ、当該児童の状況及び父母又は当該児童を養護している他の者の事情に適した援助を、これを受ける資格を有する児童及びこのような児童の養護について責任を有する者に与えることを奨励し、かつ、確保する。
3　障害を有する児童の特別な必要を認めて、2の規定に従って与えられる援助は、父母又は当該児童を養護している他の者の資力を考慮して可能な限り無償で与えられるものとし、かつ、障害を有する児童が可能な限り社会への統合及び個人の発達（文化的及び精神的な発達を含む。）を達成することに資する方法で当該児童が教育、訓練、保健サービス、リハビリテーション・サービス、雇用のための準備及びレクリエーションの機会を実質的に利用し及び享受することができるように行われるものとする。
4　割愛

本条のポイント

本条文は第一に基本的な人権として、障害児の「生活を享受する普遍的な権利」を認めている（第1項）。さらに「療育」や「養護」など「特別なケアへの権利を認め、そのための援助の拡充を規定」している（第2項）。加えて、第三に障害を有した子どもは、「可能な場合にはいつでも無償で（親の資力・収入などを考慮しつつ）」、「可能な限り全面的な社会的統合と個人の発達（文化的・精神的な発達を含む）に貢献」され得る方法で、その特別なニーズを国から承認されることが規定されている（第3項）（永井・寺脇 1991：113）。

インクルーシブ教育をめざして

我が国における特別支援教育は、2007年の学校教育法の改正に伴い導入された。視覚・聴覚・知的障害及び肢体不自由、病弱などに加え、高機能自閉症並びにLD、ADHDなどの発達障害を含めた児童・生徒への支援が進められるなかで、一人一人の多様な教育的ニーズへの対応が志向されるようになった（小中学校の通常学級では、6.3％の児童・生徒が発達障害を有しているといわれる）。多様な教育的ニーズへの対応を志向する流れは、障害の種類や程度に応じた教育の場を整備する特殊教育の在り方から、普通学校での児童・生徒の支援を視野に入れたインクルーシブ教育の実現を目指そうとするものでもある。

また、2006年に国連において障害者権利条約が採択されると、国内でも批准のための法整備が進み2013年には障害者差別解消法（障害を理由とする差別の解消の推進に関する法律）が可決成立（2016年施行）し、「合理的配慮の不提供」が公的機関において禁止されることとなった。公的機関においては、社会的な障壁をなくすために必要で、理由のある対応を取らないことは差別行為として位置付けられるようになる。こうした法整備の結果、2014年に障害者権利条約への批准が成し遂げられた。

一方で、取り組むべき課題も山積している。認定特別支援学校就学者の判断は市町村教育委員会によって行われる。制度や障害への理解が進んでおらず当該児童・生徒やその親の権利が保障されないケースもあるだろう。

また現場レベルにおける対応に関しては、関連機関や保護者からの相談に対する学校側の窓口として、特別支援教育コーディネーターの働きに期待が寄せられるところである。我が国では、「障害児の権利を正面から取り上げた法律は存在しない」。法制度のさらなる充実も課題として残されている（波多野 2005：166）。

関連国内法

障害者基本法
児童福祉法1〜3、19、20、21条

（木村　栞太）

資料

発達障害とは

発達障害とは生まれつきの特性であり、「病気」とは異なるものである。主要なものとして以下の３つが挙げられる。

学習障害（LD）	全般的な知的発達に遅れはないが、読む、書く、計算するなど特定の能力のうち、その習得と使用に著しい困難を示す。原因として、中枢神経系に何らかの機能障害があると推定されるが環境要因によるものではない。
注意欠陥・多動性障害（ADHD）	不注意・多動・衝動性の３つの行動上の特徴を有する。脳の機能障害によるものと推定され、LD と高い割合で合併。
自閉症スペクトラム障害	自閉症、アスペルガー症候群、そのほか広範性発達障害が含まれる。対人関係障害やコミュニケーション障害、興味や行動に関するこだわりが見られるのが特徴。最近では 100 人に１〜２人存在すると報告されている。

※スペクトラムとは「連続体」を意味する。

特別支援教育コーディネーターについて

2013 年現在においては、ほとんどの公立学校で特別支援教育コーディネーターの指名がなされている。

その主な役割は、校内の関係者と医療福祉などの関係機関との連絡調整から、保護者との関係づくりや、担任教師の支援、校内委員会の運営まで多岐にわたる。

一方で、普通学校での限られたリソースでは、指定を受けた特別支援教育コーディネーターの質保障などにも困難が存在しており、関係機関との連携協力の必要性が指摘される。

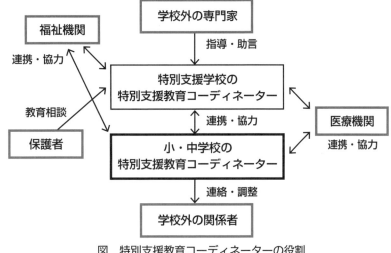

図　特別支援教育コーディネーターの役割
九州大学大学院教育法制研究室（2012）
『教育法規エッセンス―教職を志す人のために―』より

〈参考文献〉
中野光・小笠毅（1996）『ハンドブック　子どもの権利条約』岩波書店。
永井憲一（1988）『子どもの権利と裁判―子どもの権利条約に即して』法政大学現代法研究所。
藤原恵子（2014）「合理的配慮・基礎的環境整備」『教職研修』教育開発研究所、12 月号、pp.54-55。
文部科学省「学習障害児に対する指導について（報告）」（http://www.mext.go.jp/a_menu/shotou/tokubetu/03110701/005.pdf）。
九州大学大学院教育法制研究室（2012）『教育法規エッセンス―教職を志す人のために―』花書院。

英文（抄録）

1. States Parties recognize the right of the child to the enjoyment of the highest attainable standard of health and to facilities for the treatment of illness and rehabilitation of health. States Parties shall strive to ensure that no child is deprived of his or her right of access to such health care services.

2. States Parties shall pursue full implementation of this right and, in particular, shall take appropriate measures:
   (a) To diminish infant and child mortality;
   (b) To ensure the provision of necessary medical assistance and health care to all children with emphasis on the development of primary health care;
   (c) To combat disease and malnutrition, including within the framework of primary health care, through, inter alia, the application of readily available technology and through the provision of adequate nutritious foods and clean drinking-water, taking into consideration the dangers and risks of environmental pollution;
   (d) To ensure appropriate pre-natal and post-natal health care for mothers;
   (e) To ensure that all segments of society, in particular parents and children, are informed, have access to education and are supported in the use of basic knowledge of child health and nutrition, the advantages of breastfeeding, hygiene and environmental sanitation and the prevention of accidents;
   (f) To develop preventive health care, guidance for parents and family planning education and services.

3. States Parties shall take all effective and appropriate measures with a view to abolishing traditional practices prejudicial to the health of children.

4. States Parties undertake to promote and encourage international co-operation with a view to achieving progressively the full realization of the right recognized in the present article. In this regard, particular account shall be taken of the needs of developing countries.

政府訳

1 締約国は、到達可能な最高水準の健康を享受すること並びに病気の治療及び健康の回復のための便宜を与えられることについての児童の権利を認める。締約国は、いかなる児童もこのような保健サービスを利用する権利が奪われないことを確保するために努力する。

2 締約国は、1の権利の完全な実現を追求するものとし、特に、次のことのための適当な措置をとる。
   (a) 幼児及び児童の死亡率を低下させること。
   (b) 基礎的な保健の発展に重点を置いて必要な医療及び保健をすべての児童に提供することを確保すること。
   (c) 環境汚染の危険を考慮に入れて、基礎的な保健の枠組みの範囲内で行われることを含めて、特に容易に利用可能な技術の適用により並びに十分に栄養のある食物及び清潔な飲料水の供給を通じて、疾病及び栄養不良と闘うこと。
   (d) 母親のための産前産後の適当な保健を確保すること。
   (e) 社会のすべての構成員特に父母及び児童が、児童の健康及び栄養、母乳による育児の利点、衛生（環境衛生を含む。）並びに事故の防止についての基礎的な知識に関して、情報を提供され、教育を受ける機会を有し及びその知識の使用について支援されることを確保すること。
   (f) 予防的な保健、父母のための指導並びに家族計画に関する教育及びサービスを発展させること。

3 締約国は、児童の健康を害するような伝統的な慣行を廃止するため、効果的かつ適当なすべての措置をとる。

4 締約国は、この条において認められる権利の完全な実現を漸進的に達成するため、国際協力を促進し及び奨励することを約束する。これに関しては、特に、開発途上国の必要を考慮する。

本条のポイント

　本条は、児童がいつも健康でいられるように保健サービスを受け、病気やけがをしたときは治療を受けられるように、児童の健康や医療に関して規定されたものである。「児童の権利宣言」（原則 4）や「社会権規約」（12 条）に明記されていなかった健康の回復や該当保健サービスを利用する権利は、本条約で初めて登場した。それにより、健康や医療に関する規定をさらに一歩前進させたといえる（波多野 1994：169）。

　第 1 項において言及されている英文の「rehabilitation of health」について、政府訳は「健康の回復」、民間訳は「リハビリテーション」と訳している。一般に前者は健康状態に戻すと解されるに対して、後者は身体に障害のある人などが、再び社会生活に復帰するための、総合的な治療的訓練を指し、「社会復帰」というニュアンスが強い（波

多野 1994：169）。

　第 2 項では、「到達可能な最高水準の健康」を享受する権利の完全な実施をめざし、6 つの具体的な取り組みを示している。第 2 項の b で「基礎的な保健の発展に重点を置いて」という語は、途上国の特別な状況を考慮に入れ、残されたことである（波多野 1994：170）。国によりサービスの厳密な形態及び内容は異なるが、いずれにしても児童及びその家族が生活している場所のできる近いところにおいて、とくにコミュニティの環境で効果的なケア・サービスを提供する保健制度が必要である（国連子どもの権利委員会・一般的意見 15 号）。また、「基礎的保健」は、医者が患者の病気を診断し治療することよりも、病気を予防し健康を増進させるための治療、社会復帰、地域開発などを視野に入れた考え方であるとされている（新村洋史 1995：107）。

医療従事者の意識改革

　子どもの権利条約の基本精神を踏まえ、子どもの意志を尊重する医療が今アーピルされている。日本では、ホスピタル・プレイ・スペシャリスト（HPS）、チャイルド・ライフ・スペシャリスト（CLS）、療養支援士、医療保育専門士など子どもへの病状説明だけでなく、遊びを支援する役割を担っている専門スタッフがいるほかに、普通の医療従事者が子どもの気持ちにつねに配慮する意識も求められてきた。

　しかしながら、武内（2014）は子どもの意志を尊重する医療には、まだまだほど遠い不十分な現実がある。子どもの権利擁護の立場を前提にしてものを考える医師を含む医療従事者の意識改革が必要だが、まだその点が十分認識されていないと指摘した（季刊教育　183号：65）。医者は専門知識を持つ上に、患者に対して正しく対等な立場で接する相当の努力や配慮を念頭に置くべきであると考えられる。例えば：採血時にどちらの腕で行うのが良いかきちんと尋ねてから実施すること（12条：意見を表す権利）；処置時に肌を露出する場面では、カーテンを閉めること（16条：プライバシー・名誉への保護）；当時の状況により、慎重的に親と子どもを引き離すか否かを判断すること（3条：子どもの最善利益の確保）；「植物状態」で反応ない子どもに対して、普通の子どもと同じように話しかけること（23条：障害のある子どもへの尊重）など、臨床現場で子どもの権利を十分擁護しなければならないことがある。

「到達可能な最高水準の健康の享受」への解釈

　「到達可能な最高水準の健康の享受」という理念は、世界保健機関（WHO）憲章の前文で、「到達しうる最高水準の健康を享受するようなことは、人種、宗教、政治的信条また経済的もしくは社会的条件の差別なしにすべての人間が有する基本的権利の一つである」という原則に基づくものである（森浩寿 2009：157）。

　「到達可能」に対して、国により基準が異なるだろうと考えられる。例えば、先進国では、水は水道をひねるだけで簡単に出るが、アフリカの多くの地方では今なおきれいな水を届けるために手押しポンプ付の井戸の設置、雨水貯水タンクの設置、飲用水の浄化などに取り組んでいる。

　また、「最高水準」は、本条約の第4条の「締約国の義務」で、「自国において利用可能な手段の最大限の範囲内で…」という文言にしたがい、すべての国が、開発水準や資源に関わらず、健康権を含む諸権利の実現に向けての措置を取る義務を有するという意味と解釈されている（国連・子どもの権利委員会・一般的意見15号）。

　しかし、「到達可能」と「最高水準」に関して適当の基準を定めていないなら、締約国がきちんと条約を実行するかどうかを判断する際に、把握しにくくなる。更に、国が条約に違反しても、責任を負わずにすむことができるだろうと考えられる。

母乳育児は「権利」か「義務」か

　本条文は乳幼児の死亡を防ぐことを目的として母乳育児について言及し、そこでは、母乳育児のメリットに関する情報提供及び教育が規定されている。母乳で育てることは母親の権利であり、子どもの食事や健康や保護の権利を実現させることに大きな貢献をしている。子どもに最大限の健康を享受させるために不可欠なものであるとされている（世界母乳育児行動連盟 WABA）。一方、母乳で育てられることはすべての子どもが有する権利であり、授乳ができる女性にとって、これは選択肢ではなく義務であるという見方もある。しかし、母乳育児は黄疸が長引きやすい、授乳するのに場所を選ぶ、夜中に何回授乳で母乳の出が悪い、などのデメリットが確かに存在する。そのため、「すべての母親が完全母乳育児を目指すべき」について、反対意見もある。

関連条文および国内法

　憲法25条；「児童の権利宣言」原則4；「社会権規約」12条；WHO憲章

（杜　艾臨）

資料

無保険の子

　国民健康保険料を払えない世帯への制裁として保険給付を差し止める「保険証取り上げ」が急増した結果、多くの子どもが事実上の「無保険」状態に置かれることになった。2008年厚生労働省の調査により、全国に約3万3000人の無保険の子どもがいることが判明した。

病院に行けない子どもたち

　淑徳大の結城准教授（社会保障論）は、「（滞納する）大人への制裁は必要だが、子どもに罪はない。子どもは成長過程に十分な医療を受けられない恐れがあると考え、高校生以下は保険証返還から除外すべきだ」と指摘した。（東京新聞　2008年10月26日）

　救済策として、中学生以下の「無保険の子」を一律救済する国民健康保険法改正案を、衆院厚生労働委員会で全会一致で可決し、改正案が成立した。2009年4月から、そうした中学生以下の子どもに対し、一律に短期保険証を発行する方針を打ち出した。

課題 →

　しかし、2009年9月時点で1161人に届いていないことが厚生労働省の調査で分かった。交付対象の子どもは3万6511人で未達率は3.2%。うち191人分は、世帯主（親）が窓口に受け取りに来なかったためだという。

　このほか、届かなかった原因の内訳は▽世帯主が不在（訪問交付や書留郵便などの場合）645人▽住所不明（普通郵便などの場合）293人▽その他32人。都道府県別で最も多いのは三重の160人で、続いて▽大阪124人▽千葉123人▽愛知104人▽福岡59人など。

　一方、国保法改正による救済策で対象外になっている無保険の「高校生世代」は、9月現在で1万647人いることが分かった。

　発表した山井和則政務官は「受け取りに来ないのは、窓口に行けば『保険料を払ってください』という催促があり、ためらう人が多いのではないか。市町村に一層の工夫をするよう指導した」と話した。（毎日新聞　2009年12月17日）

子どもの健康格差

　日本：2001年に生まれた子供約5万人を対象に毎年追跡している調査により、低所得家庭の子どもは、中・高所得層の家庭の子どもより、健康を害し入院する確率が最大で1.3倍となることが分かった。阿部彩・社会保障応用分析研究部長は「子どもの健康格差には医療へのアクセスだけでなく、親の雇用確保など根本的な貧困対策が必要だ」と話す

　原因に関して、所得の低い家庭の子供の一部は食事の栄養バランスや住環境が悪いことなどから病気になりやすく、回復力が低い可能性があるほか、生活に追われる親は、子供の体調の変化に気付きにくく、入院するほど悪化する前に医師に診てもらう時間的余裕がないことなどもと推測される。（注：子供を所得が高い順に並べ、真ん中に当たる子の所得を中央値とした。中央値の半額を「貧困線」とし、貧困線に達しない子どもを「貧困層」とした）（朝日新聞　2013年8月23日　2総合面をもとに一部改変）

表1　入院した子どもの割合

入院経験あり	1歳	2歳	3歳	4歳	5歳	6歳
貧困（a）	14.07%	11.85%	7.70%	7.16%	5.87%	4.34%
非貧困（b）	12.41%	9.15%	6.88%	5.94%	4.91%	3.55%
a/b	1.13	1.3	1.12	1.2	1.2	1.22

出典：「子どもの健康格差は存在するか：厚労省21世紀出生児パネル調査を使った分析」阿部　彩　2011年7月
注：〈表1　入院経験と各層〉の一部より p10

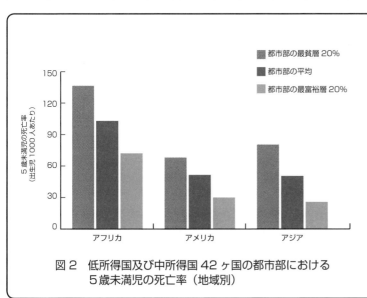

凡例:
■ 都市部の最貧層 20%
■ 都市部の平均
■ 都市部の最富裕層 20%

（縦軸）5歳未満児の死亡率（出生児 1000 人あたり）

（横軸）アフリカ　アメリカ　アジア

図 2　低所得国及び中所得国 42 ヶ国の都市部における
　　　5歳未満児の死亡率（地域別）

○都市部の貧得世帯は、一般に幼児の死亡率が高い（図2）。

○習熟した助産師による出産などの保健医療サービスを容易に利用できないうえに、水道の不備など劣悪な生活条件にさらされて、健康格差の悪影響を最も受けやすい状態にある。

出典：「隠れた都市の姿：健康格差是正をめざして」2010
情報源：人口保健調査（DHS）のデータに基づき WHO が算出 2000-2007。
注：これらの結果は、5歳未満児の死亡率に関してDHSデータが存在する国々（アフリカ：25 ヶ国、アメリカ：7 ヶ国、アジア：10 ヶ国）の平均値を示すものであり、それら地域の全体像を示すものではない。

きれいな水を世界の子どもたちへ

　世界では、いまだ約 7 億 5,000 万人もの人々が、水道も、整備された井戸も利用できず、生きるために欠かせない安全な水さえ手に入れられない状態にいる。汚れた水を主な原因とする下痢性の病気で、年間 50 万以上の幼い子どもが命を落としている。他の年齢層より、その悪影響を受けやすいと見られる。そのため、子どもたちにとって、水は生死に直結する問題であるとされる。

都市部と農村部の差
　ニジェールでは都市部にすむ世帯の 100％が改善された飲料水源を利用できるのに対し、農村部に住む世帯ではそれがわずか 39％にとどまっている。
（世界子供白書　2014 統計編）

男女の差
　安全な飲用水が利用できないことで女性と女の子は特に影響を受けている。飲料水の水汲みをする女性や女の子の割合は約 71％に及ぶ。
（2014 年 3 月 21 日ユニセフ記事）

コラム：乳母育児から母乳育児へ

　乳母とは、母親に代わって子育てをする女性のことである。「乳母の制度」も古代から様々な地域で存在している。日本では「乳母の制度」は王朝、貴族の時代、また武士の時代では権利と富を持つ者たちのためのものだった。それは、肉体労働をしないことが上流階層の証である時代に、授乳は自らの身体を消耗させる一種の労働として見られていたからである。しかし、その制度は明治時期から衰退し始め、今日まったく見られなくなった。それに対して、今は「母乳育児」が提唱されている。さらに、アラブ首長国連邦（UAE）で、「母乳育児」に関する法案が通過され、「母親は最低 2 年間子どもに授乳しなければならない」と定められた。また、「母乳で育てられることはすべての子どもの権利であり、授乳ができる女性にとって、これは義務である」と主張している。

▶演習課題：先端医療により、子どもの医療へのアクセス権は近年大きく拡大している一方、子どもの権利の侵害も起こられる。例えば、出生前の診断（2013 年 4 月登場した血清マーカーテストによって、染色体異常と開放性神経管異常の可能性を推測できるようになる）を通じ、陽性判定となった妊婦（97％）は人工妊娠中止を選択する。それにより、一部障害を持つ子どもの生きる権利が脅かされる事態になる。その問題について、皆さんはどう思われるのか？

〈参考資料〉
・三上昭彦・林　量・小笠原彩子「実践ハンドブック　子供の権利条約」（1995 年・労働旬報社）pp106-111
・武内一　「子どもの権利条約 20 年の成果と課題　－医療・保健領域ー」『季刊教育』183 号 pp61-65
・国連・子どもの権利委員会・一般意見 15 号　2013 年
・石橋順子「乳母の衰退　―明治期以降の乳母制度―」『言語と文化』11 号 pp51-67 2010 年
・松田祐子「パリにおける「住み込み乳母」（1865・1914）『国立女性教育会館研究紀要』8 号 pp51-60 2004 年

第25条 児童の処遇などに関する定期的審査

英文（抄録）

States Parties recognize the right of a child who has been placed by the competent authorities for the purposes of care, protection or treatment of his or her physical or mental health, to a periodic review of the treatment provided to the child and all other circumstances relevant to his or her placement.

政府訳

締約国は、児童の身体又は精神の養護、保護又は治療を目的として権限のある当局によって収容された児童に対する処遇及びその収容に関連する他のすべての状況に関する定期的な審査が行われることについての児童の権利を認める。

本条のポイント

本条は施設に収容された子どもが、自分のあらゆる状況に関して、定期的に審査を受ける権利を有することを承認している。こうした場所は、閉鎖的な空間になりがちで、「密室」の中で実質の自由を奪われた状態に置かれることで、人権が侵されやすいとされている（波多野 1994：174）。そのため、処遇の見直しや権利実現、さらに深刻な虐待等の権利侵害からの救済を実現するために、第三者を含めた専門委員会や独立した第三者機関から定期的な審査が必要である。

日本において、このような主な施設としては、矯正施設、児童福祉施設、医療施設がある。具体に言えば、家庭裁判所保護処分として送致された子ども、家庭が奪われた子ども、病気や精神疾患治療中の子どもなどのために設置された家庭的・公的・民間的施設である（半田 2009：160）。

また、このような施設では、定期的審査を受ける権利、聴聞される権利のみならず、子ども自身が苦情・不服・改善要求を申し立てる権利が不可分に保障されなければならないとされている。そのため、苦情を受ける窓口の設置、施設外で諮られる制度、定期的に子どもからの聞き取りを行う中でSOSをキャッチする姿勢も求められている。

被措置児童への虐待

施設への審査は施設管理運営に関する事項，施設の安全管理、危機管理および施設の設置基準などに関して幅広い範囲の内容を含むことである。2008年の児童福祉法の改正により、「被措置児童の虐待」に関する規定が設けられ、「被措置児童の虐待」が制度化された。措置された子どもの人権侵害の問題は重要な課題となる。具体的に言えば、職員による身体の虐待、性の虐待、ネグレクト、心理的虐待、およびネグレクトで児童間の暴力による「いじめ」も被措置児童等の虐待の範疇とされている。それは施設側の努力のみで対応しきれないものであるから、「外圧」と見られる審査の役割が非常に大切であると考えられる。

全施設での子どもの処遇の審査へ

本条は権限ある機関によって収容された子どもに定期的審査を受ける権利を認めたもので、保護者などの意向により施設に入所する子どものこうした権利を保障するものではない。ともすると、身体また精神のケア、保護、治療を目的とする、不登校やひきこもりの全寮制施設などに入所している子どもへの定期的な審査は予定されないことになる（半田 2009：162）。しかし、「風の子学園事件」や「戸塚ヨットスクール事件」のようなインフォーマル施設で起こった児童の死亡事件、また、本条約の第3条3項で指摘され基準遵守義務から考えれば、その全寮制施設での子どもたちが一人の人間として享受すべき諸権利への保障も含まれると考えられる

したがって、権限ある機関の判断によって収容された子どもであれ、保護者などの意向によりインフォーマルな施設（青少年更生施設など）に入所する子どもであれ、個々の子どもの処遇に関するあらゆる状況に関する審査を行うことが期待されている。

関連条文：

児童福祉法45条・46条；児童福祉最低基準10条・11条；児童福祉法施行令12条2項；麻薬及び向精神薬取締法58条8項・58条9項；少年院処遇規則3条

(杜　艾臨)

資料

三種類の収容施設

矯正施設	少年刑務所・少年拘置所・少年院・少年鑑別所など	例え：少年院には、在院者の処遇の適正を図るために処遇の審査会を置き、処遇に関して重要な事項を決定するに当たっては、少年院の長は処遇審査会の意見を聴かなければならない（少年院処遇規則 3）。
児童福祉施設	乳児院・児童養護施設・知的障害児施設・児童自立支援施設など	例え：児童福祉施設の最低基準維持について、行政庁の「質問検査権」を定めており、都道府県知事が 6 か月に 1 回以「実地検査」をする（児童福祉法 46 条・同法施行令 39 条）。
医療施設	精神科病院・特定感染症指定医療機関・麻薬中毒者医療施設など	例え：麻薬中毒者について都道府県が設置する「麻薬中毒審査会」が、入院期間の適合を審査し、その結果を、都道府県知事に報告することを定める(麻薬及び向精神薬取締法 58 条の八)。

『逐条解説』子どもの権利条約」により作成

児童福祉施設での虐待

平成 24 年度に全国 47 都道府県、20 指定市及び 2 児童相談所設置市、計 69 都道府県市において虐待の事実が認められた件数は 71 件であった。

＊施設別の虐待事件

	社会的養護関係施設				里親・ファミリーホーム	障害児入所施設等	一時保護委託先	障害児通所支援事業	合計
	乳児院	児童養護施設	情緒障害児短期治療施設	児童自立支援施設					
件数	1	51	0	4	7	6	1	1	71
構成割合	1.4	71.8	0	5.6	9.9	8.5	1.4	1.4	100.0

＊検証・改善委員会の設置

設置している	設置していない
29	42

＊検証・改善委員会の実施主体

都道府県	児童福祉審議会	法人又は施設
4	7	18

(参考：厚生労働省「平成 24 年度における被措置児童等虐待届出制度の実施状況について」により)

少年院法・視察委員会の設置

2014 年、施設運営の透明性を確保するため、外部有識者らが運営状況をチェックする「視察委員会」の設置などを柱とした改正少年院法と新設される少年鑑別所法は参院本会議で全会一致により可決・成立した。

＊少年院（少年鑑別所）審査会に関して＊

○少年院（少年鑑別所）内における人権侵害の訴えや処遇に関する処分・措置に対する被収容者の不服申立について実情を調査し、人権侵害の有無及び処分の適否について審査する○法務大臣は不服申立についての判断をする際、少年院（少年鑑別所）審査会の意見を尊重する○前項の目的を達するため、定期的または臨時的に少年院を訪問し、いつでも審査することが出来る○少年院（少年鑑別所）被収容者のための「権利ノート」を作成し、少年院（少年鑑別所）を通じてこれを被収容者全員に配布するものとする。

（「子どもの人権を尊重する暴力のない少年院・少年鑑別所」への改革を求める日弁連提言　平成 21 年）

〈参考資料〉
・「子どもの育みの本質と実践・Ⅲ児童養護施設における権利侵害の検証調査」全国社会福祉協議会 pp165-166

第26条 社会保障からの給付を受ける権利

英文（抄録）

1. States Parties shall recognize for every child the right to benefit from social security, including social insurance, and shall take the necessary measures to achieve the full realization of this right in accordance with their national law.
2. The benefits should, where appropriate, be granted, taking into account the resources and the circumstances of the child and persons having responsibility for the maintenance of the child, as well as any other consideration relevant to an application for benefits made by or on behalf of the child.

政府訳

1 締約国は、すべての児童が社会保険その他の社会保障からの給付を受ける権利を認めるものとし、自国の国内法に従い、この権利の完全な実現を達成するための必要な措置をとる。
2 1の給付は、適当な場合には、児童及びその扶養について責任を有する者の資力及び事情並びに児童によって又は児童に代わって行われる給付の申請に関する他のすべての事項を考慮して、与えられるものとする。

本条のポイント

　子どもの社会保障を享受する権利を認める本条では、その実現のために締約国に必要な措置を行うように求めている。

　日本の国内法にはこれまでにも生活保護法や社会保障・福祉に関連する諸法などにより各種の社会保障制度が整えられているものの、大人を対象としたものばかりであり、本条を踏まえた制度改革が求められる。

条文の成立をめぐって

　児童の権利に関する宣言及び社会権規約の内容に対し、それを具現化する形で本条は設けられ、原案には第一項の内容しか記載されていなかった。本条の成立に当たっては、"どのように、誰に対して"社会保障を成すのかが議論になった。

　社会保障の実現に関しては、原案ではその権利を「確保する（ensure）」としていたが、『すべての児童が社会保障の給付を受ける権利』は「国家が早急に履行すべき義務ではなく、最終的に実現されるべきゴールである」というアメリカの主張から現在の「認める（recognize for）」へ修正された。また『国内法に従い』という語句は主に発展途上国に配慮する形で挿入されたが、ノルウェーなどから「国内法に言及することで本条の内容を弱めることにつながる」などの反論もあった。

　社会保障の給付の対象については、当初子どもが直接的にその対象として想定されていたが、ILOの「給付を受ける権利は児童ではなく父母や扶養に責任を持つ者に与えられるのが普通である」という指摘から現在の形になった。

　また裕福な家庭などの家庭環境を考えた際、そもそも"すべての児童を対象にすべきなのか"という議論がなされ、アメリカが提案した「資格を有するすべての児童」という修正案を、オランダとオーストラリアがさらに修正し現在の形で採択された。なお、上記の事情から原案時点では本条には第1項しか存在していなかった（波多野 2005：177-179）。

わが国における社会保障

　わが国においては社会保障の権利を憲法において認めており、「社会保険」「公的扶助」「公衆衛生・医療」「社会福祉」の4つの部門に分けて捉えられている。関係諸法によって社会保障そのものは一定程度実現されていると言えるだろう。しかし、それらは「大人を念頭に置いた規定であり、子どもを正面から見据えて作られた制度ではな」く、「子どもを主たる対象とする社会保障制度をこれから充実させることが望まれ」（ともに波多野 2005：180）、また急務である。

論点として

　子どものための社会保障である児童手当などの制度も、わが国にも存在はしているが、その給付の対象者は保護者となっている。また日本の物価水準などと照らし合わせた際の給付金額の妥当性にも課題を残す。

　「国際的に遅れている」（下村 1995：111）との指摘もある日本における子どもの社会保障を、本条の趣旨を踏まえた形で、金額の面も含めてどのように実現していくのかが今後の課題であると言えよう。

関連条文および国内法

　日本国憲法25条
　社会保障の最低基準に関する条約

（阿南　清士朗）

資料

社会保障費給付の国際比較（対 GDP 比）

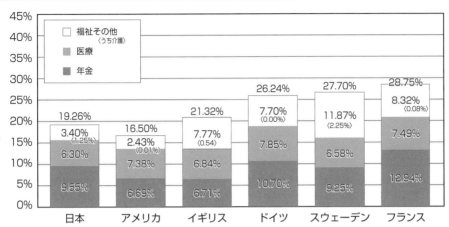

凡例：
- □ 福祉その他〈うち介護〉
- 医療
- 年金

国	合計	福祉その他〈うち介護〉	医療	年金
日本	19.26%	3.40%〈1.25%〉	6.30%	9.55%
アメリカ	16.50%	2.43%〈0.01%〉	7.38%	6.69%
イギリス	21.32%	7.77%〈0.54〉	6.84%	6.71%
ドイツ	26.24%	7.70%〈0.00%〉	7.85%	10.70%
スウェーデン	27.70%	11.87%〈2.25%〉	6.58%	9.25%
フランス	28.75%	8.32%〈0.08%〉	7.49%	12.94%

（出典：厚生労働省「社会保障・税一体改革について」）

子どもの養育費と児童手当

基本的養育費	約 1,640 万円		
教育費	公立校	私立中心	私大 医・歯系
	約 1,345 万円	約 2,100 万円	約 4,424 万円
合計金額	約 2,985 万円	約 3,740 万円	約 6,064 万円

（出典：AIU 保険会社「現代子育て経済考 2005 年度版」）

児童の年齢	児童手当の額（1 人当たり月額）
3 歳未満	一律 15,000 円
3 歳以上 小学校修了前	10,000 円（第 3 子以降は 15,000 円）
中学生	一律 10,000 円

（出典：厚生労働省「リーフレット『児童手当』」）

社会保障制度を補う制度

　社会から何らかの支援を必要とする子どもたちは、今後も増え続けていくことは想定に難くない。理想はそのすべてを政府が賄うことかもしれないが、現実的ではないだろう。そこでここでは、子どもたちへの社会保障の一端を担う奨学金の取り組みについて、ある新聞記事を紹介したい。

『児童養護施設出身の子ども向けに奨学金』（読売新聞東京朝刊 2014.09.24）抄録
　児童養護施設で育った子どもを対象とした奨学金を新設する動きが、自治体や大学に広がっている。同施設の子どもの大学進学率は一般家庭の子どもより低いのが現状で、専門家は「奨学金は、施設の子どもの進学の道を広げ、安定した就職や自立にもつながる」と歓迎している。
　児童養護施設の子どもを支援する NPO 法人ブリッジフォースマイル（東京）と横浜市は昨年、施設で育ち、大学や専門学校で学ぶ子の奨学金を作った。一時金 30 万円と、月 3 万円の生活費を支給。返済は不要だ。現在、8 人の学生がこの奨学金を受け取っている。〜中略〜
　25 日から 10 月 1 日まで応募を受け付けるのは、立教大が今年新設した「田中孝奨学金」。寄付金を出した実業家の名を冠した奨学金で、コミュニティ福祉学部に「自由選抜入試」制度を使って出願する、施設で生活中の子どもが対象。入学金と 4 年間の授業料などが免除される。
　沖縄大（那覇市）は昨年度、沖縄県内の児童養護施設や里親家庭で育った子ども向けの「児童福祉特別奨学生」制度を設けた。今年 4 月に 5 人が奨学生として入学し、年間授業料全額が免除されている。〜中略〜
　「専門知識や資格が必要な仕事が増えており、就職のためにも大学進学は重要だ。児童養護施設で育った子どもは、学費を出す親がいないなど不利な点が多く、『努力すれば大学で学べる』という希望を持てるよう、こうした奨学金が増えてほしい」と期待を込める。

第27条　相当な生活水準についての権利

英文 (抄録)

1. States Parties recognize the right of every child to a standard of living adequate for the child's physical, mental, spiritual, moral and social development.
2. The parent(s) or others responsible for the child have the primary responsibility to secure, within their abilities and financial capacities, the conditions of living necessary for the child's development.
3. States Parties, in accordance with national conditions and within their means, shall take appropriate measures to assist parents and others responsible for the child to implement this right and shall in case of need provide material assistance and support programmes, particularly with regard to nutrition, clothing and hosing.
4. States Parties shall take all appropriate measures to secure the recovery of maintenance for the child from the parents or other persons having financial responsibility for the child, both within the State Party and from abroad.

政府訳

1. 締約国は、児童の身体的、精神的、道徳的及び社会的な発達のための相当な生活水準についてのすべての児童の権利を認める。
2. 父母又は児童について責任を有する他の者は、自己の能力及び資力の範囲内で、児童の発達に必要な生活条件を確保することについての第一義的な責任を有する。
3. 締約国は、国内事情に従い、かつ、その能力の範囲内で、1の権利の実現のため、父母及び児童について責任を有する他の者を援助するための適当な措置をとるものとし、また、必要な場合には、特に栄養、衣類及び住居に関して、物的援助及び支援計画を提供する。
4. 締約国は、父母又は児童について金銭上の責任を有する他の者から、児童の扶養料を自国内で及び外国から、回収することを確保するためのすべての適当な措置をとる。特に、児童について金銭上の責任を有する者が児童と異なる国に居住している場合には、締約国は、国際協定への加入または国際協定の締結及び他の適当な取決めの作成を促進する。

本条のポイント

本条は、子どもの最善の利益を図ること（同条約3条）を元にして、子どもの生存権及び発達の権利（同条約6条）を保障した上で、子どもの発達のため、物質的な条件の面から子どもの相当な生活水準への権利が規定されている。第2項で子どもに必要な生活条件を保障する親の第一義的責任、第3項ではその父母等を援助する締約国の義務が明記されている。第4項では親若しくは法定保護者が金銭上の責任を果たさない場合の扶養料の回収について定めている。

本条の保障する「生活水準」について

本条の「生活水準」の修飾語「adequate」について、「相当な」（政府訳）と訳すか、「十分な」（民間訳）と訳すかという議論がある。「生活水準」は社会的・経済的条件により変わるため、ここで具体的定義がない。これは「日本国憲法25条の『健康で文化的な最低限度の生活』と同様で趣旨と解され」（波多野 2005：183）、ニュアンスの弱い「相当な」と訳される。しかし、この訳し方より、「最善」（3条）、「最高」（24条）、「最大限」（6条、29条）の権利保障が目標として掲げられている本条約の精神から見れば「十分な」と訳す方が適切であるという見解がある。

また、生活水準の内容として、本条において特に「栄養・衣服及び住居」（3項）が挙げられている。それらの保障については、生活保護法、学校給食法、公営住宅法等様々な法令により規定されているが（永井ら 2000：162）、生活が困難な状況にある家庭、特に母子世帯の子どもへの支援が課題となっている。

母子世帯の子どもの貧困

日本では母子世帯に育つ子どもの貧困率が突出して高い。このような母子世帯は国や自治体から公的支援（児童扶養手当、一人親家庭医療費助成金などの生活費の一部を助成する現金給付、公営住宅への優先入居など住宅を無料又は低家賃で提供するものなど）が受けられるが、現状を見るとまだ不十分である。近年、国は児童扶養手当や生活保護を制限するとともに、母子世帯の母親の自助努力を提唱する母子世帯の母親への就労支援策を強化している。しかし、低賃金の改善、「ワーク・ライフ・バランス」（仕事と育児の両立）にもまだ課題がある。

一方、母子世帯のみならず父子世帯や二人世帯など様々な状況にある子どもに貧困問題があるため、世帯形態に関係なく母子世帯対策を廃止し子どもの貧困の撲滅と適切なケアの確保を目的とした子どもに着目した「子ども対策」を立ち上げるべきであるという見方もある。

関連国内法

日本国憲法25条、子どもの貧困対策の推進に関する法律

（楊　暁興）

資 料

日本の子どもの貧困率

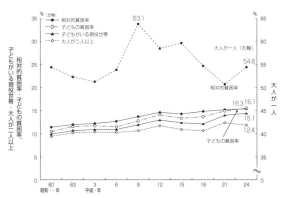

図1　貧困率の年次推移

注：1）平成6年の数値は、兵庫県を除いたものである。
　　2）貧困率は、OECDの作成基準に基づいて算出している。
　　3）大人とは18歳以上の者、子どもとは17歳以下の者をい
　　　い、現役世帯とは世帯主が18歳以上65歳未満の世帯を
　　　いう。
　　4）等価可処分所得金額不詳の世帯員は除く。

　子どもの貧困率とは、子ども（17歳以下）全体に占める、その子が属する世帯の等価可処分所得が貧困線に満たない子どもの割合を言う。図1に示されるように、平成24年日本の子どもの貧困率は16.3％となっており、約6人に1人が貧困状態にあるということである。昭和60年から平成24年までの28年間の間に、子どもの貧困率は約6％上昇した。また、日本の子どもの貧困率は海外と比較するとかなり高い水準にある。OECD30ヵ国において12番目に高く、平均を上回っている[i]。

（出典：厚生労働省「Ⅱ各種世帯の所得等の状況」（「平成25年国民生活基礎調査の概況」より）
http://www.mhlw.go.jp/toukei/saikin/hw/k-tyosa/k-tyosa13/dl/03.pdf）

母子世帯の貧困問題

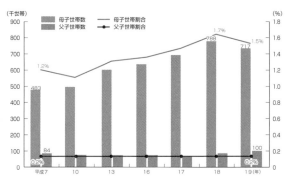

図2　母子・父子世帯数の年次推移

　日本では、一人親世帯の貧困率が際立って高く、平成24年に54.6％となっている（図1）。この困難な状況にある一人親家庭には、母子世帯の割合が高い（図2）。母子世帯の状況は国際的に見て「母親の就労率が非常に高いにも関わらず、経済状況が厳しく、政府や子どもの父親からの援助も少ない」という特異性がある（阿部2008：109）。

（出典：内閣府「特集『家庭、地域の変容と子どもへの影響』」『平成20年版青少年白書』
http://www8.cao.go.jp/youth/whitepaper/h20gaiyouhtml/html/gtoku.html）

初めて貧困の名を冠した「子どもの貧困対策法」

　2013年、日本で初めて貧困の名を冠した「子どもの貧困対策の推進に関する法律」が成立した。この法律は、子どもの貧困問題を個人的問題ではなく、社会的に解決すべき課題と位置づけ、特に子どもに焦点を当てた点や、生まれ育った環境によって子どもの将来が左右されるような貧困の連鎖を防止するための対策を国の責務とした点で意義が大きい。法律では教育や生活の支援、保護者への就労支援、経済的支援など子どもの視点から施策に取り組んでいくことが明記されている（大山2013：152）。

〈参考文献〉
阿部彩（2008）『子どもの貧困—日本の不公平を考える』岩波新書
大山典広（2013）『生活保護vs子どもの貧困』株式会社PHP研究所
鳫咲子（2013）『子どもの貧困と教育機会の不平等　就学援助・学校給食・母子家庭をめぐって』明石書店

[i]　内閣府「第3章　成育環境　第3節　子どもの貧困」『平成25年子ども・若者白書（全体版）』
　　http://www8.cao.go.jp/youth/whitepaper/h25honpen/b1_03_03.html

第28条 教育についての権利

英文（抄録）

1. States Parties recognize the right of the child to education, and with a view to achieving this right progressively and on the basis of equal opportunity, they shall, in particular:
   (a) Make primary education compulsory and available free to all;
   (b) Encourage the development of different forms of secondary education, including general and vocational education, make them available and accessible to every child, and take appropriate measures such as the introduction of free education and offering financial assistance in case of need;
   (c) Make higher education accessible to all on the basis of capacity by every appropriate means;
   (d) Make educational and vocational information and guidance available and accessible to all children;
   (e) Take measures to encourage regular attendance at schools and the reduction of drop-out rates.
2. States Parties shall take all appropriate measures to ensure that school discipline is administered in a manner consistent with the child's human dignity and in conformity with the present Convention.
3. States Parties shall promote and encourage international cooperation in matters relating to education, in particular with a view to contributing to the elimination of ignorance and illiteracy throughout the world and facilitating access to scientific and technical knowledge and modern teaching methods. In this regard, particular account shall be taken of the needs of developing countries.

政府訳

1 締約国は、教育についての児童の権利を認めるものとし、この権利を漸進的にかつ機会の平等を基礎として達成するため、特に、
   (a) 初等教育を義務的なものとし、すべての者に対して無償のものとする。
   (b) 種々の形態の中等教育（一般教育及び職業教育を含む。）の発展を奨励し、すべての児童に対し、これらの中等教育が利用可能であり、かつ、これらを利用する機会が与えられるものとし、例えば、無償教育の導入、必要な場合における財政的援助の提供のような適当な措置をとる。
   (c) すべての適当な方法により、能力に応じ、すべての者に対して高等教育を利用する機会が与えられるものとする。
   (d) すべての児童に対し、教育及び職業に関する情報及び指導が利用可能であり、かつ、これらを利用する機会が与えられるものとする。
   (e) 定期的な登校及び中途退学率の減少を奨励するための措置をとる。
2 締約国は、学校の規律が児童の人間の尊厳に適合する方法で及びこの条約に従って運用されることを確保するためのすべての適当な措置をとる。
3 締約国は、特に全世界における無知及び非識字の廃絶に寄与し並びに科学上及び技術上の知識並びに最新の教育方法の利用を容易にするため、教育に関する事項についての国際協力を促進し、及び奨励する。これに関しては、特に、開発途上国の必要を考慮する。

本条のポイント

　本条について、教育を「受ける」という消極的な権利ではなく、教育に「参画する」という積極的な権利を保障しているとし、教育へのアクセス権を規定している（葉養 1995：114）という見方もあり、政府訳では「教育についての権利」という中立的な訳をとったものだとされる（波多野 2005：190）。

　1項（b）の"such as"の訳について、政府訳では「例えば」とされているが、国際教育法研究会は「ならびに」と訳している。政府訳では、すべての子どもが教育を利用できるようにする方法のひとつの例として、無償教育の導入に言及しているにすぎない（関本 2007：94）。しかしながら、国際教育法研究会訳だと中等教育の無償化も義務であるかのように解釈できる。

義務教育の無償の範囲

　1項（a）において、初等教育は義務的なものだとし、それはすべての者に対して無償とすると規定されている。

　日本では、日本国憲法において「義務教育は、無償とする」（二十六条2項）と規定されており、それを受けて、教育基本法では「国又は地方公共団体の設置する学校における義務教育については、授業料を徴収しない」（五条4項）、学校教育法では「国立又は公立の小学校及び中学校、中等教育学校の前期課程又は特別支援学校の小学部及び中学部における義務教育については、これを徴収することができない」（六条）と定められている。教科書については、1963年に義務教育諸学校の教科用図書の無償措置に関する法律（教科書無償措置法）が施行され、それ以来は教科書も無償とされた。

　しかしながら、それ以外はどうだろうか。通学費、学校給食費や修学旅行費などは保護者が負担する場合が多い。通学費に関して言えば、韓国、アメリカやイギリスなどは無償であるのに対し、日本では一部公的助成が行われる場合もあるが、基本的には有償となっている。

　また発展途上国に目を向けてみると、国によっては家庭の教育費負担が子どもの就学を阻止する一つの要因となっており（浜野 2005：94）、子どもが学校に通えない現状が見られる。

　上記のようなことを踏まえたとき、本条が教育へのアクセス権を規定しているという見方からすると、義務教育の無償の範囲について考える必要があると言える。

高等学校における無償化

　1項（b）において、中等教育段階における無償教育の導入がうたわれている。今まで日本においては、中学校は義務教育とされ、無償なものとして扱われてきたが、高等学校の授業料は徴収されてきたが、2009年に自民党から民主党へと政権が交代し、2010年より民主党政権の下、高等学校においても授業料の不徴収とされた。さらに、2012年には、社会権規約十三条2（b）の規定の適用に当たり、これらの規定にいう「特に、無償教育の漸進的な導入により」に拘束されない権利を33年間留保し続けていたが、それを撤回した。これらの規定の適用に当たり、これらの規定にいう「特に、無償教育の漸進的な導入により」に拘束されることとなった。

　しかしながら、再び自民党政権となった2013年には「公立高等学校に係る授業料の不徴収及び高等学校等就学支援金の支給に関する法律の一部を改正する法律」が成立し、授業料に充てるための就学支援金の支給について、高所得世帯の生徒等に対しては所得制限を設けられるようになった。

　そのため、一度は高等学校における授業料の完全無償化に近づいたように見えたが、2014年現在では所得制限が導入され、一部の生徒からは授業料を徴収するようになっている。

高等教育へのアクセス

　日本の高等教育への進学率は高いとは言えない。日本における高等教育への進学率は51%しかなく、OECD（経済協力開発機構）諸国の平均である62%にすら届いていないのが現状である。

　なぜ日本の高等教育への進学率はそんなに高くないのか？その原因として考えられるのは多額な高等教育への支出である。1971年の中央教育審議会「今後における学校教育の総合的な拡充整備のための基本施策について（答申）」（四六答申）において、高等教育における「受益者負担」がうたわれた。その結果として、現在高等教育への支出のおよそ35%が公財政で、60%以上が私費負担である。OECD諸国の平均が公財政70%、私費30%であるのを見ると、日本の高等教育段階において私費負担がいかに大きいかが分かる。このように日本では高等教育を受けようとする際、多額な支出が必要となり、アクセスしにくいことが問題としてあげられる。

　しかしながら、高等学校における無償化の動きと同様に、2012年に民主党政権下において社会権規約十三条2（c）の規定の留保が撤回された。これにより、今後高等教育段階においても、「無償教育の漸進的な導入」が期待される。

不登校の児童生徒に対する支援

　1項（e）に関連して、我が国では不登校の児童生徒の問題があげられる。現在、小中学校段階における不登校の子どもが約12万人いる。ここでは、このような子どもたちに対して行われている教育へのアクセス支援についてみていく。

　不登校の子どもたちのなかには、学校外の公的機関や民間施設において相談・指導を受け、学校に復帰するための努力をしている者もいる。このような子どもたちを学校として評価し、支援するために、これらの施設で相談・指導を受けた日数を指導要録上出席扱いとすることができる。

　学校外の公的機関・民間施設のひとつとしての、教育支援センター（適応指導教室）がある。教育委員会がこれを設置する。不登校児童生徒の集団生活への適応、情緒の安定、基礎学力の補充、基本的生活習慣の改善等のための相談・適応指導（学習指導を含む）を行うことにより、その学校復帰を支援し、もって不登校児童生徒の社会的自立に資することを基本としている。

　学校外の機関等で相談・指導等を受け、指導要録上出席扱いとした児童生徒数は約1万7千人おり、このうち教育支援センターで相談・指導等を受け、出席扱いとなった児童生徒は約1万2千人である。このことから、出席扱いとされた児童生徒の多くは教育支援センターで相談・指導を受けていたことが分かる。

　しかし、教育支援センターが対応できているのは不登校の児童生徒の約12%しかいない。さらに、学校内外のあらゆる機関において相談・指導等が受けられていない不登校の児童生徒が多くいることが推測され、これらの児童生徒に対し、学習機会へのアクセスをいかに保障するかについて、現時点では多くの教育委員会が失敗している（本山2011：29）といえ、このような児童生徒に対してどのように教育へのアクセス支援を行っていくかがこれからの課題としてあげられる。

教育現場における体罰問題

　2項では、子どもの人間としての尊厳について保障している。子どもの尊厳と学校の規律の運用を照らし合わせると、日本においては教師による体罰の問題があげられるだろう。

　学校教育法第十一条において「校長及び教員は、教育上必要があると認めるときは、文部科学大臣の定めるところにより、児童、生徒及び学生に懲戒を加えることができる。ただし、体罰を加えることはできない。」と定められている。

　体罰が禁止されているのは、子どもの人格を否定し、その人権を侵害するからである（日本弁護士連合会1995：39）。また、「体罰は生徒の人間的誇りを傷つける」（坂本1995：140）とも言われている。つまり、体罰は本条で保障されている子どもの人間の尊厳を侵す行為である。

　しかしながら、教育現場での体罰は依然として多い。2012年に起こった「桜宮高校体罰事件」を契機に、文部科学省が体罰の実態についての全国調査を行ったが、その結果として全校種・国公私立合計で、約6700件の

体罰が確認されている。

　上記で述べたように、体罰は子どもの尊厳を侵害する行為であり、本来、学校教育においてあってはならないものである。そのため、教師には子どもたちに対して体罰のない指導が求められる。

発展途上国における教育と識字

　世界では、就学できず学習から取り残されている子どもが数多く存在する。世界中のすべての子どもが初等教育を受けられる、字が読めるようになる環境を整備するために、1990年にタイのジョムティエンで「万人のための教育（EFA）世界会議」が開かれ、初等教育の普遍化、教育の場における男女の就学差の是正等が目標として掲げられた。

　2000年には「世界教育フォーラム」がセネガルのダカールで開催され、EFAの努力は一定の成果を残したものの、いまだその達成にははるかに及ばないとの厳しい認識のもと、目標達成のため、今後の目標と戦略として「ダカール行動枠組み」が設定された（黒田、横関 2005：8）。その中で、「2015年までに全ての子供達が、無償で質の高い義務教育へのアクセスを持ち、修学を完了できるようにすること」や「2005年までに初等及び中等教育における男女格差を解消すること。2015年までに教育における男女の平等を達成すること」などが目標とされ、これらふたつはミレニアム開発目標（MDGs）としても採用された。

　しかし、これらの目標は2015年までには達成されない見込みであり、2015年以降の新しいゴールでは、これら二つの未達成目標を維持され、達成される必要がある（JNNE2012：1）。

関連国内法

　日本国憲法26条、教育基本法5条、学校教育法6条・11条・22条・23条・29条・90条、義務教育の段階における普通教育に相当する教育の機会の確保等に関する法律、義務教育諸学校の教科用図書の無償措置に関する法律、公立高等学校に係る授業料の不徴収及び高等学校等就学支援金の支給に関する法律の一部を改正する法律など

（江藤　将行）

資料

義務教育の無償の範囲

○公立小学校における学校教育費の内訳（平成24年度の年額）

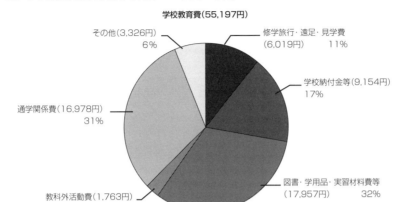

学校教育費（55,197円）

その他（3,326円） 6%

修学旅行・遠足・見学費（6,019円） 11%

学校納付金等（9,154円） 17%

通学関係費（16,978円） 31%

図書・学用品・実習材料費等（17,957円） 32%

教科外活動費（1,763円） 3%

出典：文部科学省「平成24年度『子供の学習費調査』の結果について」

○義務教育公立学校における無償の範囲

	授業料	教科書	通学費
日本	○徴収しない。	○無償。毎年新しい教科書を受け取る。	○有償。（ただし、僻地や、低所得家族等の子女には、一部公的助成が行われる場合もある。）
アメリカ	○徴収しない。	○一般に無償貸与。	○無償。
イギリス	○徴収しない。	○無償貸与。	○無償。（徒歩圏外からの通学生対象。通学圏外の学校を選んだ場合は無償は保障されない。）
フランス	○徴収しない。	○無償貸与。	○有償又は無償。（県により異なる。約3分の1の県では無償。）
ドイツ	○徴収しない。	○一般に無償貸与。	○無償。（通常、一定以上の距離から通学する児童生徒に交通費が払い戻される。）
韓国	○徴収しない。	○無償。毎年新しい教科書を受け取る。	○無償。

出典：文部科学省「義務教育公立学校における無償の範囲」
http://www.mext.go.jp/b_menu/shingi/chukyo/chukyo6/gijiroku/05030101/007/004.htm

高等学校における授業料の無償化

○社会権規約十三条2（b）

第十三条2

(b) 種々の形態の中等教育（技術的及び職業的中等教育を含む。）は、すべての適当な方法により、特に、無償教育の漸進的な導入により、一般的に利用可能であり、かつ、すべての者に対して機会が与えられるものとすること。

○高等学校等就学支援金制度（新制度）について

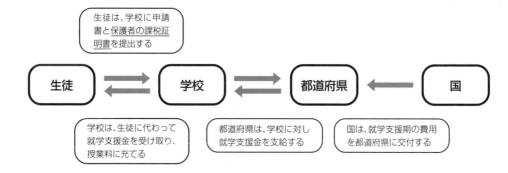

※保護者等の市町村民税所得割額が 30 万 4,200 円（年収 910 万円）未満である生徒が対象となる

出典：文部科学省「高等学校等就学支援金制度（新制度）について」http://www.mext.go.jp/a_menu/shotou/mushouka/

高等教育へのアクセス

○社会権規約十三条 2 (c)

第十三条 2

(c) 高等教育は、すべての適当な方法により、特に、無償教育の漸進的な導入により、能力に応じ、すべての者に対して均等に機会が与えられるものとすること。

○世界の大学進学率

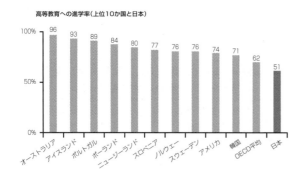

出典：文部科学省「教育指標の国際比較（平成 25 年度版）」

○国内の大学進学率

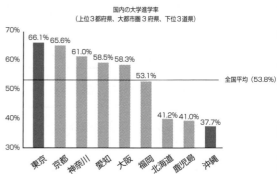

出典：文部科学省「平成 26 年度学校基本調査（確定値）」

不登校の児童生徒に対する支援

○教育支援センターで相談・指導等を受けた児童生徒

			相談・指導等を受けた人数（A）		
		不登校児童生徒数における（A）の割合	内「指導要録上出席扱い」の措置をとった人数（B）	（B）／（A）	内「指導要録上出席扱い」の措置をとった学校数
教育支援センター	14,310	12.00%	11,800	82.50%	5,687
教育支援センター含む学校外の機関で相談・指導等を受けた人数	36,399	30.40%	16,864	46.30%	7,642

出典：文部科学省「児童生徒の問題行動等生徒指導上の諸問題に関する調査（平成 25 年度）」

教育現場における体罰問題

○懲戒と体罰の区別について

（1）教員等が児童生徒に対して行った懲戒行為が体罰に当たるかどうかは、当該児童生徒の年齢、健康、心身の発達状況、当該行為が行われた場所的及び時間的環境、懲戒の態様等の諸条件を総合的に考え、個々の事案ごとに判断する必要がある。この際、単に、懲戒行為をした教員等や、懲戒行為を受けた児童生徒・保護者の主観のみにより判断するのではなく、諸条件を客観的に考慮して判断すべきである。

（2）（1）により、その懲戒の内容が身体的な性質のもの、すなわち、身体に対する侵害を内容とするもの（殴る、蹴る等）、児童生徒に肉体的苦痛を与えるようなもの（正座・直立等特定の姿勢を長時間にわたって保持させる等）に当たると判断された場合は、体罰に該当する。

出典：文部科学省「体罰の禁止及び児童生徒理解に基づく指導の徹底について（通知）」
http://www.mext.go.jp/a_menu/shotou/seitoshidou/1331907.htm

○桜宮高校体罰事件（2012年12月）

2012年12月、大阪市立桜宮高校バスケットボール部主将の男子生徒が、当時の顧問から体罰を受け、それを苦に自殺した。生徒の父親が体罰を加えた顧問を、暴行容疑で告訴した事件である。

裁判所も「生徒は肉体的苦痛や精神的苦痛を受けていた」として、体罰と自殺の因果関係を認め、当時の顧問に懲役1年・執行猶予3年（求刑・懲役1年）を言い渡した。

発展途上国における教育と識字

○世界の純就学率と若者の識字率

地域	純就学率（%）2008 - 2011				若者（15 - 24）の識字率（%）2008 - 2012	
	初等教育		中等教育			
	男	女	男	女	男	女
サハラ以南のアフリカ	79	75	–	–	76	64
東部・南部アフリカ	89	86	32	29	78	71
西部・中部アフリカ	70	66	–	–	73	56
中東と北アフリカ	92	88	69	64	95	89
南アジア	94	91	54	46	86	74
東アジアと太平洋諸国	97	97	71	73	99	99
ラテンアメリカとカリブ海諸国	95	96	74	78	97	97
CEE/CIS	96	95	85	83	100	99
後発開発途上国	83	79	36	30	76	67
世界	92	90	64	61	92	87

※ – はデータなし

出典：ユニセフ『世界子供白書2014』

〈参考文献〉
坂本秀夫『体罰の研究』三一書房、1995
浜野隆「初等教育」黒田一雄・横関祐見子編『国際教育開発論　理論と実践』有斐閣、2005、pp.82-102
黒田一雄・横関祐見子「国際教育協力の潮流」黒田一雄・横関祐見子編『国際教育開発論　理論と実践』有斐閣、2005、pp.1-13
教育協力NGOネットワーク（JNNE）『ポストMDGsの国際教育開発についての課題についての提案』2012
関本克良「『註釈・子どもの権利条約28条：教育についての権利』の意義と解説　28条註釈の解説」国際人権法政策研究所編、ミーク・ベルハイド著、平野裕二訳『註釈・子どもの権利条約28条：教育についての権利』現代人文社、2007、pp.90-94
本山敬祐「日本におけるフリースクール・教育支援センター（適応指導教室）の設置運営状況」『東北大学大学院教育学研究科研究年報』第60集、第1号、2011、pp.15-34

第29条　教育の目的

英文（抄録）

1. States Parties agree that the education of the child shall be directed to:
   (a) The development of the child's personality, talents and mental and physical abilities to their fullest potential;
   (b) The development of respect for human rights and fundamental freedoms, and for the principles enshrined in the Charter of the United Nations;
   (c) The development of respect for the child's parents, his or her own cultural identity, language and values, for the national values of the country in which the child is living, the country from which he or she may originate, and for civilizations different from his or her own;
   (d) The preparation of the child for responsible life in a free society, in the spirit of understanding, peace, tolerance, equality of sexes, and friendship among all peoples, ethnic, national and religious groups and persons of indigenous origin;
   (e) The development of respect for the natural environment.
2. No part of the present article or article 28 shall be construed so as to interfere with the liberty of individuals and bodies to establish and direct educational institutions, subject always to the observance of the principle set forth in paragraph 1 of the present article and to the requirements that the education given in such institutions shall conform to such minimum standards as may be laid down by the State.

政府訳

1　締約国は、児童の教育が次のことを指向すべきことに同意する。
   (a)　児童の人格、才能並びに精神的及び身体的な能力をその可能な最大限度まで発達させること。
   (b)　人権及び基本的自由並びに国際連合憲章にうたう原則の尊重を育成すること。
   (c)　児童の父母、児童の文化的同一性、言語及び価値観、児童の居住国及び出身国の国民的価値観並びに自己の文明と異なる文明に対する尊重を育成すること。
   (d)　すべての人民の間の、種族的、国民的及び宗教的集団の間の並びに原住民である者の理解、平和、寛容、両性の平等及び友好の精神に従い、自由な社会における責任ある生活のために児童に準備させること。
   (e)　自然環境の尊重を育成すること。
2　この条又は前条のいかなる規定も、個人及び団体が教育機関を設置し及び管理する自由を妨げるものと解してはならない。ただし、常に、1に定める原則が遵守されること及び当該教育機関において行われる教育が国によって定められる最低限度の基準に適合することを条件とする。

本条のポイント

　本条は、国家の教育政策を方向付けることを主たる目的とする。ただし2項は、家庭・企業・地域、もしくは公立学校以外の私立学校における教育の指針を示しているものと理解することができる。それは、本条文の成立過程においてオランダ、カナダが私立学校設置や学校選択の自由を主張したことから明らかである（波多野1994：214）。

　また本条は、世界人権宣言26条2項、「経済的、社会的及び文化的権利に関する国際規約」13条1項を発展させた規定である。世界人権宣言と「経済的、社会的及び文化的権利に関する国際規約」は「人格」についてしか記載していなかったが、本条では「才能」「能力」が追加されている。

　以上からは、第二次世界大戦において全体主義的思潮が台頭したことに対し、本条が自由主義社会の教育原則を保障しようとしたものであると考えることができる。このことは、1項dにおいて多様な文化・宗教的少数者への配慮が「自由な社会」における責任と関連づけられていることからも明らかであろう。

　また、1項cが、子どものみならず子どもの親への尊重 respect for the child's parents を盛り込んだことも注目される。

教育基本法との関係

　日本では憲法26条と教育基本法により教育の大枠が法的に規定されており、人格、能力に応じた教育という本条目的の基本的部分については、憲法と教育基本法に基づく下位法の整備が進んでいる。もっとも、本条1項(c)(d)の言う文化的・宗教的少数者・原住民に関する教育の問題については、日本の立法政策には発展の余地がある。

関連国内法

　日本国憲法26条
　教育基本法1条
　学校教育法39・45・50条など

（佐藤　晋平）

資料

憲法・教育基本法における「能力」と「人格」

日本国憲法 26 条

　すべて国民は、法律の定めるところにより、その能力に応じて、ひとしく教育を受ける権利を有する。

教育基本法 1 条

　教育は、人格の完成を目指し、平和で民主的な国家及び社会の形成者として必要な資質を備えた心身ともに健康な国民の育成を期して行われなければならない。

教育基本法のいう「人格」とは

　人格は、心理学的には E. クレッチマーらの類型論や、R.B. キャッテルらの特性論などの理論によって説明されてきた。ただ日本では、教育基本法のいう人格をめぐる大きな論点の相違として、人格は人それぞれ違う多様なものであるという見方と、一定の法則や秩序のもとで発達するという二つの考え方があった。教育と人格についての見解を述べた代表的な判決（最大判昭 51.5.21）は、学校教育は「教師と子どもとの間の直接の人格的接触を通じ、その個性に応じて行われなければならない」としている。こうした見方は、人格が一定の決まった秩序によって発達するものであるというより、教育に携わる人間の多様な人格を承認する姿勢と見ることができる（西原・佐藤他 2012）。

▶演習課題：比べてみよう！
　　　　　　昨今、政府の教育政策は人格と社会の秩序の関係についての考え方を変化させてきている。
　　　　　　下の 2 つを比べ、その違いを考えてみよう！

1947 年施行の、旧教育基本法　前文

　われらは、さきに、日本国憲法を確定し、民主的で文化的な国家を建設して、世界の平和と人類の福祉に貢献しようとする決意を示した。この理想の実現は、根本において教育の力にまつべきものである。

　われらは、個人の尊厳を重んじ、真理と平和を希求する人間の育成を期するとともに、普遍的にしてしかも個性ゆたかな文化の創造をめざす教育を普及徹底しなければならない。

　ここに、日本国憲法の精神に則り、教育の目的を明示して、新しい日本の教育の基本を確立するため、この法律を制定する。

2006 年施行の、現行教育基本法　前文

　我々日本国民は、たゆまぬ努力によって築いてきた民主的で文化的な国家を更に発展させるとともに、世界の平和と人類の福祉の向上に貢献することを願うものである。

　我々は、この理想を実現するため、個人の尊厳を重んじ、真理と正義を希求し、公共の精神を尊び、豊かな人間性と創造性を備えた人間の育成を期するとともに、伝統を継承し、新しい文化の創造を目指す教育を推進する。

　ここに、我々は、日本国憲法 の精神にのっとり、我が国の未来を切り拓く教育の基本を確立し、その振興を図るため、この法律を制定する。

〈参考文献〉

波多野里望『子どもの権利条約　逐条解説』有斐閣、1994 年。
西原博史・佐藤晋平他「最高裁教育判例における教師像の展開：学テ判決と「君が代」処分違法判決をつなぐもの」『東京大学大学院
　教育学研究科教育行政学論叢』32 号、2012 年、pp.113-180。

少数民族に属し又は原住民である児童の文化、宗教及び言語についての権利

英文（抄録）

In those States in which ethnic, religious or linguistic minorities or persons of indigenous origin exist, a child belonging to such a minority or who is indigenous shall not be denied the right, in community with other members of his or her group, to enjoy his or her own culture, to profess and practise his or her own religion, or to use his or her own language.

政府訳

種族的、宗教的若しくは言語的少数民族又は原住民である者が存在する国において、当該少数民族に属し又は原住民である児童はその集団の他の構成員とともに自己の文化を享有し、自己の宗教を信仰しかつ実践し又は自己の言語を使用する権利を否定されない。

本条のポイント

　本条約は、前文、17条、29条等において、「それぞれの人民の伝統及び文化的価値」の重要性、マスメディアにおける「少数民族に属する子どもまたは先住民である子どもの言語上のニーズ」の配慮、教育目的における文化的アイデンティティ・言語・価値の尊重ならびに民族的・宗教的集団および先住民間の理解・平和・寛容等の精神などを強調している。とくに本条は、民族上（ethnic）・宗教上・言語上の少数者や先住民の子ども（a child who is indigenous）が、そのアイデンティティの形成や成長発達にとりわけ必要であるにもかかわらず、これまで保障されてこなかった権利—自分の文化を享受する権利、自分の宗教を信仰し実践する権利、自分の言語を使う権利—が否定されてはならないことを求めている（喜多 2009：183）。

対象となる子ども

　本条約は自由権規約27条とほぼ同一の規定である。自由権規約委員会の一般的意見23号では、これらの権利は単に、かかる少数民族に属する個人が、その集団の他の構成員とともに自己の文化を享有する権利、自己の宗教を実践しかつ自己の言語を使用する権利を否定されるべきではないというものである。かかる個人は国民又は市民である必要がないばかりではなく、永住者である必要もない。従って、締約国内においてかかる少数民族を構成する移住労働者又は短期滞在者であっても、かかる権利の行使を否定されない権利を有する。またその目的のためにも、これらの個人は、締約国の管轄の下にある他の全ての個人と同様、結社の自由、集会の自由、表現の自由などの一般的な権利を享有する。ある締約国内における種族的、宗教的又は言語的少数民族の存在は、かかる締約国による判断によってではなく、客観的基準によって定められることが必要である。

　しかし、第1回政府報告書は、「我が国憲法は、人種等に基づく差別を禁じているほか、すべての国民に対し表現、思想、良心及び宗教の自由を保障している。したがって、この条約第30条にいう少数民族又は原住民集団に属する児童についてもすべて、憲法の下での平等を保障された国民として、自己の文化を享有し、自己の宗教を実践し、又は自己の言語を使用する権利が保障されている」と記述している。これらの見解は、自由権規約委員会の一般的意見と明らかに異なり、国際人権機関の理解とかけ離れているし、自由権規約委員会や子どもの権利委員会の総括所見からしても問題である。

少数者の教育

　義務教育諸学校への外国人児童生徒の就学に関する二つの原則（①就学の機会は許可として提供され、②就学後は日本人と同様に扱われる）は、公教育の対象を日本人（日本国籍を有する者）のみに限定し、教育内容を日本人教育と規定したものと解かれる。外国人の子どもは積極的には排除されないものの、日本人と同等の就学上および教育上の正当な権利享受者とは想定されておらず、いわば例外的な存在として位置づけられている。日本人と同様に扱うことを可能にするために取り組まれる日本語教育や適応教育は、子どもたちの固有の言語・文化・習慣・行動様式等を無視するか、時には抑圧する結果を招く（太田 2000：224）。

関連国内法

　憲法14条、19条、20条、21条

（韓　賢徳）

資料

先住民アイヌの高校・大学進学率

北海道が 2006 年に実施した「アイヌ生活実態調査」によれば、北海道居住のアイヌ高校進学率は全体の 98.3％ に対して 93.5％、大学進学率も 38.5％ に対して 17.4％ と低く、社会的地位を向上する上で大切な教育面の格差解消が依然急務である。

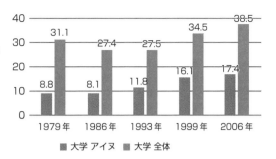

区分	年度	1972 年	1979 年	1986 年	1993 年	1999 年	2006 年
高校	アイヌ	41.6	69.3	78.4	87.4	95.2	93.5
	全体	78.2	90.6	94.0	96.3	97.0	98.3
大学	アイヌ	—	8.8	8.1	11.8	16.1	17.4
	全体	—	31.1	27.4	27.5	34.5	38.5

〈出典　北海道アイヌ協会 http://www.ainu-assn.or.jp/about03.html〉

外国人子女の教育

文部科学省の外国人子女教育施策は、そのほとんどが日本語と社会適応指導に関することにあてられている。現在の指導要領の国際理解は、国際社会に生きる日本人として必要な資質を養うと、文字通りマジョリティ（日本人）の側の異文化国際理解教育であり、定住外国人については社会適応指導という関連が強く、日本に同化させようという思想が根底にある。外国からきた子どももともに生き、ともに学び行く多文化共生教育の視点はほとんどない。　　　　　（日本弁護士連合会 2006：545）

朝鮮学校の二重差別

戦後日本政府は、一貫して在日コリアンの民族学校（朝鮮学校）に対して、日本の同化政策と民族教育否定政策を続けてきた。その結果朝鮮学校は日本の学校とほぼ同じカリキュラムで教育しているにもかかわらず、大学入学資格や教育扶助・通学定期・寄付金に対する免税措置などの面で様々な差別待遇を受けてきた (日本弁護士連合会 2006:519)。朝鮮学校は学校教育法に定められた 1 条校ではなく、134 条の「各種学校」と位置づけている。

2014 年 4 月 1 日に施行された「公立高等学校に係る授業料の不徴収及び高等学校就学支援金の支給に関する法律」は、国公立高校の場合は授業料の不徴収を、私立学校・各種学校等の場合は生徒個人への就学支援金の支給による授業料の一部補助を定めるものであった。各種学校の外国人学校の生徒をも対象にするこの制度は画期的で、外国人学校に対しても国レベルで公費が平等に投入されるのは初めてであった。しかし、2010 年 2 月の法案の審議入り以後、外国人学校の中でも特に朝鮮学校の扱いが拉致問題などと絡めた外交上の観点から議論となった。結果、朝鮮学校については同法の適用が当面見送られることとなった。(志水ら 2014:27-28)

下村博文文部科学大臣記者会見録（平成 25 年 5 月 24 日）

〈記者〉
　先だって、国連の社会権規約委員会が朝鮮学校の高校無償化の適用除外について、差別であるので改善をするべきという決議を出しましたが、それについて大臣の考えをお聞かせください。

〈下村博文文部科学大臣〉
　御指摘の国連の社会権規約委員会の最終見解、21 日に公表されたと。朝鮮学校にも高校無償化を適用するよう、勧告がなされているということは承知しております。

　朝鮮学校の高校無償化に係る不指定処分については、一つには、朝鮮学校は朝鮮総連と密接な関係にあり、教育内容、人事、財政にその影響が及んでいることなどから、法令に基づく学校の適正な運営が行われているとの確証が得られなかったために、不指定処分となったと。

　二つ目に、朝鮮学校が都道府県知事の認可を受けて学校教育法第 1 条に定める高校になるなどすれば現行制度の対象となり、また高校や他の外国人学校に在学する在日朝鮮人等は現行制度の対象となっているということを踏まえれば、差別に当たらないということは明確であると思います。つまり、朝鮮学校に北朝鮮系の生徒が全て行っているわけではなくて、在日の人たちはそれぞれの選択によって行く中で、かなりの一部の子弟が実際は朝鮮学校を分かって選択をされているということでありまして、かなり大多数は実際は日本の第 1 条校、普通の日本の学校、公立や私立の学校に行っているという事実があるわけでありまして、これは民族差別には全く当たらないというのははっきりしていることだと思いますし、そもそも朝鮮高校が我々の指摘に対して理解を示せば、第 1 条校化すれば済む話でもあるのではないかというふうに思っております。

　そういう意味で、この国連の社会権規約委員会の指摘というのは、これは、我が国の状況を十二分に理解していない中での見解だということで、改めて国連の社会権規約委員会に対して、日本政府としての主張をきちんと更に伝えることによって、逆によく理解をしてもらう必要があるのではないかと、理解を十分にしていない中での見解ということで、非常に残念に思います。

http://www.mext.go.jp/b_menu/daijin/detail/1335107.htm

〈参考文献〉
太田晴雄 『ニューカマーの子どもと日本の学校』国際書院、2000 年
日本弁護士連合会『子どもの権利ガイドブック』明石書店、2006 年
志水宏吉、中島智子、鍛冶至 『日本の外国人学校 − トランスナジョナリティを巡る教育政策の課題』明石書店、2014 年

英文（抄録）

1. States Parties recognize the right of the child to rest and leisure, to engage in play and recreational activities appropriate to the age of the child and to participate freely in cultural life and the arts.
2. States Parties shall respect and promote the right of the child to participate fully in cultural and artistic life and shall encourage the provision of appropriate and equal opportunities for cultural, artistic, recreational and leisure activity.

政府訳

1 締約国は、休息及び余暇についての児童の権利並びに児童がその年齢に適した遊び及びレクリエーションの活動を行い並びに文化的な生活及び芸術に自由に参加する権利を認める。
2 締約国は、児童が文化的及び芸術的な生活に十分に参加する権利を尊重しかつ促進するものとし、文化的及び芸術的な活動並びにレクリエーション及び余暇の活動のための適当かつ平等な機会の提供を奨励する。

本条のポイント

　本条は子どもの豊かな発育や成長のためには休息や余暇が不可欠であることに言及し、またレクリエーションほか文化的及び芸術的活動に参加する権利を明示している。そして２項では締約国にこれらの権利の尊重と促進・奨励を求めている。

　本条の関連するものとして、国連では国際人権規約の社会権規約（経済的、社会的及び文化的権利に関する国際規約）において文化的権利を認めている。また「子どもの遊ぶ権利宣言」を子どもの遊ぶ権利のための国際協会（IPA）がまとめており、そのほか、ユネスコやILOなどでも本条の内容に触れられてはいる。しかしながら“休息”や“余暇”を正面から権利として捉えたものはこれまでになく、本条の規定が持つ意義は大きいと言えるだろう（永井2000：182-183/波多野2005：221-222）。

条文の成立をめぐって

　カナダの提案による第一項の原案においては、導入部が「すべての児童は……権利を有する」とされていたが、フランスの修正案により現在の「締約国は……認める」の形となった。また、キューバにより「その年齢に適した」という文言が挿入された。余暇やレクリエーションについてはその重要性を認められつつも、西ドイツからは「経済的および社会的搾取」の条項で取り上げるべきとの指摘もあった。（＊この点からも見えるが、本条は以降に続く各種の搾取からの保護の条文と合わせて考えるのが妥当であろう。）そのほか、バチカンからは子どもの休息や余暇の過ごし方についての子どもの権利と親の管理・監督権への言及がないことの指摘がされている。

　また第２項はアメリカが提案し、自身の追加提案をもって合意に至っている（波多野2005：221-222/喜多1990：158）。

子どもと「遊び」の関係性

　「遊び」は余分なものとして非常に軽く扱われやすく、その一方現代、子どもにおいても重要視されるのが「勉強」である。しかし、子どもは「遊び」を通して固有の文化を形成し、社会を学び人間関係を学んでいる。子どもの「遊び」には、もって生まれた生命力を発揮し、自主・自立性を育み、生活にリズムをつけ、コントロールするなど発達上の意義があるとされている。高橋(2007)では「『遊び』は子どもであることの最大の権利」という言葉でその重要性を表現している。

　このように「遊び」は子どもの発達発育にとって重要であるが、その「遊び」の内容や余暇の過ごし方が問われている。近年、子どもの「遊び」は大きく変容している。テレビゲームが一般化し携帯電話・スマートフォンが普及し小中学生であってもそれらを持っていることが珍しくない。余暇の時間すべてをゲームやマンガに費やすような過ごし方は、「遊び」として適当であるだろうか。

　また、子どもの体力低下や肥満化を受けて、スポーツクラブや部活動も盛んになった。スポーツをすること自体は悪いことではないが、子どもの遊びがスポーツと等価値だと考えられることになった場合、本来「遊び」の持っていた多様性がなくなってしまう危険性がある（参考：志村1991/井上2002/高橋2007）。

関連条文および国内法

　日本国憲法13条、21条、25条、27条
　児童憲章9項
　児童の権利に関する宣言7条3項
　子どもの遊ぶ権利宣言
　経済的、社会的及び文化的権利に関する国際規約

（阿南　清士朗）

資料

わが国における子どもの休息・余暇

　本条における休息や余暇とは、子どもの労働からの解放を主に想定している。しかし、子どもの労働が一般的ではない日本の国内事情にそれを置き換えてみると、子どもの宿題や塾、習い事などからの解放であると言えよう。

　実際に小学生の平日の学校外学習の時間は、ベネッセ教育総合研究所が2006年に実施した調査によれば、東京では100分を超え、小学生の5割が塾に通っているという結果が出た。なおこの数値は平均値であるため、回答には平日の学校外学習の時間が3時間を超えるというものも見られた。

　ILO条約第九十号には特に15歳以下の子どもは「夜10時から朝6時までを含む」少なくとも12時間以上の連続的な休息が必要とされている中、日々に追われる日本の子どもたちは十分な休息が取れているのだろうか。

（波多野2005：222-223/ 喜多1997：18-26/ 中野・小笠1996：158-161/ ベネッセ教育総合研究所）

キャッチボールのできる公園を

　子どもたちが遊び、余暇の時間を過ごすもっとも身近な場所として、公園が挙げられる。かつては、遊具も何もない、到底公園とは呼べないような原っぱで子どもたちは遊んでいた。昨今それら"原っぱ"はなくなりつつあり、車社会の到来から路地でも遊べなくなった。唯一の子どもたちの遊び場として残るのは公園だが、子どもたちの遊び場は十分に確保されていると言えるのだろうか。

　社団法人日本公園緑地協会の調査によれば公園のおよそ6割がキャッチボールをはじめとするボール遊びを制限している。また老朽化や事故をきっかけに遊具の撤去もなされている。クレームや事故リスクへ対応するためにはそうならざるを得ない部分もあるかもしれないが、子ども自身・自然そのものに働きかける数少ない直接体験・原体験の機会が失われてしまってはいなだろうか。ボール遊びもダメ、遊具もない公園で、子どもたちは携帯型ゲームを手に静かにしゃがみこんでいる。

（社団法人日本公園緑地協会/ 下村1995：128）

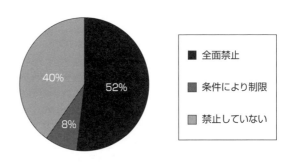

公園でのキャッチボールの禁止状況
（社団法人日本公園緑地協会調査より著者作成）

- 全面禁止 52%
- 条件により制限 8%
- 禁止していない 40%

〈参考文献等〉
・井上仁（2002）『子どもの権利ノート』明石書店
・喜多明人（1990）『新時代の子どもの権利―子どもの権利条約と日本の教育―』エイデル研究所
・喜多明人（1997）『活かそう！子どもの権利条約』ポプラ社
・志村欣一（1991）「『休息・余暇、遊び、文化的・芸術的生活への参加』規定の意義」『教職研修総合特集 No.76』教育開発研究所
・高橋博久（2007）「遊びは子どもであることの最大の権利」『子どもの権利研究 第10号』日本評論社
・中野光 小笠毅 編著（1996）『ハンドブック 子どもの権利条約』岩波書店
・社団法人日本公園緑地協会「キャッチボールのできる公園づくり」http://www.posa.or.jp/catchball/purpose04.html
・子どもの遊ぶ権利のための国際協会（IPA） http://www.ipa-japan.org/topframe.html
・ベネッセ教育総合研究所「学習基本調査・国際6都市調査［2006年～2007年］」
　http://berd.benesse.jp/shotouchutou/research/detail1.php?id=3213

英文（抄録）

1. States Parties recognize the right of the child to be protected from economic exploitation and from performing any work that is likely to be hazardous or to interfere with the child's education, or to be harmful to the child's health or physical, mental, spiritual, moral or social development.
2. States Parties shall take legislative, administrative, social and educational measures to ensure the implementation of the present article. To this end, and having regard to the relevant provisions of other international instruments, States Parties shall in particular:
   (a) Provide for a minimum age or minimum ages for admission to employment;
   (b) Provide for appropriate regulation of the hours and conditions of employment;
   (c) Provide for appropriate penalties or other sanctions to ensure the effective enforcement of the present article.

政府訳

1 締約国は、児童が経済的な搾取から保護され及び危険となり若しくは児童の教育の妨げとなり又は児童の健康若しくは身体的、精神的、道徳的若しくは社会的な発達に有害となるおそれのある労働への従事から保護される権利を認める。
2 締約国は、この条の規定の実施を確保するための立法上、行政上、社会上及び教育上の措置をとる。このため、締約国は、他の国際文書の関連規定を考慮して、特に、
   (a) 雇用が認められるための1又は2以上の最低年齢を定める。
   (b) 労働時間及び労働条件についての適当な規則を定める。
   (c) この条の規定の効果的な実施を確保するための適当な罰則その他の制裁を定める。

本条のポイント

　本条は、経済的搾取や有害な労働への従事から保護される権利を定めたものである。労働には、社会参加や個人の成長を促す側面もあるが、過度な労働は経済的な搾取につながるうえ、教育の機会や心身の健全な発達を阻害し、子どもたちの未来を奪うことにつながる。

　実際に、産業革命前後の欧米諸国では、賃金、環境ともに悪条件の労働を強いられる子どもが少なくなかった。このため、1833年には、イギリスで工場法（Factories Act）が制定され、9歳未満の子どもたちの労働が禁止された。以後、児童労働の法規制がすすめられてきた。

　国際法上も、本条約に先立って作成された国際人権規約（社会権規約）10条3項にも児童労働に関する規定が設けられ、経済的搾取・有害労働からの保護が図られてきた経緯がある。しかしながら、いまだに児童労働は深刻な問題であり、開発途上国を中心に過酷な児童労働の実態が存在する。

日本での児童労働規定

　憲法第27条3項では「児童は、これを酷使してはならない」とされ、労働基準法では中学生（満15歳に達した後の3月31日）までの雇用が原則として禁止されている（56条）。例外として、「映画の製作又は演劇の事業」に従事する場合や、満13歳以上で健康及び福祉に有害でなく、軽易な労働に従事する場合の規定が設けられているが、いずれの場合も行政官庁の許可を受けることとされている。さらに、18歳未満の雇用について、深夜業・危険業務の従事制限や労働時間・休日などの条件が定められている（60条ほか）。

　現代の日本では、生活保護などの公的扶助により、経済的困窮を理由に子どもたちが労働に従事せざるを得な

い状況は発生しないと考えられる。しかし、年齢を偽るなどして学齢期の児童生徒が労働に従事する事例は存在し、決して児童労働が根絶されたわけではない。これらの事例の背景にある非行、家庭環境や学校制度の問題、あるいは子どもの権利条約34条で取り上げる性的搾取の問題と合わせて対応を考える必要がある。

児童労働撤廃に向けた国際協力

　児童労働の撤廃に向け、国際労働機関（ILO）の主導により1973年に「最低年齢条約」、1999年に「最悪の形態の児童労働条約」が作成された。児童労働撤廃に取り組む児童労働撤廃国際計画（ILO-IPEC）の活動や同団体への資金提供などを通した国際協力の取り組みが進んでいる。

　また、米国や欧州では、児童労働によって作られた製品の貿易を禁じる動きがある。

関連条文

　日本国憲法27条3項、労働基準法第56～64条、69条ほか。

（金子　研太）

資料

児童労働に関する条約

国際人権規約（国際連合、1966年採択、1976年発効）

第10条3項にて「保護及び援助のための特別な措置が、出生の他の事情を理由とするいかなる差別もなく、すべての児童及び年少者のためにとられるべきである。児童及び年少者は、経済的及び社会的な搾取から保護されるべきである。児童及び年少者を、その精神若しくは健康に有害であり、その生命に危険があり又はその正常な発育を妨げるおそれのある労働に使用することは、法律で処罰すべきである。また、国は年齢による制限を定め、その年齢に達しない児童を賃金を支払って使用することを法律で禁止しかつ処罰すべきである。」と規定。

就業が認められるための最低年齢に関する条約（ILO第138号、1973年）

全ての産業を対象に労働従事可能な下限の年齢を規定。労働従事は原則として義務教育を終えてからとされた。

最悪の形態の児童労働の禁止及び撤廃のための即時の行動に関する条約（ILO第182号、1999年）

18歳未満の児童による最悪の形態の児童労働の禁止及び撤廃のための即時の効果的な措置を求める条約。具体的には以下の4つの形態を規制。

    a. 児童の人身売買、武力紛争への強制的徴集を含む強制労働、債務奴隷などのあらゆる形態の奴隷労働またはそれに類似した行為

    b. 売春、ポルノ製造、わいせつな演技のための児童の使用、斡旋、提供

    c. 薬物の生産・取引など、不正な活動に児童を使用、斡旋または提供すること

    d. 児童の健康、安全、道徳を害するおそれのある労働

日本における児童労働

2001年	富山県の建設会社で中学生が働いていたとして摘発。
2006年	名古屋市で中学生22人が年齢を偽って人材派遣会社に登録。運送会社で荷物の仕分け業務などに携わった。
2007年	東京都で深夜の駅構内改築工事に14歳の中学生が従事。重さ10キロの廃材を運んでいて転倒し、指2本を切断。
2008年	東京都で中学生が倉庫や工場での労働に従事したとして人材派遣会社を摘発。
2012年	栃木県の中学3年生が工事現場でアルバイトに従事し、崩れた壁の下敷きとなって死亡。その後の調べで、同じ建設会社で過去10年間に17人の中学生が働いていたことが明らかとなった。雇用した中学生の中には、保護者や学校からの依頼に基づくケースもあった。
	大阪市で小学6年生や中学1年生を働かせていたガールズバーが摘発。2013年には大阪府で、2014年には埼玉県で類似の事案が発生。

※新聞報道などをもとに作成

国際協力

児童労働撤廃国際計画（ILO-IPEC）への拠出額（2008年）

	国名	拠出額（ドル）
1	アメリカ	31,095,550
2	スペイン	4,006,978
3	EEC	2,938,920
	イギリス	2,938,920
5	デンマーク	2,937,437
19	日本	183,794

http://cl-net.org/nocl/gov.html

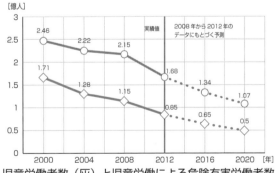

児童労働者数（灰）と児童労働による危険有害労働者数（赤）の2000年以降の推移と2020年までの予測

http://www.ilo.org/tokyo/areas-of-work/child-labour/lang-ja/index.htm

▶演習課題：児童労働からの解放は教育の機会や余暇の獲得につながるものであるが、日本の児童労働の実態は逆に学校からの放逐あるいは逃避に起因しているといっても過言ではない。このような形態の児童労働を防ぐために、どのような方策が考えられるか。

〈参考文献〉
中村まり、山形辰史編『児童労働撤廃に向けて—今、私たちにできること—』アジア経済研究所、2013年。

第**33**条　麻薬の不正使用等からの保護

英文（抄録）
States Parties shall take all appropriate measures, including legislative, administrative, social and educational measure, to protect children from the illicit use of narcotic drugs and psychotropic substances as defined in the relevant international treaties, and to prevent the use of children in the illicit production and trafficking of such substances.

政府訳
締約国は、関連する国際条約に定義された麻薬及び向精神薬の不正な使用から児童を保護し並びにこれらの物質の不正な生産及び取引における児童の使用を防止するための立法上、行政上、社会上及び教育上の措置を含むすべての適当な措置をとる。

本条のポイント
　本条は、子どもが麻薬及び向精神薬の不法使用、及びこれらの物質の不法な生産及び取引における利用から保護されることを規定しており、また国が立法上、行政上、社会上、教育上の適当な措置を取ることも定めている。

日本国の対応
　日本において、麻薬、向精神薬の取り締まりに関する法規制が整備されている。刑法 136 － 141 条（アヘン煙に関する罪）、麻薬取締法、アヘン法、大麻取締法、覚せい剤取締法、毒物及び劇物取締法、薬事法などがある。ただし、日本で規制されている麻薬、向精神薬は LSD、ヘロイン、コカインなど 24 物質に過ぎず、規制の強化が求められる（永井ら 2000：191）。
　また、行政上、社会上、教育上の措置も設定されている。1996 年には、文部科学省は「覚せい剤等乱用防止対策の推進について」を、さらに 1997 年には「児童生徒の覚せい剤等乱用防止に関する指導の徹底について」を各都道府県教育委員会教育長などに通知した。1998 年に内閣府に設置された薬物乱用対策推進本部が「薬物乱用防止五ヵ年戦略」を策定し、青少年の覚せい剤等の乱用防止の指導が求められた。また、小・中・高等学校の「学習指導要領」では「薬物乱用防止」が明記され、2008 年（小中学校）・2009（高等学校）に改訂された新学習指導要領においても、引き続きそのための指導を重視し、特に高等学校で新たに大麻の不正使用を防止するための指導を行うことになった。

薬物乱用防止の学校教育
　近年、学校における薬物乱用防止教育が行われ、薬物乱用を拒絶する生徒、大学生の意識が向上し、未成年者の検挙人員減少の傾向を示している（図 1、2）。取り組みとしては、「体育」、「保健体育」、「道徳」、「特別活動」における指導に加え、「総合的な学習の時間」の活用なども含む学校の教育活動全体を通しての指導や、全ての小・中・高校において年に 1 回警察職員、麻薬取締官、薬剤師などの専門家の指導による薬物乱用防止教室の開催等がある。学校における薬物乱用防止の指導状況は大きく改善されてきている。図 3、4、5のように、平成 8 年と平成 23 年を比較すると、特に小学校において薬物乱用防止の指導を実施した学校が増加している。

教育機関に所属していない子どもに対する対策
　図 1、2 で分かるように、2004 年から 2008 年までの 5 年間でシンナー等有機溶剤の乱用により検挙された少年のうち、中学生や高校所属の生徒・大学生に対して、教育機関に所属していない少年は大きな割合を占めている。国立教育政策研究所生徒指導研究センター（2009）によれば、大麻、覚せい剤の乱用による送致人員数も同じ傾向が見られる。このことから、上記の小・中・高校を中心とする学校教育機関の教育だけでは不十分であると言えよう。生徒・学生以外の少年に対する対策を講じなければ、薬物乱用の問題は根本的に解決できないのであろう。「第四次薬物乱用防止 5 か年戦略」において、労働関係機関・団体等による啓発の充実（厚生労働省）、街頭キャンペーン等による啓発の充実（警察庁）などの取り組みが挙げられる。また、薬物を乱用してしまった場合、再乱用防止には薬物乱用者に対する治療・社会復帰の支援及びその家族への支援の充実強化が求められている。

関連国内法
　刑法 136、137、138、139、140、141 条、日本国憲法 25 条、覚せい剤取締法、大麻取締法、アヘン法、麻薬及び向精神薬取締法など

（楊　暁興）

資 料

薬物乱用とは

　薬物の乱用とは、医薬品を医療目的以外に使用すること、又は医療目的にない薬物を不正に使用することを言う。精神に影響を及ぼす物質の中で、習慣性があり、乱用され、又は乱用されるおそれのある薬物として、覚醒剤、大麻、MDMA、コカイン、ヘロイン、向精神薬、シンナー、薬事法に規定する指定薬物等があり、これらの取扱いが法令により禁止又は制限されている。

（出典：内閣府　「薬物乱用対策」　http://www8.cao.go.jp/souki/drug/drug_abuse.html）

シンナー等有機溶剤の乱用少年の送致人員の推移

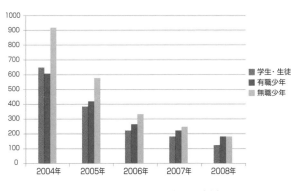

図1　学職別に見る人員推移（人）　　　　　　　　　図2　校種別に見る人員の推移（人）

国立教育政策研究所生徒指導研究センター（2009）の内容を基に筆者が作成

学校における薬物乱用防止の指導状況

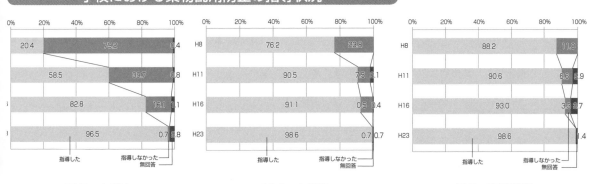

図3　小学校　　　　　　　　　図4　中学校　　　　　　　　　図5　高等学校

（出典：文部科学省「平成24年度薬物等に対する意識等調査報告書5」
http://www.mext.go.jp/component/a_menu/education/detail/__icsFiles/afieldfile/2013/08/07/1338369_05.pdf）

〈参考文献〉
国立教育政策研究所生徒指導研究センター（2009）「第7章薬物乱用、犯罪被害等」『生徒指導資料第1集（改訂版）生徒指導上の諸問題の推移とこれからの生徒指導—データに見る生徒指導の課題と展望—』http://www.nier.go.jp/shido/centerhp/1syu-kaitei/1syu-kaitei090330/1syu-kaitei.7yakubutu.pdf
立花直樹（2011）「日本における幼児期の薬物乱用防止対策の課題」『関西福祉科学大学紀要』第15号 pp.37-52

英文（抄録）

State Parties undertake to protect the child from all forms of sexual exploitation and sexual abuse. For these purposes, States Parties shall in particular take all appropriate national, bilateral and multilateral measures to prevent:

(a)The inducement or coercion of a child to engage in any unlawful sexual activity;

(b)The exploitative use of children in prostitution or other unlawful sexual practices;

(c)The exploitative use of children in pornographic performances and materials.

政府訳

締約国は、あらゆる形態の性的搾取及び性的虐待から児童を保護することを約束する。このため、締約国は、特に、次のことを防止するためのすべての適当な国内、二国間及び多数国間の措置をとる。

(a) 不法な性的な行為を行うことを児童に対して勧誘し又は強制すること。

(b) 買春又は他の不法な性的な業務において児童を搾取的使用すること。

(c) わいせつな演技及び物において児童を搾取的に使用すること。

本条のポイント

本条は、子どもがすべて性的搾取や虐待から守られるべきであること、国は特に、(a) 不法な性的行為への勧誘・強制、(b) 買春その他の不法な性的行為への搾取的使用、(c) ポルノ的な実演・題材への搾取的使用、の三つを防止するために、国内・二国間・多数国間の措置をとるべきことを定めている（喜多ら 2009：201）。

子どもへの性的な搾取と虐待とは必ずしも区分された概念ではなく、おおよそのニュアンスとして、後者は子どもの身体そのものの支配、前者より広く、システムとしての支配、と解してよいであろう。「子どもの性的搾取および性的虐待」には、「欧州評議会・性的搾取および性的虐待からの子どもの保護に関する条約」（日本はまだ批准しない）の第 18 条から第 23 条までにおいて詳しく掲げられている。具体的に以下である。

①子どもの性的搾取とは、児童買春、児童ポルノ、又はポルノ的パフォーマンスへ子どもを参加させることを意味する。具体的に、「児童買春」とは、金銭その他のいずれかの形態の報酬または対価が与えられまたはその供与が約束された状況で、子どもを性的活動のために用いることをいう。「児童ポルノ」とは、現実のもしくは擬似のあからさまな性的活動に従事する子どもを視覚的に描写したあらゆる資料または子どもの性器を主として性的目的で描写したあらゆる表現をいう。ポルノ的パフォーマンスへ子どもを参加させることは、①子どもを募集してポルノ的パフォーマンスに参加させ、または子どもをそのようなパフォーマンスに参加せしめること、②子どもを威迫してポルノ的パフォーマンスに参加させること、または当該目的で子どもから利益を得ることもしくはその他の形態により子どもを搾取すること、③子どもが参加するポルノ的パフォーマンスの場に情を知って出席することを指す。

②また、子どもの性的虐待とは、威迫、有形力または脅迫若しくは子どもとの信頼関係、子どもに対する権威または影響力を有すると認められている立場（家庭内におけるものを含む）の濫用、とくに精神的もしくは身体的障害または依存の状況を理由賭して子どもが置かれている特別に脆弱な状況を悪用して、子どもと性活動を行うことである。（平野裕二仮訳、「欧州評議会・性的搾取および性的虐待からの子どもの保護に関する条約」）

関連条文及び国内法

◆性的な搾取・虐待からの保護──憲法 18 条・27 条第 3 項、児童買春禁止法 1 条・4 条・7 条・8 条・10 条、児童の売買、児童買春及び児童ポルノに関する児童の権利に関する条約の選定議定書（日本 -2005 年批准）。

◆不法な性的行為への勧誘・強制の防止（a）──刑法 176 条～ 179 条・182 条、児童福祉法 34 条、児童買春禁止法 5 条・6 条。

◆性的な業における搾取的使用の防止（b）──刑法 182 条、買春防止法 3 条・6 条・7 条・10 条～ 13 条、職業安定法 63 条の②、風俗営業等の規制及び業務の適正化等に関する法律 22 条・28 条第 5 項の②、児童福祉法 34 条同法実行令 5 条、青少年保護育成条例、人身売買および他人の買春からの搾取の禁止に関する条約。

◆わいせつな演技・物における使用の防止（c）──刑法 174 条・175 条、風俗営業等の適正化等に関する法律 1 条・22 条、猥褻刊行物の流布及取引禁止の為の国際条約（日本＝ 1963 年締結）。児童ポルノ禁止法。

（孫 雪螢）

資　料

日本における性的同意年齢

　　日本の刑法176条（強制わいせつ罪）の規定においては、男女ともに性的同意年齢は13歳に設定されている。また刑法177条（強姦罪）にも女性のみであるが同じく13歳とする規定がある。しかし、児童福祉法は18歳未満を児童と規定し、「児童に淫行を"させる"行為」について刑事罰を規定している。また、単に自己の性的欲求を満たすことを目的にした18歳未満との性的行為は淫行条例で刑事罰が規定されている。

　　これらの規定により、被害者が、13歳に達していない子どもの場合は、子どもの同意による性的行為も犯罪とみなす。13歳〜18歳で、当事者双方が「真摯な交際関係」の上で性行為があったと考えていても、「淫行」に当たると判断され逮捕されるケースもある。このような場合、青少年の親権者が告発し、それに基づき逮捕されるケースが多い。

児童性暴力被害の現状

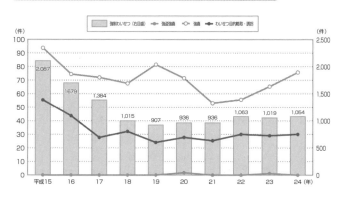

図1　子供対象・暴力的性犯罪認知件数の推移

　『警察白書』によると、平成24年中の子供対象・暴力的性犯罪（13歳未満の子供が被害者となった強姦、強制わいせつ、強盗強姦（いずれも致死又は致死傷及び未遂を含む。）及びわいせつ目的略取・誘拐（未遂を含む。）をいう。）の認知件数は、15年と比較すると強姦が17件（18.3％）、強制わいせつが1,033件（49.5％）、わいせつ目的略取・誘拐が27件（48.2％）減少した。しかし、強姦は22年から増加傾向にあり、前年より11件（16.9％）増加し、強制わいせつは19年から21年までは900件台で推移していたが22年からは1,000件台となり、前年より35件（3.4％）増加した。わいせつ目的略取・誘拐は17年以降ほぼ横ばいである。（出典：警察庁『警察白書』平成25年版、25頁。）

児童買春、ポルノの現状

　『子ども、若者白書』によると、児童買春事犯の被害者は2000年代半ばから減少してきており、平成24年には471人である。中学生と高校生の被害者が多い。児童ポルノ事犯の被害者は、2000年代後半に急増した後、やや減少しており、平成24年には531人である。検挙を通じて特定された被害者では中学生と高校生が多いが、被害者を特定できない画像について年齢鑑定により事件化した事案の被害者が平成24年は733人おり、これを

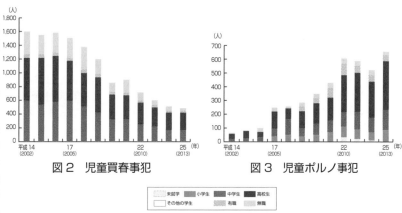

図2　児童買春事犯　　　図3　児童ポルノ事犯

未就学　小学生　中学生　高校生
その他の学生　有職　無職

加えた1,264人でみると、小学生以下（年齢鑑定で可能性ありと認定されたものを含む。）が56.3％（711人）を占めている。児童ポルノ事犯の約半数は低年齢の子どもが被害者であると認められる。（出典：内閣府『子ども、若者白書』平成26年版、49-50頁。）

〈参考文献〉
・平野裕二仮訳「欧州評議会・性的搾取および性的虐待からの子どもの保護に関する条約」
　http://www26.atwiki.jp/childrights/pages/33.html

英文（抄録）

State Parties shall take all appropriate national, bilateral and multilateral measures to prevent the abduction of, the ale of or traffic in children for any purpose or in any form.

政府訳

締約国は、あらゆる目的のための又はあらゆる形態の児童の誘拐、売買又は取引を防止するためのすべての適当な国内、二国間及び多数国間の措置をとる。

本条のポイント

本条は、子どもの誘拐・売買・取引を防止するための国内措置および国際措置がとられなければならないことを規定したものである（永井ら 1991：149）。

子どもの誘拐・奪取とは、「国際的子の奪取の民事面に関するハーグ条約」3条によれば、親権者の権利を侵害するかたちで子どもが移送または監禁されることと定義される。誘拐が欺罔や誘惑という非暴力的手段であるのに対し、奪取は暴行・脅迫を手段とする場合という。

子どもの売買とは、「子どもの売買、子ども買春及び子どもポルノグラフィーに関する選択議定書」2条によると、「子どもが、いずれかの者または集団により、報酬またはほかの何からの見返りと引換えに他の者に譲渡されるあらゆる行為または取引を意味する」。

子どもの人身取引については、「国際的な組織犯罪の防止に関する国際連合条約を補足する人（特に女性及び児童）の取引を防止し、抑止し及び処罰するための議定書」第3条は、「人身取引」の定義を次のとおり定めている。

（a）搾取の目的で、暴力若しくはその他の形態の強制力による脅迫若しくはこれらの行使、誘拐、詐欺、欺もう、権力の濫用若しくは弱い立場の悪用又は他人を支配下に置く者の同意を得る目的で行う金銭若しくは利益の授受の手段を用いて、人を採用し、運搬し、移送し、蔵匿し又は収受することをいう。搾取には、少なくとも、他人を売春させて搾取すること若しくはその他の形態の性的搾取、強制的な労働若しくは役務の提供、奴隷化若しくはこれに類する行為、隷属又は臓器の摘出を含める。

（b）（a）に規定する手段が用いられた場合には、人身取引の被害者が（a）に規定する搾取について同意しているか否かを問わない。

（c）搾取の目的で児童を採用し、運搬し、移送し、蔵匿し又は収受することは、（a）に規定するいずれの手段が用いられない場合であっても、人身取引とみなされる。

つまり、性的搾取、強制労働、臓器摘出などの「搾取」を目的として、脅迫や詐欺、欺もうなどの「不法な手段」で、人を「取引」する一連行為が「人身取引」であるが、その対象が子どもの場合には、本人の同意の有無にかかわらず、「不法」な手段が用いられなくでも、議定書に定める「搾取」を目的とする人の取引は「人身取引」とみなされる（喜多ら 2009：203-204）。

国内法適用の限界と問題点

現行「刑法」には、日本国外に移送する目的で人を売買すること等を禁止し、処罰の対象とする規定がある（刑法226条・国外移送目的略取等罪）。これは、日本人女性が国外に売られていたという立法当時（1907年）の事情を背景に、国内であっても人権が侵害されるが国外に移送された場合はさらに悲惨な状況に追い込まれるという実情に着目して設けられた規定である。

また、「児童福祉法」には、児童に淫行をさせる目的で人身売買を禁止し、処罰対象とする規定があり、「児童買春・児童ポルノに係る行為等の処罰及び児童の保護等に関する法律」には、児童買春・児童ポルノ製造目的で人身売買を禁止し、処罰対象とする規定がある。

しかし、日本は、現在、人身売買被害者の最大の受け入れ国の一つであり、人身売買被害者の送り出し国であった立法当時とは、状況がまったく逆転している。したがって、国外移送目的略取等罪はまったく機能していない。児童福祉法を適用した摘発例は少ないし、児童買春等禁止法は一応機能しているといえようが、氷山の一角とも考えられる（京都YWCA・APT 2001：206-207）。

関連条文および国内法

誘拐・売買・取引の禁止—刑法224条〜227条、児童福祉法34条1の⑦、出入国管理及び難民認定法1条・2条⑦・5条の⑦、24条の④・73条の2、自身売買及び他人の売買からの搾取の禁止に関する条約・国際的な組織犯罪の防止に関する国際連合条約・人、特に女性及び児童の取引を防止し、抑止し及び処罰するための議定書。

（孫　雪熒）

資 料

日本における子どもの誘拐・売買の現状

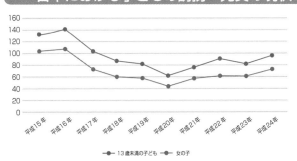

略取誘拐・人身売買による
13歳未満被害者数の推移

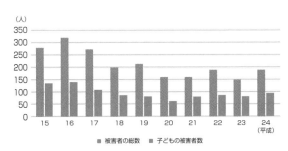

略取誘拐・人身売買による被害者の総数と
子どもの被害者数の比較

注：『犯罪白書』（平成25年版　第5編第1章第6節1）の統計により作成。

「人身取引報告書」に見る日本の取り組みの推移

　2000年に米国連邦議会で成立した「人身取引と暴力の被害者の保護法」（Victims of Trafficking and Violence Protection Act of 2000,TVPA）に基づき作成される、米国国務省の「人身取引報告書」（Trafficking in Persons Report、通称 TIP レポート）は、毎年6月に連邦議会に提出された後、公表される。

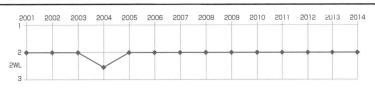

　この報告書は、各国の人身取引対策状況を3層にわけて格付けしている。

　まず、調査対象となる国がTVPAの最低基準に完全に達している場合は第1層に位置づけられる。その基準として、国家が人身取引を「犯罪」として加害者を訴追し、被害者に対して幅広いサービスを提供していること、人身取引防止のためのキャンペーンや資金援助を行っていることなどがあげられる。

　次に、最低基準に完全に達してはいないがそれに合わせようと努力を行っている国は、第2層に位置づけられる。人身取引の加害者を訴追してはいるが、被害者への支援がなされていない、あるいは問題への取組みが緒についたばかりであると評価される国々である。2004年には、この第2層の中に努力不十分であるために注意を要する「監視対象国」という分類が設けられた。

　最後の第3層は、最低基準もまったく満たしておらず、基準達成の努力もみられないと評価される国である。

　これらの格付けはあくまでも米国政府が同国の法律に基づき行うものですが、人身取引をなくすための国家の努力について一つの指標を提供している。

　日本は、この報告書が発表されて以来、2004年に1年だけ「第2層、監視対象国」（2WL）に入ったのを除き、ずっと第2層に位置づけられている。ちなみに、米国が自国の取組を格付けに入れたのは、2010年が初めてで、第一階層に位置づけている。（出典：独立行政法人　国立女性教育会館（2011年）『人身取引（トラフィッキング）問題について知る2011』、35頁。http://www.nwec.jp/jp/publish/report/page35.html）

関連記事

「ＪＫお散歩」は人身売買＝米国務省が年次報告書

　【ワシントン時事】米国務省は20日、世界各国の人身売買の実態をまとめた年次報告書を公表した。…中略…報告書は「援助交際」も人身売買の例に挙げ、「日本に来る外国人の女性や子供の中には、到着後すぐに売春を強要される者もいる」と指摘。「日本人男性は、東南アジアやモンゴルでの児童買春ツアーの大きな需要源」とも記した。また、政府が運営する技能実習制度で来日した人も含め、外国人労働者が強制労働の被害者になりやすい実態があると説明。「日本政府は、人身売買撲滅のための最低基準を十分に満たしていない」と認定し、包括的な人身売買禁止法の制定などを改めて勧告している。4段階のうち最高評価だったのは米国、韓国など31カ国・地域。制裁対象となり得る最低評価はロシア、北朝鮮、イランなど23カ国だった。（了）

（出典：時事通信　2014年6月20日）

〈参考文献〉
・永井憲一、寺脇隆夫（1991年）『解説・子どもの権利条約』日本評論社。
・京都 YWCA・APT（2001）『人身売買と受入大国ニッポン』明石書店。

英文（抄録）

States Parties shall protect the child against all other forms of exploitation prejudicial to any aspects of the child's welfare.

政府訳

締約国は、いずれかの面において児童の福祉を害する他のすべての形態の搾取から児童を保護する。

本条のポイント

児童の権利に関する条約では、32条から35条まで、さまざまな形態の搾取や搾取と密接な関係にある行為を禁じている。国際人権規約（社会権規約）10条では、「経済的搾取と社会的搾取」を扱っており、32条から35条に規定する搾取よりも範囲が広い。このため、他のすべての形態の搾取からの保護を謳う本条文が設けられている。

ユニセフのハンドブックによれば、他の条文で言及されていない搾取の形態として、才能を持つ子どもの搾取、犯罪への子どもの利用、政治的行為への利用（たとえば暴力的なデモなど）、メディアによる子どもの搾取、科学・医学実験のための子どもの搾取があるとされている（UNICEF 2007：543）。

才能を持つ子どもの搾取

スポーツや芸能などで顕著な才能を示す子どもたちは、家庭、教育、経済的支援などで特別な環境にある場合も少なくない。また、競技での成果がさらにそのような環境を後押しすることもある。しかし、競技に集中させようとする支援が行き過ぎると、心身の健全な発達を阻害する潜在的な危険性がある。他方でこのような支援は自発的な活動とみなされることが多く、児童労働に関する規制だけでは十分に保護・監視することができない。

もちろん、本人の感じる心理的拘束の程度は状況により異なるうえ、主観的認識を優先するか、客観的自由を優先するかは論争がある。

研究・実験のための搾取

子どもたちのプライバシーや尊厳を侵害する実験への参加を強要されることも、社会的搾取となり得る。国際人権規約（自由権規約）7条では、「何人も、その自由な同意なしに医学的又は科学的実験を受けない」とされているが、子どもの権利条約では踏み込んだ規定は存在しない。しかし、本条文に照らして、子どもを用いた実験や研究は、子どもで行う必然性のあるもの（難病の治療など）に限って認められるべきと解される。また、実験にあたっては、各種の倫理規定に適合しているかどうかを確認する必要がある（UNICEF 2007：544）。

なお、子どもの権利委員会は、「HIV/AIDS and the rights of the child」の中で、子どものHIV治療に関する研究を支援するよう各国に要請する一方、実験的な治療については「大人で徹底的に検証されるまで対象としてはならない」としている。さらに実験にあたっては、「子どもの発達しつつある能力に沿って子どもに同意を求めるべき」であり、必要に応じて保護者から同意を得る場合であっても、「すべての同意は、子どもへの研究の利点とリスクの完全な開示に基づいている必要がある」と記述している（CRC 2003：para. 29）。

関連条文及び国内法

国際人権規約（自由権規約）第7条、国際人権規約（社会権規約）第10条、子どもの権利条約16条、17条、32条、34条、35条、39条。児童福祉法34条1項。

（金子　研太）

資料

スポーツや芸能に関する才能を持つ子どもたち

ステート・アマ（State Amateur）

　旧ソビエト連邦や東ヨーロッパなどで存在した、競技に専念できる環境を整えられたスポーツ選手。幼少期から国家をあげて有望な選手を発掘し、報酬、練習環境（トレーニングセンター）等を与えて、徹底的な育成が図られたとされる。

　外部との接触を断たれた環境での練習、ドーピングによる健康被害、望まない競技への転向などの非人道的な事例が見られた。また、引退後のセカンドキャリアの形成支援も課題となった。

カストラート（castrato）

　14世紀から19世紀にヨーロッパに存在した、教会音楽を歌うために去勢された子どもたち。最盛期には年間4000人にものぼる7〜11歳の子どもが手術を受けたといわれている。

才能に群がる大人たち

　「甲子園に出場した高校の選手が砂をスパイク袋に入れて持っていきますよねえ。あの砂を使うんです。あの一部を、その学校が欲しいと思っている選手にプレゼントするんです。ビンに詰めたり、小さな木箱に詰めたりして。ラベルに平成×年×月、第××回甲子園大会、というように印字して贈るわけです。しかも親のいる前で。誰でも甲子園へ行けるわけではないし、貴重な砂なのでおいそれと手に入らないものでしょう。子どもは喜びます。舞い上がってしまい"甲子園の砂"を居間に飾って毎日家族で眺めていれば、その学校へ進学しよう、そして自分も甲子園に行こうという気持ちになります」選手に小遣いをやるわけでもなく、原価はガラスビンか木箱のコストなので、お金もかからない。（pp.38-39）

　関西でもトップクラスのブローカーは自分の口座に30万円を紹介料として振り込め、と親に要求することもあるんや。（中略）一番カモになるのは、技術の低い子や。うまい子はいくらでも声がかかるから黙っとっても向こうから来てくれる。箸にも棒にもひっかからん子の親がついて来る。息子をエエとこで（野球を）やらしたいと思うからな。（pp.92-93）

軍司貞則『高校野球「裏」ビジネス』筑摩書房、2008年。引用にあたり一部改変

実験・研究による搾取

赤痢菌の投与試験

　1943年3月、オハイオ兵士水夫孤児院で生活していた13歳〜17歳の少年少女に対し、赤痢菌とそのワクチン試薬の投与試験が行われた。グループは10人ずつに分けられ、第一群は赤痢菌の静脈注射、第二群は赤痢菌の皮下注射、第三群はワクチン試薬の皮下注射が行われた。その結果、すべての群で免疫が作られたものの、ワクチン試薬でも吐き気・腹痛などの副作用が大きく、ワクチン開発は失敗した。

ウィローブルック肝炎研究

　ニューヨークにある知的障害児施設で入所者の糞尿を媒介に蔓延していたウィルス性肝炎の治療法として、ガンマ・グロブリン注射の作用機序や有効性を確かめることを目的に1956〜1972年にかけて行われた実験。感染のない新規入所者に菌を投与して人為的に感染者にする手法と、メリット面ばかりを強調した保護者への説明が批判を浴びた。菌を投与された子どもは700人以上にのぼる。

▶演習課題：搾取につながる事例は、身近なところにあるかもしれない。資料をもとに考えてみよう。

〈参考文献〉
UNICEF (2007) *Implementation Handbook for the Convention on the Rights of the Child*: Fully Revised Third Edition, http://www.unicef.org/publications/files/Implementation_Handbook_for_the_Convention_on_the_Rights _of_the_Child.pdf (2014.07.10).
COMMITTEE ON THE RIGHTS OF THE CHILD (2003) "HIV/AIDS and the rights of the child", http://daccess-dds-ny.un.org/doc/UNDOC/GEN/G03/408/16/PDF/G0340816.pdf?OpenElement (2014.07.10)

英文（抄録）

States Parties shall ensure that:

(a) No child shall be subjected to torture or other cruel, inhuman or degrading treatment or punishment. Neither capital punishment nor life imprisonment without possibility of release shall be imposed for offences committed by persons below eighteen years of age;

(b) No child shall be deprived of his or her liberty unlawfully or arbitrarily. The arrest, detention or imprisonment of a child shall be in conformity with the law and shall be used only as a measure of last resort and for the shortest appropriate period of time;

(c) Every child deprived of liberty shall be treated with humanity and respect for the inherent dignity of the human person, and in a manner which takes into account the needs of persons of his or her age. In particular, every child deprived of liberty shall be seperated from adults unless it is considered in the child's best interest not to do so and shall have the right to maintain contact with his or her family through correspondence and visits, save in exceptional circumstances;

(d) Every child deprived of his or her liberty shall have the right to prompt access to legal and other appropriate assistance, as well as the right to challenge the legality of the deprivation of his or her liberty before a court or other competent, independent and impartial authority, and to a prompt decision on any such action.

政府訳

締約国は、次のことを確保する。

(a) いかなる児童も、拷問又は他の残虐な、非人道的な若しくは品位を傷つける取扱い若しくは刑罰を受けないこと。死刑又は釈放の可能性がない終身刑は、十八歳未満の者が行った犯罪について科さないこと。

(b) いかなる児童も、不法に又は恣意的にその自由を奪われないこと。児童の逮捕、抑留又は拘禁は、法律に従って行うものとし、最後の解決手段として最も短い適当な期間のみ用いること。

(c) 自由を奪われたすべての児童は、人道的に、人間の固有の尊厳を尊重して、かつ、その年齢の者の必要を考慮した方法で取り扱われること。特に、自由を奪われたすべての児童は、成人とは分離されないことがその最善利益であると認められない限り成人とは分離されるものとし、例外的な事情がある場合を除くほか、通信及び訪問を通じてその家族との接触を維持する権利を有すること。

(d) 自由を奪われたすべての児童は、弁護人その他適当な援助を行う者と速やかに接触する権利を有し、裁判所その他の権限のある、独立の、かつ、公平な当局においてその自由の剥奪の合法性を争い並びにこれについての決定を速やかに受ける権利を有すること。

本条のポイント

本条は自由を奪われたすべての児童に対する手続き権利と取扱いなどについて示している。

本条約の19条、32条、34条の児童虐待および39条と40条の少年司法にかかわる内容をあわせて検討する必要がある。また、「少年司法運営に関する国連最低基準規則」や「少年非行防止に関する国連指針」などの国際準則の解釈も不可欠である（佐々木 2009：209）。

本条に規定されている拷問等の禁止については世界人権宣言5条や自由権規約7条などの国際的な流れから、人権保障においては大人と子どもに違いがないという認識を進化させたものである。さらに、本条は成長・発達している子どもは施設に抑留・監禁された場合、成人より傷つきやすく、誤った自供をしやすいということを捜査機関が十分認識するよう求めている。

代用監獄

日本政府は少年法に基づいて、自由を奪われたものは基本的に20歳で分離することとされているなどを理由として、本条（c）の第2文を留保している。しかし、少年が成人と同様に「代用監獄」へ勾留されている日本の場合、「留保と代用監獄問題」との関係（永井 2000：203）に対する指摘がなされている。

また、本条は少年の逮捕・身柄拘束が最後の手段で

あり、最短の期間で行わなければならないことを規定しているが、代用監獄の場合、少年と成人とかわらず、勾留場所として利用されていることから、少年に誤った自白を引き出しやすく、冤罪の温床とも言われている。

2013年、国連拷問禁止委員会は日本に「代用監獄の廃止を検討するべき」とし、「代用監獄の廃止」に対して前回（2007年度）より踏み込んだ勧告をしている。

入所少年の権利保障

日本国憲法36条には公務員による拷問及び残虐な刑罰が禁じられており、刑法195条も罰則を設けて暴行等を禁止している。また、2005年には「刑事施設及び受刑者の処遇等に関する法律」が制定された。さらに2009年9月には少年院での処遇についての苦情申告制度が通達されるなど、入所少年の権利保障のための様々な対応が行われてきた。それから2014年、職員による在院者への暴行事件であった「広島少年院事件（2009）」をきっかけに少年院法が抜本改正され、権利保障のための具体的内容が加えられた。

関連国内法

日本国憲法（36条）・少年院法（2条）・刑法（195条）・少年法など

（鄭 修娟）

資　料

自由を奪われた子どもの権利

○国際規則

①少年司法運営に関する国際規則（北京ルール）

　　13.4　審判のために身柄を拘束されている少年は、成人から分離されなければならず、かつ、施設を別にして、または成人も修養している施設においては区画を別にして収容されなければならない。

②少年非行防止に関する国際指針（リャド・ガイドライン）

　　54．いかなる子どもまたは青少年も、家庭、学校または他のいかなる施設においても、残酷なまたは品位を傷つける矯正措置または処罰措置の対象とされるべきではない。

③世界人権宣言

　　第5条　何人も、拷問又は残虐な、非人道的な若しくは屈辱的な取扱若しくは刑罰を受けることはない。

④自由権規約

　　第7条　何人も、拷問又は残虐な、非人道的な若しくは品位を傷つける取扱い若しくは刑罰を受けない。特に、何人も、その自由な同意なしに医学的又は科学的実験を受けない。

○日本国憲法

第36条　公務員による拷問及び残虐な刑罰は、絶対にこれを禁ずる。

成人との分離

○児童の権利に関する条約第3回日本政府報告
（第37条（C）に関する留保）

7．(1)　我が国は、「児童の権利に関する条約第37条（c）の適用に当たり、日本国においては、自由を奪われた者に関しては、国内法上原則として20歳未満の者と20歳以上の者とを分離することとされていることにかんがみ、この規定の第2文にいう『自由を奪われたすべての児童は、成人とは分離されないことがその**最善の利益**であると認められない限り成人とは分離させる』に拘束されない権利を留保」している。

(2)　その背景としては我が国の少年法においては20歳未満の者を「少年」として取り扱うこととし（少年法第2条）、自由を奪われた者についても、基本的に20歳未満の者（いわゆる「少年」）と20歳以上の者（成人）を分離することとされている（同法第49条及び第56条）ことがある。

(3)　これはこの条約が18歳未満の者を「児童」として手厚い保護を加えることとしているのをさらに一歩進めて、20歳未満の者まで対象とする制度であると考えられ、「児童」という若年者をそれ以外の年長者から分離することにより有害な影響から保護するという条約第37条（c）の規定の趣旨及び目的とも合致するものであると考える。（後略）

改正少年院法

〈現行少年院法の問題点〉

①昭和24年の施行後、抜本改正されることなく60年以上経過
②在院者の権利義務関係、職員の権限に関する規定が少ない
③省令及び訓令等で基本的な処遇制度を設計・運用
④少年鑑別所について数か条を置くのみ

少年矯正を考える有職者会議提言（2010）→
・少年院法を全面的に改正するべき
・少年鑑別所に関する法整備を別に図るべき

全面改正
（全17条→全147条に増加）

（少年院関係内容）
１．再生非行防止に向けた処遇の充実強化
①強制教育の基本的制度の法定化
（生活指導、職業指導、教科指導、体育指導等）
②円滑な社会復帰のための支援の実施等
（保護観察所との連携の基、就労等の支援）
③少年鑑別所の機能活用
２．在院（所）者の権利義務関係等の明確化
①在院（所）者の権利義務・職員の権限の明確化
（面会の許可要件の明確化および適切な医療上措置の明文化等）
②不服申立制度の整備
３．社会に開かれた施設運営の推進

資料：法務省ホームページ (http://www.moj.go.jp/content/000080605.pdf) より作成

第**38**条　武力紛争における児童の保護

英文（抄録）

1. States Parties undertake to respect and to ensure respect for rules of international humanitarian law applicable to them in armed conflicts which are relevant to the child.
2. States Parties shall take all feasible measures to ensure that persons who have not attained the age of fifteen years do not take a direct part in hostilities.
3. States Parties shall refrain from recruiting any person who has not attained the age of fifteen years into their armed forces. In recruiting among those persons who have attained the age of fifteen years but who have not attained the age of eighteen years, States Parties shall endeavour to give priority to those who are oldest.
4. In accordance with their obligations under international humanitarian law to protect the civilian population in armed conflicts, States Parties shall take all feasible measures to ensure protection and care of children who are affected by an armed conflict.

政府訳

1　締約国は、武力紛争において自国に適用される国際人道法の規定で児童に関係を有するものを尊重し及びこれらの規定の尊重を確保することを約束する。
2　締約国は、15歳未満の者が敵対行為に直接参加しないことを確保するためのすべての実行可能な措置をとる。
3　締約国は、15歳未満の者を自国の軍隊に採用することを差し控えるものとし、また、15歳以上18歳未満の者の中から採用するに当たっては、最年長者を優先させるよう努める。
4　締約国は、武力紛争下において文民を保護するための国際人道法に基づく自国の義務に従い、武力紛争の影響を受ける児童の保護及び養護を確保するためのすべての実行可能な措置をとる。

本条のポイント

　本条約は、武力紛争における子どもの保護に関して規定している。国際人道法の規則で子どもに関連するものを尊重し、武力紛争の影響を受ける子どもの保護とケアのためにあらゆる措置をとることを規定している。

　子どもの敵対行為への参加や兵士としての採用についての最低年齢が条約の子どもの定義である「18歳未満」よりも低い「15歳未満」になっている点については、草案作成の段階から根強い反対があった（喜多2009：214）。

　2000年「武力紛争への子どもの関与に関する選択議定書」により戦闘への直接参加及び強制的徴募の禁止年齢が18歳に引き上げられ（1条、2条）、自発的入隊が可能な年齢も16歳以上に引き上げられた（3条）。されに、国の軍隊以外の武装集団による子どもの徴募および戦闘行為における使用も禁じられた（4条）（喜多2009：214）。

日本と子ども兵士

　本条約が禁止する行為を明確に犯罪化することもなく、その防止を実行化するための立法措置や予算措置も行われなかった。憲法第九条で「交戦権」を放棄し、平和主義に徹している現在の日本では、本条と抵触するような法規定はいっさい存在しないという（波多野2005）見解がある。しかし、これらの行為を国内法で明確に犯罪化し、普遍的管轄権を認める立法措置を講じることによって、重大な権利侵害の免責は許されないとの姿勢を示すべきではないだろうか。

　また、高等工科学校の自衛隊生徒〈15歳以上の子ども〉は2009年度まで自衛官として採用されていた。授業の内容も精神教育や戦闘訓練等を内容とする生徒隊科目が

835時間を占めている（日本弁護士連合会2009：140）。

元子ども兵士の社会復帰

　アフリカには約12万人の元子ども兵が存在すると言われており、とくにコンゴ民主共和国、ブルンジ、ルワンダ、ウガンダを中心とする大湖地域に最も多く存在するとされている。2002年以後、和平プロセスが進展し、現在までに、多くの子ども兵が動員・武装解除されたが、その後の社会復帰および地元コミュニティによる受入れは困難であり、元子ども兵たちは再動員の危険に晒されている（喜多明人2009：215）。

関連国内法

　自衛隊法施行規則24条、25条、自衛隊生徒の任用等に関する訓令、戦時における文民の保護に関するジュネーブ条約

（韓　賢徳）

資料

子ども兵士が利用される理由

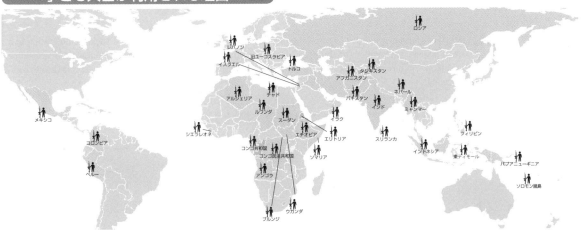

〈出典：JICA　http://www.jica.go.jp/world/issues/kyoiku05.html〉

　小型で軽量な武器が大量に紛争地域に流れ込むことによって、多くの子どもたちが兵士として使用されるようになった。また小柄かつ機敏で、従順で洗脳しやすいこと、軍隊の兵士の数が少なくなった時に手軽に「補充」できることも、子どもが軍隊で使用されやすい大きな理由である。

〈みずから志願して兵士になる場合〉
失業率が高い貧困地域では、就職先として入隊する。
兵士になると最低限の衣食住が確保できると期待する。
食糧を奪ったり、人々からお金をゆすり取るための銃がほしくて入隊する。
身内を殺され、その復讐のために兵士になることもある。

〈誘拐されて、強制的に兵士にさせられる場合〉
政府軍や反政府軍勢力が、たまたま街で見かけた子どもを連れ去ったり、小さな町や学校に侵入して数十人を強引に誘拐したりする。　　　　　〈出典：テラ・ルネッサンス http://www.terra-r.jp/contents/index.php?itemid=43&catid=21〉

軍隊での役割

- 敵対勢力のスパイや情報伝達。
- 地雷原の先頭を歩かされ、地雷除去装置として使われる。
- 最前列で行進させられ、弾よけとして使われる。
- 武器や食料など重い荷物運び。
- 少女兵の場合、性的虐待や強制結婚や妊娠をさせられる

　また、規律や上官の命令に反したり任務を怠る子どもにたいしては、他の子どもへの見せしめとして、厳しい体罰、体の一部の切断、場合によっては死刑にする軍隊もあり、他の子どもに罰を与える役目を担わせることもある。
〈出典：テラ・ルネッサンス http://www.terra-r.jp/contents/index.php?itemid=42&catid=21〉

武装解除・動員解除・社会復帰（DDR）

　武装解除・動員解除・社会復帰（Disarmament, Demobilization, Reintegration）は、紛争後の国家における復興と平和構築の促進を目的に、国連、国際機関または国家が主体となって行う国際平和活動の一種で、略称は DDR である。国連を主体として世界各地の紛争地で実施されてきた、平和構築に不可欠なプロセスの１つである。

　一度兵士となった子どもが社会に戻るためにはいくつもの困難がある。軍隊から解放されること自体が困難であるばかりでなく、過去にしたことについて地域から理解や協力が得られにくいこと、軍隊以外での生活のすべを知らないこと、国の社会経済状況なども社会復帰を阻む要因である。社会復帰のためには、除隊したすべての子どもが安心して仲間や家族を持て、誰からも強制されず、自らの自由が守られる環境を作ることが大切である。特に心身に深い傷を負った子どもや女の子には特別なケアが必要である。
〈出典：AMNESTY　INERNATIONALhttp://www.amnesty.or.jp/human-rights/topic/child_soldier/〉

〈参考文献〉
子どもの権利条約に基づく第３回日本政府報告及び武力紛争における子ども・子ども売買各選択議定書第１回日本政府報告に関する
　日本弁護士連合会の報告（2009 年 7 月 17 日）
　http://www.nichibenren.or.jp/library/ja/kokusai/humanrights_library/treaty/data/child_report_3_ja.pdf

第39条 搾取、虐待、武力紛争等による被害を受けた児童の回復のための措置

英文（抄録）

States Parties shall take all appropriate measures to promote physical and psychological recovery and social reintegration of a child victim of: any form of neglect, exploitation, or abuse; torture or any other form of cruel, inhuman or degrading treatment or punishment; or armed conflicts. Such recovery and reintegration shall take place in an environment which fosters the health, self-respect and dignity of the child.

政府訳

1　締約国は、児童が法律によって認められた国籍、氏名及び家族関係を含むその身元関係事項について不法に干渉されることなく保持する権利を尊重することを約束する。
2　締約国は、児童がその身元関係事項の一部又は全部を不法に奪われた場合には、その身元関係事項を速やかに回復するため、適当な援助及び保護を与える。

本条のポイント

現在の日本では、少なくとも国内の「武力紛争」によって被害を受けた児童がいないことはもとより、「拷問や残虐・非人道的な取扱いまたは刑罰」を受けた児童もほとんどいないと言って良いはずだろう。また、諸外国と比べれば「搾取」に喘いでいる児童も極めて少ないと考えられる。しかし、その反面、父母によって「放置」・「虐待」される児童は跡を絶たない（波多野 1994：273-277）。

報道で取り上げられる中には、炎天下の車内に子どもを放置して死亡させたり、育児疲れによるストレスで、子どもへ暴力を振るうケースなどが相次いでいる。

災害を経験した子どものケア

2011年3月11日に東日本大震災が発生した。この震災は大津波と東京電力福島第一原発の事故の影響で多くの子どもが、家族と住まい、友人を失くし、子どもたちの心身のストレス被害がとても大きい。宮城学院女子大学名誉教授の畑山みさ子の行った調査の中で、子どもたちの「地震ごっこ」と「津波ごっこ」の頻発が保育園で多く見受けられたという（日本教育新聞 2012年7月2日）。過去に、阪神大震災後、兵庫県教育委員会は教育復興担当教員（後に心のケア担当教員と改称）を小中学校に配置し、15年間で約1670人を派遣し、子どもたちの心のケアを行った経緯がある。加えて、東北地方では行政サイドが被災者の多い学校へ対して、教員やスクールカウンセラーへの加配を行うなどの対応も広まりつつある。こういった被害児への向き合い方やケアの方法について充実を更に進めていく必要が出てきている。

無戸籍児の存在

生後、親の何らかの事情で出生届けが出されず、社会から隔絶され、文字の読み書きや簡単な計算ができず、健康保険への無加入の子どもがいる。主に親の婚姻関係のもつれが原因として多いとされており、親が社会との関係を隔絶している場合、行政の支援を受けることはないため、実態の把握は難しい。

そもそも無戸籍児は民法772条によってその条件が定められており、夫婦の離婚後300日以内に出生した子どもの場合、法律上の父は同条により原則として離婚した前夫になり、前夫を父として出生届けを出すと戸籍を子どもにもたせることができる。出生の届出をすべき親が、戸籍上、子どもが前夫の子とされることを避けるため、出生の届出をせず、また、前夫の子ではない扱いをするための裁判手続も取らない、あるいはまだ裁判手続中であること等により、子どもの出生の届出がされないままになっているという事態によって生じてしまう戸籍未記載の子どものことを無戸籍児としている。自治体によってはこういった環境下の子に対して住民票の発行や児童手当、新生児健診、義務教育の機会を与えるなどの対処をしているケースもある。しかし、全ての無戸籍児について、行政側が把握できておらず、無戸籍児の実態についても不明瞭なため、社会から見逃されている子どもの支援が急務と言える。同時に、こういった事態を防ぐべく、行政、NPOをはじめとした機関が妊娠・出産時の段階から相談に対応できるように準備をしておき、生活保護の申請方法や無保険受診といった、困難を抱える子を新たに生み出さない努力も必要となってきていると言える。

関連条文及び国内法

日本国憲法第18条、民法第722条、児童福祉法15-2、18-2、19、20、27-2、27-3、33、41、42、43

（小林　昇光）

資料

　東日本大震災に被災した子どものケアを行うにあたって、学校現場のサポート体制は不十分な点がある。下記のグラフは東北地方太平洋沖地震に係る災害救助法が適応された地域である、青森県2、岩手県全域33、宮城県全域39、福島県全域59、茨城県37、栃木県15、千葉県（帰宅困難者対応を除く）に該当する国公私立幼稚園、小学校、中学校、高等学校（全日制のみ）、中等教育学校、特別支援学校の 5,075 校へ対して行った調査（平成24年5月実施：回収率93.7％）の結果をもとに示されたグラフであり、左が養護教諭、右がスクールカウンセラーの配置率を示している。

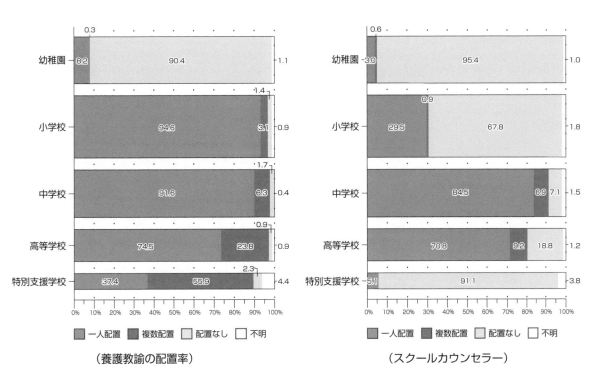

（養護教諭の配置率）　　　　　　　　　　　　　　　（スクールカウンセラー）

　被災地域の養護教諭、スクールカウンセラーの配置率が非被災地域と同等か、それ以下の状況にある。各自治体教育委員会は子どもの心のケアのために、カウンセリングスキルを持つ人材を加配している。しかし、子どもがこのような人材と触れ合う機会は限られる。学級担任による子どものストレスマネジメントを始めとして、校内における教育相談体制の充実を含めて、教育現場が担える子どものサポート体制を考えていく必要があると言える。

〈参考文献〉
畑山みさ子（2012）「命守る　11の教訓［第9回］」『日本教育新聞』（2012年7月12日）。
文部科学省（2012）『非常災害時の子どものケアに関する調査報告』
畑山みさ子（2012）「東日本大震災後の子どもの心を支援する人のためのこころのケア研修活動：「ケア・宮城」の実践報告」『宮城学院女子大学発達科学研究』（12）pp.71-77。
法務省ホームページ　「民法第722条　（嫡出推定制度について）」http://www.moj.go.jp/MINJI/minji175.html（最終アクセス2014年7月28日）。

英文（抄録）

1. States Parties recognize the right of every child alleged as, accused of, or recognized as having infringed the penal law to be treated in a manner consistent with the promotion of the child's sense of dignity and worth, which reinforces the child's respect for the human rights and fundamental freedoms of others and which takes into account the child's age and the desirability of promoting the child's reintegration and the child's assuming a constructive role in society.
2. （割愛）
3. States Parties shall seek to promote the establishment of laws, procedures, authorities and institutions specifically applicable to children alleged as, accused of, or recognized as having infringed the penal law, and, in particular:
   (a)The establishment of a minimum age below which children shall be presumed not to have the capacity to infringe the penal law;
   (b)Whenever appropriate and desirable, measures for dealing with such children without resorting to judicial proceedings, providing that human rights and legal safeguards are fully respected. 4. A variety of dispositions, such as care, guidance and supervision orders; counselling; probation; foster care; education and vocational training programmes and other alternatives to institutional care shall be available to ensure that children are dealt with in a manner appropriate to their well-being and proportionate both to their circumstances and the offence.

政府訳

1　締約国は、刑法を犯したと申し立てられ、訴追され又は認定されたすべての児童が尊厳及び価値についての当該児童の意識を促進させるような方法であって、当該児童が他の者の人権及び基本的自由を尊重することを強化し、かつ、当該児童の年齢を考慮し、更に、当該児童が社会に復帰し及び社会において建設的な役割を担うことがなるべく促進されることを配慮した方法により取り扱われる権利を認める。

2　このため、締約国は、国際文書の関連する規定を考慮して、特に次のことを確保する。
　　(a)　いかなる児童も、実行の時に国内法又は国際法により禁じられていなかった作為又は不作為を理由として刑法を犯したと申し立てられ、訴追され又は認定されないこと。
　　(b)　刑法を犯したと申し立てられ又は訴追されたすべての児童は、少なくとも次の保障を受けること。
（割愛）

3　締約国は、刑法を犯したと申し立てられ、訴追され又は認定された児童に特別に適用される法律及び手続の制定並びに当局及び施設の設置を促進するよう努めるものとし、特に、次のことを行う。
　　(a)　その年齢未満の児童は刑法を犯す能力を有しないと推定される最低年齢を設定すること。
　　(b)　適当かつ望ましい場合には、人権及び法的保護が十分に尊重されていることを条件として、司法上の手続に訴えることなく当該児童を取り扱う措置をとること。

4　児童がその福祉に適合し、かつ、その事情及び犯罪の双方に応じた方法で取り扱われることを確保するため、保護、指導及び監督命令、カウンセリング、保護観察、里親委託、教育及び職業訓練計画、施設における養護に代わる他の措置等の種々の処置が利用し得るものとする。

本条のポイント

　本条は少年司法過程において、子どもの尊厳を尊重し、手続きにおける権利保障を図ることを目的とし、少年司法を刑罰による制裁ではなく、子どもを成長発達の主体とし、教育的・福祉的な観点から非行からの立ち直りを支援する制度として位置付けるものである。例えば、最低年齢の設定（3a）、保護処分優先（3b）、社会的な烙印を防ぐためのプライバシーの保護（2（b）7）、福祉に適合した種々の処置を利用（4）等が挙げられる。

背景及び関連条文

　本条文が作成された背景として、国際的に少年法学においては、北京規則（1985年）、リヤド・ガイドライン（1990年）、ハバナルールズ（1990年）、ウイーン指針（1997年）等の少年司法国際準則に即し、非行防止段階、司法手続き段階、処遇段階の全段階において、子どもの権利を尊重した実務を貫徹することを求め、成長発達権論が深められていた（季刊教育法 No.183：55）。

　なお、日本国内においても、本条2項に規定される、刑罰不遡及、無罪推定の原則、公正迅速な審理、親または保護者の立ち合いの権利、自白強要の禁止、再審理を受ける権利、通訳の援助、プライバシーの保護について、憲法や少年法で国の義務もしくは個人の権利として規定されている。

　このように、子どもには大人の保障よりも強化された、特別な配慮が必要という考え方を「保護主義」と呼ぶ。これは子どもにはその成長過程で心理ニーズに沿った援助をする必要があり、（永井1998：224）また過去の少年冤罪事件からも明らかであるように、子どもは目の前の大人に迎合的・依存的になりやすく、非行の事実を「ことばにする」ことが容易ではないことが多いからである（佐々木光明2005：v）。

　なお、本条に直接かかわる条文として、37条（拷問等の禁止）、39条（被害を受けた児童の回復）、また、一般原則として6条（生命・生存、発達の権利の確保）、3条1項（子どもの最善の利益を優先）、12条（意見表明権）、2条（差別禁止）等があげられるが、特に12条の意見表明権は少年の自らの声を引き出し、その言い分

を聞きながら、非行と向き合わせ、非行克服を図っていくためにも重要視されている。

少年法の改正と「子ども権利委員会」からの勧告

日本の少年法は 2000 年の大幅な改正を皮切りに、4度改正された。その中身は、刑罰対象年齢の引き下げ、検察官の関与増加、刑罰の引き上げなど、「教育」「福祉」を重視する「権利基盤型アプローチ（a right-based approach）」から、厳罰による「処罰的アプローチ（a tougher approach）」にシフトする内容である。これに対し、国連子どもの権利委員会（CRC）は過去 3 度にわたる所見（1998、2001、2010 年）において、これらの改正が条約と国際準則が求める内容に逆行すると指摘し、条約に適合するよう法改正を求めた。

このような少年法の厳罰化は日本のみならず、アメリカやイギリス、韓国などでも見られる。しかし、非行に至る過程（背景）よりも、行為による結果だけに目を向けて、少年非行を「力への依存」、即ち福祉・教育ではなく、司法（治安問題）で対処しようとする政策は少年犯罪の抑止にそれほど効果がないという意見も根強く存在する。

日本では近年、少年犯罪が減少している事実にも拘わらず、厳罰化を図り、「社会の納得と安心」を得ようとする動きが強く見られるが、本条が掲げる子どもの成長発達を支える大人の姿勢が問われている。

関連国内法及び国際条約

日本国憲法 31 〜 39 条（適正手続の保障）、少年法、刑事訴訟法

司法運営に関する国連基準規則（北京規則、1985 年）
少年非行予防のための国連ガイドライン（リヤドガイドライン、1990 年）

自由を奪われた少年の保護に関する国は連規則（ハバナルールズ、1990 年）

刑事司法制度における子どもについての行動に関する指針（ウイーン指針、1997 年）

（金　美連）

『名糖ホームランバー』

名糖ホームランバーは角形のバニラアイスで、棒にささっている。食べ終わった後の棒に「ホームラン」の焼き印が押してあると、もう一本貰える。何度も挑戦するが当たりを引かない。ならば自分で「ホームラン」と書いてしまおう。四歳の浅知恵で、家にあったフェルトペンで棒に「ホームラン」と棒に書き、ドキドキしながらお店に向かった。

不思議なことにお店のおばさんは「当たったね」といってもう一本くれた。私には、してはいけないことをしたという意識があったから、逃げるように裏道に行きあわてて食べた（その結果お腹を壊した）。おばさんが、子どもの稚拙な文字を見逃してしまうほど耄碌していたのか、清濁併せ呑む豪傑だったのかは分からない。その場で叱らなかったり、親に言いつけなかったことの是非はどうだろう。その後、私はこの件でいい気になり、モラルを失った子供になったわけではなかった。昭和四十年代は上手な『逃げ道』をみつけてくれる大人が、まだまだ近所にいたということだろう。

（2000 年 10 月 22 日　毎日新聞）

資料

少年事件と成人事件の違い

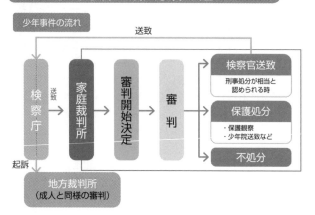

『少年事件の流れ』

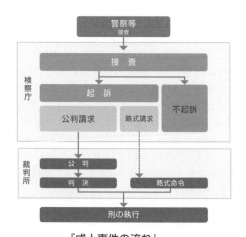

『成人事件の流れ』

法務省 HP より

【少年事件のポイント】

特　徴	説　明
身柄拘束の特則	勾留状はやむを得ない場合だけ、勾留に代わる観護措置が可能、少年鑑別所で勾留可能
全件送致主義	犯罪の嫌疑があると判断した場合はすべて家庭裁判所に送致する
観護措置	少年の心身の鑑別を行う手続
審　判	非公開で行われる
調査官	法的調査だけではなく、保護者や学校関係者との面談など、事件の背景を探るための社会調査も実施される
保護処分	刑罰ではなく、保護観察、児童自立支援施設または児童養護施設送致、少年院送致により更生を図る

少年えん罪事件例

事件名	判決	経　緯	問題点
大阪地裁所長襲撃事件	大阪地裁 平 18.3.20	強盗致傷容疑で少年2人（14歳、16歳）が逮捕されたが、全員無罪判決・非行事実なしの不処分決定が確定	自白の信憑性
調布駅南口集団暴行事件	最高裁 第一小法廷 平 9.9.18	傷害事件で逮捕された少年6人のうち、5人が冤罪を訴えるが、刑事裁判が相当ということで検察官に送致される。7年後、無罪が確定	家庭裁判所ではなく、検察官が関わる刑事裁判の問題
草加事件	最高裁 第一小法廷 平 12.9.18	女子中学生殺害事件。無罪を主張した少年らは、2003年3月に民事裁判で勝訴し、「無罪」が確定。えん罪を晴らすのに約18年もかかった。	自白の信憑性

少年法の改正

年　度	改正内容
2000 年	・刑事罰対象を「16 歳以上」から「14 歳以上」に引き下げ ・16 歳以上の重大犯罪を原則逆送：家庭裁判所ではなく、検察官送致、少年は成人と同じように刑事裁判を受ける
2007 年	・少年院の年齢下限を「14 歳」から「おおむね 12 歳」に引き下げ ・14 歳未満の触法少年や罪を犯すおそれのある虞犯少年への警察調査権を拡大
2008 年	重大事件での被害者の少年審判傍聴が可能。
2014 年	・刑罰の引き上げ：有期刑 10 〜 15 年→ 20 年、不定期刑 5 〜 10 年→ 10 〜 15 年 ・検察官の立ち合いの増加：少年審判で国選付添人（弁護士）と検察官の対審構造による非行事実認定の範囲を拡大。従来、重大事件のみに限られていた検察官の立ち合いを、長期 3 年を超える罪すべてに広げる。その割合は 5.5％から 80％以上になると予想される。
2022 年	・民法の成年年齢引き下げにあわせ、18・19 歳の者が罪を犯した場合、「特定少年」として 17 歳以下の少年とは異なる取扱いとする。

「子ども権利委員会」からの勧告内容

第 1 回（98 年）	身柄拘束のあり方について、代替的な方法をさぐるべきだとして代用監獄の見直しを指摘
第 2 回（04 年）	刑罰対象年齢の引き下げ、身柄拘束期間の延長、原則逆送の廃止を勧告
第 3 回（10 年）	2 度目の勧告内容に対して日本が取り組んでいないことを問題視しつつ、少年が成人と同様の刑事裁判にかけられることを強く批判

少年・非行少年人口推移

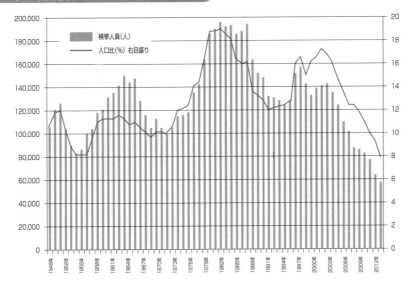

警視庁　HP より

〈参考文献〉
CRC General Comment（一般的意見）No.10　2007
日本教育法学会　『子どもの権利　基本法と条例』三省堂 1998
澤登俊雄　『少年法入門』有斐閣 2011
日本子どもを守る会　『子ども白書』本の泉社 2014
佐々木光明　『国際人権ひろば No.61』2005
『季刊教育法　No.183 』エイデル社 2014

第41条 締約国の法律及び締約国について有効な国際法との関係

英文（抄録）

Nothing in the present Convention shall affect any provisions which are more conducive to the realization of the rights of the child and which may be contained in:

(a) The law of a State party; or

(b) International law in force for that State.

政府訳

この条約のいかなる規定も、次のものに含まれる規定であって児童の権利の実現に一層貢献するものに影響を及ぼすものではない。

(a)　締約国の法律

(b)　締約国について効力を有する国際法

本条のポイント

本条は締約国の国内法及び加盟している他の国際条約において、子どもの権利保障につながるより優れたものがあった場合、子どもの権利条約はその妨げを行わないとしている。

そもそも子ども権利条約は、主として途上国を念頭において起草されてものであり、「人権環境の改善」という面において、途上国と先進国の間にはかなり大きな開きがある。途上国の場合には、経済的・社会的条件も含め、人権に関する国内法規定が整っていないことも多いが、先進国の場合には、子ども権利条約よりも進んだ国内法がすでに施行されているケースもめずらしくない。（波多野 2005：v）。

本条は、条約をミニマリスト（最低限主義）的なやり方で捉えるのではなく、ダイナミックな理解に基づいて、子どもの権利の状況を常に改善していくことが重要（エイデル研究所 1999：23）ということを改めて確認するものである。

国内法における条約の地位

条約が国内の法体系において、どのような地位にあるのかは、条約と国内法の間に矛盾があった場合にどちらを優先するのか、または条約の規定を裁判所等で援用できるかが重要なポイントとなる。

日本の場合、憲法98条2項で条約の誠実遵守義務が規定されており、一般的に条約は国内法に優先すると考えられている。

しかし、多くの国では実際に裁判所が子どもの権利条約を含む国際人権条約を判決の中で直接援用しないのが通例となっている。日本においても、2008年の国籍法違憲訴訟判決まで同条約を言及したものはなく、2013年の婚外子法定相続分差別違憲決定に当条約が援用されているが、それにとどまっている（季刊教育法 No.183：49）。

このような状況に対して委員会は、最終的に法律を制定するかどうかはともかくとして、条約に照らして法改正を行うための努力を継続することが重要であると強調している（エイデル 1999：37）。

国内法における該当ケース

28条「教育についての権利」では、締約国に「初等教育の義務化・無償化」を「斬新的に（progressively）」達成することを要求しているが、日本国憲法は既に「義務教育はこれを無償とする」（26条2項）と定めている。

その他に、子どもの権利をより一層手厚く保障している具体例として、「未成年者の解雇に際して、使用者が旅費の負担する」（労働基準法64条）や「違法に身柄を拘束された者に対する補償・賠償を義務づけた」刑事補償法及び国家賠償法の関連規定が挙げられる（波多野 2005：298）。

関連条文および国内法

憲法26条2項、98条2項

労働基準法64、刑事補償法1〜5、国家賠償法1

（金　美連）

資料

日本の消極的な姿勢

　日本は 1994 年に子ども権利条約の 158 番目の締約国になったが、批准時に法務省が人権擁護委員のうち一定数を子どもの人権委員とし、外務省は文部省とともにリーフレットを作成したのみで、具体的な立法や法改正は行われなかった。このような、当時の政府の消極的な姿勢は、本条約の国内発行の 2 日前に出された文部事務次官から「条約は大切だけれども、法令等の改正の必要なない」「問題になっていた校則については学校が責任を持って決定するもので、子ども意見を考慮したり反映したりする必要はない」といった内容の通知が出状されていることからも窺える。その後も、子どもの権利委員会による 3 度の総括所見（懸念と勧告）に対して、「勧告に法的拘束力はない」として、勧告内容の具体的な実施に向けて誠実に取り組んでいるとは言えない。

（季刊教育法 No.183：7 － 8）

コラム　アメリカと子どもの権利条約

　1989 年、UN で採択された子どもの権利条約は、史上最短の期間に、最多の国々が参加した人権条約として、2014 年現在、未加盟国は南スーダン、ソマリア（無政府状態）とアメリカの 3 か国だけである。アメリカはレーガンとクリントン政権の下で、条約の素案作成に大きな役割を果たしたと言われているが、なぜ条約の批准には至らなかったのか。アメリカでは権利を「市民的・政治的権利」と「経済的・社会的・文化的権利」に分けて捉え、伝統的に社会保障に代表される保護政策を過剰介入とみなす傾向がある。（貞広 1996：78）また、「ParentalRights.Org」などの批准反対者達は、条約が親権への侵害、もしくは主権への干渉をもたらすと主張している。特に、条約の批准によって、例えば、親による子どもへの体罰や性教育を受けないことが禁止される可能性が出てくるなど、アメリカの憲法で保障されている親の子どもに対する権利が制限されることを懸念している。また、条約が内政干渉にもつながり、アメリカ憲法の自主性に何らかの悪影響を与えかねないと危惧している。しかし、一般的に国際条約は、国内の憲法を覆すような強制力はもっていない。本条約に関しても、締約国には条約の内容に基づく立法が求められるが、基本的には委員会に定期的な報告義務が課せられているだけである。

　子どもにとって最善の利益は誰によって保障されるのか。アメリカの条約反対者達は宗教の選択や性教育の可否など、子どもに係る多くのことは本人ではなく、親が決めるべきだと主張している。その影響の下、現在約 200 万人（全体の約 3.4 ％）の生徒が学校には行かず、ホーム・スクーリングを受けている。オバマ大統領は条約の批准に賛成を表明しているが、議会の 3 分の 2 に上る反対議員を説得させるのは容易ではないと思われる。社会全体で子どもの権利を守っていこうとする本条約の取り組みが、わが子の権利を主張する親と、どのように調和を図っていくのか、アメリカの例は多くの示唆を与えてくれる。

〈参考文献〉
子どもの人権連　『子ども権利条約のこれから』エイデル研究所 1999
貞広斎子　『アメリカにおける子どもの権利論』教育行政学会年報 No.22 1996
『季刊教育法 No.183』エイデル研究所 2014

英文（抄録）

States Parties undertake to make the principles and provisions of the Convention widely known, by appropriate and active means, to adults and children alike.

政府訳

締約国は、適当かつ積極的な方法でこの条約の原則及び規定を成人及び児童のいずれにも広く知らせることを約束する。

本条のポイント

本条は締約国に対し、条約の原則や規定の周知を義務付けたものであり、その対象は、権利の保有者である子ども、責務の担い手であるすべての大人と幅広く設定されている。また広報を行うに当たって、適当かつ積極的な手段をとることを義務付けた点もポイントとして挙げられる。

一般的に上記のような趣旨については、条約採択の際の総会決議などで呼びかけられる場合が多いが、本条のように独立した条文として位置づけた意味は大きい（荒牧・平野 2014）。

子どもの権利条約をめぐる現状

子どもの権利条約を批准し約 20 年がたつ現在においても、当該条約に対する「アレルギー」は未だ根強く残る。その背景には下記三つの観念・論理が影響している。一つは、「子どもの権利条約は、発展途上国の恵まれない子どもの権利を保障するために国連が作った条約である、という誤った観念」、二つは、「子どもの権利は日本のよき家庭社会を破壊するという論理」、三つは、「権利は認めてもそれ以上に義務や責任を強調」する論理である（喜多 2014：7）。

上述のような「子どもの権利アレルギー」ともいえる観念・論理が未だ残る日本において、子どもの権利条約が十分に受け入れられているとは言い難い。また合わせて、諸外国と比較して低い日本の子どもの自己肯定感や（日本青少年研究所 2011）、いじめ、体罰、児童虐待等が重大化しつつある昨今の現状を踏まえるならば、子どもの権利保障を一層進めるためにも、本条が果たすべき役割は大きいといえる。

しかし、日本における子どもの権利条約の広報には課題がある。それは、これまで行われた子どもの権利委員会（Committee on the Rights of the Child）による報告書審査において、条約広報に関わる指摘が一貫して行われていることからも読み取れる（資料参照）。特に、第1回総括所見以来指摘され続けている、当該条約によって子どもが「保護の客体」から「権利行使の主体」へと転換された点についての意識啓発は急務の課題といえる。

広報の主体・内容・方法

それでは今後、「誰が」、「何を」、「どのように」広報していくべきであろうか。

従来は政府や一部の研究者を中心に、条約の内容紹介や講演の実施、パンフレット作成等を通じたキャンペーンが行われてきた。しかしその結果として現在の状況があることを踏まえるならば、広報の主体・内容・方法を再考する必要がある。

まず待たれるのは、学校教育におけるカリキュラム化であり、第2回総括所見においても「人権教育、およびとくに子どもの権利教育を学校カリキュラムに含めること」と指摘されている。学校は子どもの生活の大部分を占める場所であることから、カリキュラム化を通じた学校における広報には効果が期待できよう。しかし一方、人権教育が制度化されることは国家の人権教育への介入にも繋がりかねず、NPO 等の参加を通じた監視・提案が必須となる（浜田 2009）。それゆえ今後は、学校という場を活用しつつ、子ども・教師・保護者・地域がともに子どもの権利に関して思考し、実践力を身につける機会を増やす必要がある。そのため、第1回総括所見以来示されている、大人を対象とした「体系的かつ継続的な研修」も合わせて重要になる。

また、子どもの権利を保障するためには、その権利保障を行う独立した機関の設置、子どもの権利に関する相談・救済機関へのアクセスの充実も必要である。現在、一部の先進地域では、一定の独立性と専門性を担保したオンブズマン制度等の設置が進められているが、今後は国レベルでの子どもの人権救済制度の構築が求められるとともに（堀井 2014：69）、「子どもにとって、相談機関を「知る」こと、「わかる」こと、「使える」ということの三つの間には、いくつものハードルがある」（浜田 2009：232）ことに留意した上での広報も求められる。

（畑中　大路）

資料

条約広報義務に関する所見

第1回総括所見（1998年）

11. この点における締約国の努力は認めながらも、委員会は、条約の原則および規定、ならびにとくに子どもは権利の全面的主体であるという考え方を条約が重視していることに関する幅広い意識を、社会のあらゆる層において子どもにも大人にも同様に普及しかつ促進するためにとられた措置が不充分であることを懸念する。委員会はまた、条約がいかなるマイノリティの言語でも入手可能とされていないこと、および関連の専門家グループに対して子どもの権利に関する研修を行なうためにとられた措置が不充分であることも、懸念する。

33. 委員会は、条約の規定が子どもおよび大人の双方によって広く知られかつ理解されることを確保するために、締約国がさらなる努力を行なうよう勧告する。あらゆる専門家グループを対象として、子どもの権利に関する体系的な研修および再研修のプログラムが組織されるべきである。このような専門家グループには、警察および治安部隊の構成員ならびにその他の法執行官、司法職員、弁護士、裁判官、教育のあらゆる段階における教師および学校管理者、ソーシャルワーカー、中央または地方の行政職員、子どもをケアする施設の職員、ならびに心理学者を含む保健従事者および医療従事者が含まれる。委員会は、権利の全面的主体としての子どもの地位を強化するため、条約をすべての教育機関のカリキュラムに盛りこむよう勧告する。委員会はさらに、条約全文をマイノリティの言語で入手可能にし、かつ必要な場合にはマイノリティの言語に翻訳するよう勧告する。

44. 委員会は、締約国に対し、条約第29条に従って、人権教育を体系的に学校カリキュラムに含めるために適切な措置をとるよう勧告する。

第2回総括所見（2004年）

20. 委員会は、裁判官、教職員、警察官、矯正施設職員、保護観察官および出入国管理官を対象として締約国が実施している研修活動を歓迎する。しかしながら委員会は、子どもおよび公衆一般、ならびに子どもとともにおよび子どものために働いている多くの専門家が条約およびそこに体現された権利基盤型アプローチについて充分に理解していないことを、依然として懸念するものである。

21. 委員会は、締約国が以下の措置をとるよう勧告する。

a. 公衆一般および子どもを対象として、条約、およびとくに子どもが権利の主体であるということに関する意識啓発キャンペーンを強化すること。

b. 子どもとともにおよび子どものために働いているすべての者、とくに教職員、裁判官、弁護士、議員、法執行官、公務員、自治体職員、子どもを対象とした施設および拘禁場所で働く職員、心理学者を含む保健従事者、ならびにソーシャルワーカーを対象として、条約の原則および規定に関する体系的な教育および研修をひきつづき実施すること。

c. 意識啓発キャンペーン、研修および教育プログラムが態度の変革、行動および子どもの取扱いに与えた影響を評価すること。

d. 人権教育、およびとくに子どもの権利教育を学校カリキュラムに含めること。

第3回総括所見（2010年）

23. 委員会は、子どもとともにおよび子どものために活動している専門家ならびに一般公衆の間で条約に関する意識を促進するために締約国が行なってきた努力には留意するものの、これらの努力が十分ではないこと、または条約の原則および規定を普及するための計画が実行に移されていないことを依然として懸念する。とりわけ、子どもおよびその親に対して情報をより効果的に普及することが緊急に必要である。委員会はまた、子どものためにおよび子どもとともに活動している専門家の研修が不十分であることも懸念する。

24. 委員会は、締約国に対し、子どもおよび親の間で条約に関する情報の普及を拡大するよう奨励する。委員会は、締約国に対し、子どものためにおよび子どもとともに活動しているすべての者（教職員、裁判官、弁護士、法執行官、メディア従事者、公務員およびあらゆるレベルの政府職員を含む）を対象とした、子どもの権利を含む人権に関する体系的かつ継続的な研修プログラムを発展させるよう促す。

出典：「ARC 平野裕二の子どもの権利・国際情報サイト」http://www26.atwiki.jp/childrights/ （最終アクセス日 2014年12月26日）

〈参考文献〉

・荒牧重人・平野裕二「子どもの権利条約が求める広報とは―42条の意義と国連・子どもの権利委員会―」子どもの権利条約総合研究所編集『子どもの権利広報ガイドブック（子どもの権利研究第24号）』日本評論社、2014年、pp.19-24。

・喜多明人「子どもの権利をどう知らせるか―子どもの権利バッシングの中で―」同上書、pp. 6 -11.

・浜田進士「条約広報義務」喜多明人・森田明美・広沢明・荒牧重人編『[逐条解説] 子どもの権利条約』日本評論社、2009年、pp.229-233。

・堀井雅道「子どもの権利救済とオンブズマン制度」日本教育法学会編『教育法の現代的争点』法律文化社、2014年、pp.66-69。

・一般財団法人日本児童教育振興財団内 日本青少年研究所「高校生の心と体の健康に関する調査」2011年2月発表。

英文（抄録）

Article 43

1. For the purpose of examining the progress made by States Parties in achieving the realization of the obligations undertaken in the present Convention, there shall be established a Committee on the Rights of the Child, which shall carry out the functions hereinafter provided.
2. The Committee shall consist of ten experts of high moral standing and recognized competence in the field covered by this Convention. The members of the Committee shall be elected by States Parties from among their nationals and shall serve in their personal capacity, consideration being given to equitable geographical distribution, as well as to the principal legal systems.
6. The members of the Committee shall be elected for a term of four years. They shall be eligible for re-election if renominated. The term of five of the members elected at the first election shall expire at the end of two years; immediately after the first election, the names of these five members shall be chosen by lot by the Chairman of the meeting.

Article 44

1. States Parties undertake to submit to the Committee, through the Secretary-General of the United Nations, reports on the measures they have adopted which give effect to the rights recognized herein and on the progress made on the enjoyment of those rights:
    (a) Within two years of the entry into force of the Convention for the State Party concerned;
    (b) Thereafter every five years.
2. Reports made under the present article shall indicate factors and difficulties, if any, affecting the degree of fulfilment of the obligations under the present Convention. Reports shall also contain sufficient information to provide the Committee with a comprehensive understanding of the implementation of the Convention in the country concerned.
4. The Committee may request from States Parties further information relevant to the implementation of the Convention.
6. States Parties shall make their reports widely available to the public in their own countries.

Article 45

In order to foster the effective implementation of the Convention and to encourage international co-operation in the field covered by the Convention:

(a) The specialized agencies, the United Nations Children's Fund, and other United Nations organs shall be entitled to be represented at the consideration of the implementation of such provisions of the present Convention as fall within the scope of their mandate. The Committee may invite the specialized agencies, the United Nations Children's Fund and other competent bodies as it may consider appropriate to provide expert advice on the implementation of the Convention in areas falling within the scope of their respective mandates. The Committee may invite the specialized agencies, the United Nations Children's Fund, and other United Nations organs to submit reports on the implementation of the Convention in areas falling within the scope of their activities;

(b) The Committee shall transmit, as it may consider appropriate, to the specialized agencies, the United Nations Children's Fund and other competent bodies, any reports from States Parties that contain a request, or indicate a need, for technical advice or assistance, along with the Committee's observations and suggestions, if any, on these requests or indications;

(c) The Committee may recommend to the General Assembly to request the Secretary-General to undertake on its behalf studies on specific issues relating to the rights of the child;

(d) The Committee may make suggestions and general recommendations based on information received pursuant to articles 44 and 45 of the present Convention. Such suggestions and general recommendations shall be transmitted to any State Party concerned and reported to the General Assembly, together with comments, if any, from States Parties.

政府訳

第43条

1　この条約において負う義務の履行の達成に関する締約国による進捗の状況を審査するため、児童の権利に関する委員会（以下「委員会」という。）を設置する。委員会は、この部に定める任務を行う。

2　委員会は、徳望が高く、かつ、この条約が対象とする分野において能力を認められた10人の専門家で構成する。委員会の委員は、締約国の国民の中から締約国により選出されるものとし、個人の資格で職務を遂行する。その選出に当たっては、衡平な地理的配分及び主要な法体系を考慮に入れる。
（※1995年12月21日、「10人」を「18人」に改める改正が採択され、2002年11月18日に同改正は発効した。）

6　委員会の委員は、4年の任期で選出される。委員は、再指名された場合には、再選される資格を有する。最初の選挙において選出された委員のうち5人の委員の任期は、2年で終了するものとし、これらの5人の委員は、最初の選挙の後直ちに、最初の選挙が行われた締約国の会合の議長によりくじ引で選ばれる。

第44条

1　締約国は、（a）当該締約国についてこの条約が効力を生ずる時から2年以内に、（b）その後は5年ごとに、この条約において認められる権利の実現のためにとった措置及びこれらの権利の享受についてもたらされた進歩に関する報告を国際連合事務総長を通じて委員会に提出することを約束する。

2　この条の規定により行われる報告には、この条約に基づく義務の履行の程度に影響を及ぼす要因及び障害が存在する場合には、これらの要因及び障害を記載する。当該報告には、また、委員会が当該国における条約の実施について包括的に理解するために十分な情報を含める。

4　委員会は、この条約の実施に関連する追加の情報を締約国に要請することができる。

6　締約国は、1の報告を自国において公衆が広く利用できるようにする。

第45条

この条約の効果的な実施を促進し及びこの条約が対象とする分野における国際協力を奨励するため、

（a）専門機関及び国際連合児童基金その他の国際連合の機関は、その任務の範囲内にある事項に関するこの条約の規定の実施についての検討に際し、代表を出す権利を有する。委員会は、適当と認める場合には、専門機関及び国際連合児童基金その他の権限のある機関に対し、これらの機関の任務の範囲内にある事項に関するこの条約の実施について専門家の助言を提供するよう要請することができる。委員会は、専門機関及び国際連合児童基金その他の国際連合の機関に対し、これらの機関の任務の範囲内にある事項に関するこの条約の実施について報告を提出するよう要請することができる。

（b）委員会は、適当と認める場合には、技術的な助言若しくは援助の要請を含んでおり又はこれらの必要性を記載している締約国からのすべての報告を、これらの要請又は必要性の記載に関する委員会の見解及び提案がある場合は当該見解及び提案とともに、専門機関及び国際連合児童基金その他の権限のある機関に送付する。

（c）委員会は、国際連合総会に対し、国際連合事務総長が委員会のために児童の権利に関連する特定の事項に関する研究を行うよう同事務総長に要請することを勧告することができる。

（d）委員会は、前条及びこの条の規定により得た情報に基づく提案及び一般的な性格を有する勧告を行うことができる。これらの提案及び一般的な性格を有する勧告は、関係締約国に送付し、締約国から意見がある場合にはその意見とともに国際連合総会に報告する。

本条のポイント

43 〜 45 条は、「子どもの権利委員会」（Committee on the Rights of the Child、以下、委員会と略記）の構成や、締約国が委員会へ行う報告、委員会が行う諸活動について定めている。かかる条文により、締約国における子どもの権利保障状況の審査が可能となる。

子どもの権利委員会

国連で採択された主要な人権条約では、各国における条約の実施状況を監視するための機関を設置しており、子どもの権利条約においては「子どもの権利委員会」がそれにあたる。当該委員会は締約国により指名された者の中から締約国会議の選挙で選出された 18 名の専門家により構成されており、任期は原則 4 年（再選可能）である。委員の職業的専門領域は多様であり、これまで、法律家や福祉関係の実務家、心理学者、教育学者、医者、外交官、NGO 活動経験者といった人材が選出されている。当該委員会はその頭文字をとり CRC と略記されることもある。

委員会への報告

締約国は、条約の効力が発生してから 2 年以内、その後は 5 年ごとに自国における取り組み状況を委員会へ報告することが義務付けられている。なお、報告すべき内容についてはガイドラインで定められている。

1994 年に本条約を批准した日本は、第 1 回報告を 1996 年、第 2 回報告を 2001 年、第 3 回報告を 2008 年、第 4・5 回報告を 2017 年に行っている。

委員会の活動

委員会は、締約国による報告の審査を行うとともに、その総括所見を作成し、国連文章として公表する。総括所見は、「序」、「積極的側面」、「主要な懸念事項および勧告」の項目からなる。当該所見は法的拘束力こそ持たないものの、特に「主要な懸念事項および勧告」で示された内容については、締約国が次回報告までに取り組むべき優先的課題として位置づけられる。日本に対しては第 1 回目の総括所見が 1998 年、第 2 回目が 2004 年、第 3 回目が 2010 年、第 4・5 回目が 2019 年に採択されている。

また委員会は、上記活動とは別に、一般的意見の採択を通じ、子どもの権利保障に関わっている。一般的意見とは、締約国から提出される報告書の審査経験にもとづき、条約の解釈・実施のあり方に関する見解をまとめたものであり、2014 年までに 18 本の一般的意見が採択された（資料参照）。一般的意見も総括所見同様、法的拘束力は持たないものの、条約の規定に関する権威ある解釈として、締約国の政府や裁判所等によって尊重されなければならないと考えられている。

（畑中　大路）

資 料

子どもの権利委員会による一般的意見

1 号（2001 年）	第 29 条 1 項：教育の目的
2 号（2002 年）	子どもの権利の保護および促進における独立した国内人権機関の役割
3 号（2003 年）	HIV/AIDS と子どもの権利
4 号（2003 年）	子どもの権利条約の文脈における思春期の健康と発達
5 号（2003 年）	子どもの権利条約の実施に関する一般的措置
6 号（2005 年）	出身国外にあって保護者のいない子どもおよび養育者から分離された子どもの取扱い
7 号（2005 年）	乳幼児期における子どもの権利の実施
8 号（2006 年）	体罰そのほかの残虐なまたは品位を傷つける形態の罰から保護される子どもの権利
9 号（2006 年）	障害のある子どもの権利
10 号（2007 年）	少年司法における子どもの権利
11 号（2009 年）	先住民族の子どもとその条約上の権利
12 号（2009 年）	意見を聴かれる子どもの権利
13 号（2011 年）	あらゆる形態の暴力からの自由に対する子どもの権利
14 号（2013 年）	自己の最善の利益を第一次的に考慮される子どもの権利（第 3 条第 1 項）
15 号（2013 年）	到達可能な最高水準の健康を享受する子どもの権利
16 号（2013 年）	企業セクターが子どもの権利に与える影響に関わる国の義務について
17 号（2013 年）	休息、余暇、遊び、レクリエーション活動、文化的生活及び芸術に対する子どもの権利
18 号（2014 年）	有害慣行（女性差別撤廃委員会の一般的勧告 31 号）※女性差別撤廃委員会と共同で作成

〈参考文献〉
・牧重人・平野裕二「子どもの権利条約が求める広報とは―42 条の意義と国連・子どもの権利委員会―」子どもの権利条約総合研究所編集『子どもの権利広報ガイドブック（子どもの権利研究第 24 号）』日本評論社、2014 年、pp.19-24。
・平野裕二「国連・子どもの権利委員会の一般的活用方法」子どもの権利条約総合研究所編集『子どもの権利研究』第 25 号、日本評論社、2014 年、pp.74-79。
・平野裕二「子どもの権利委員会の一般的意見〜その活用の意義と方法」『季刊教育法』183 号、2014 年、pp.76-103。

【監 修】

元兼　正浩（もとかね・まさひろ）

≪プロフィール≫

昭和40年、北九州市生まれ。九州大学大学院教育学研究科博士課程修了（博士（教育学））。九州大学教育学部助手、福岡教育大学教育学部講師・助教授、九州大学大学院人間環境学研究院助教授・准教授を経て、現職。専門は教育法制・学校経営・教育行政学。日本教育経営学会常任理事、日本教育行政学会常任理事、日本教育制度学会理事・紀要編集委員長、他。福岡県教育センター事業評価委員長。『次世代スクールリーダーの条件』（ぎょうせい、2010 年）。詳細は HP 参照（「元兼研究室」で検索）。

【執筆者】		【担 当】	
野々村 淑子	（九州大学大学院教授）	教育社会史	第1部 Ⅲ
藤田　雄飛	（九州大学大学院教授）	教育哲学	第1部 Ⅰ
田中 友佳子	（芝浦工業大学助教）	教育社会史	第1部 Ⅳ-1
金子　研太	（九州共立大学専任講師）	高等教育論	第2部 第17, 32, 36条
清水　良彦	（大分大学教育学部附属教育実践総合センター准教授）	教育方法学	第2部 第2, 4, 10条
畑中　大路	（長崎大学大学院教育学研究科准教授）	教育経営学	第2部 第42, 43-45条
佐藤　晋平	（文教大学教育学部准教授）	教育法学	第2部 第15, 22, 29条
董　秋艶	（福岡県立大学専任講師）	教育社会史	第1部 Ⅲ-2の一部
孫　雪燊	（中国・西南大学専任講師）		第2部 第11, 34, 35条
宮川　幸奈	（熊本学園大学准教授）		第1部 Ⅱ
大森 万理子	（広島大学助教）		第1部 Ⅳ-2
楊　暁興	（九州大学大学院修士課程修了）		第2部 第7, 27, 33条
韓　賢徳	（九州大学大学院修士課程修了）		第2部 第14, 30, 38条
杜　艾臨	（九州大学大学院修士課程修了）		第2部 第6, 24, 25条
阿南 清士朗	（九州大学大学院修士課程修了）		第2部 第16, 26, 31条
江藤　将行	（九州大学大学院修士課程修了）		第2部 第8, 13, 28条
小林　昇光	（岡山理科大学助教）		第2部 第9, 18, 39条
胡　瀛月	（九州大学大学院修士課程修了）		第2部 第5, 20, 21条
鄭　修娟	（九州女子短期大学専任講師）		第2部 第1, 19, 37条
金　美連	（熊本学園大学特任准教授）		第2部 第40, 41条
木村　栞太	（九州共立大学専任講師）		第2部 第3, 12, 23条

子ども論エッセンス
― 教育の原点を求めて ―
～すべての子どもに権利・人権を保障するとは～

Essentials of Child Rights Issues
—— In Search of the Fundamentals of Education ——
～Promoting and Protecting the Rights of Children～

2021年9月30日　第3版発行

編　者／九州大学大学院教育法制＋哲史研究室
発行者／仲 西 佳 文
発行所／有限会社 花 書 院
　　　　〒810-0012　福岡市中央区白金2-9-2
　　　　電話.092-526-0287　FAX.092-524-4411
　　　　振替.01750-6-35885
印刷・製本／城島印刷株式会社